천태소지관

천태소지관

천태天台 지자대사智者大師 저著
대연大然 윤현로尹賢老 역주譯註

지관 좌선법을 간결하면서도
구체적으로 밝힌 수행의 교과서

운주사

서문

최근 불교에 관한 지식과 정보는 넘치고 있으나 자신에게 맞는 바른 수행을 찾기는 쉽지 않은 것 같습니다. 『십이문론十二門論』에 이르기를 "말세의 박복하고 근기가 둔한 사람은 아무리 경문을 더듬어도 통달하지 못한다"고 하였습니다. 『기신론起信論』의 말씀과 같이 각자의 근기가 다르고 연緣이 다르기 때문입니다. 황벽黃檗선사는 "소화시킬 능력이 없으면서 널리 지식과 견해를 구하는 것은 모두 독이 된다"고 하였습니다.

경문에 '생사장원生死長遠'이라는 말이 나옵니다. "중생들의 나고 죽음이란 그 길고도 멀기(生死長遠)가 한도 끝도 없어 그 근원을 아는 이가 없다. 일체 모든 중생들이 무명에 덮인 바가 되어 애욕의 결박으로 그 목을 동여매고서, 삶과 죽음의 길에서 윤회하며 과거에 받은 한량없는 고통을 능히 알지 못한다." 이는 참으로 나고 죽음을 면하기 어렵다는 말입니다. 그 이유는 비롯함이 없는 때로부터 중생의 심心·의意·식識이 항상 출렁거리고 있기 때문입니다. 마치 거대한 바다에 사나운 바람이 불면 큰 파도가 일어나 끊어질 때가 없듯이, 중생들의 장식藏識의 바다도 항상 경계의 바람에 움직이는 바가 되어 갖가지 식識의 물결이 굴러서 생긴다고 하였습니다. 그러므로 바른 수행으로 이 무명의 바람을 쉬도록 하여야 합니다. 선가禪家에서는 한 생각이 일어나고 없어지는 것으로 생사生死를 삼고 있습니다. 명대明代의 감산憨山선사는 "장식藏識에 습기가 숨어서 흐르는 것을 보지 못하기 때문에 바른 수행이 어렵다. 장원長遠한 생사에 비하면 현생의 수행은 아주 생소한 것이며 절실하지도 않아 득력하지 못한다"고 하였습니다.

천태 지의智顗대사는 『마하지관』을 비롯한 많은 저술을 남기셨습니다. 원효대사께서도 『열반경종요』에서 "천태 지자智者대사는 선정과 지혜를 모두 통달한 분이어서 온 세상 사람들이 대사를 중히 여기며 범부나 성인도 헤아려 알 수 없는 분이다"라고 하셨습니다. 천태대사께서 이 책을 저술하신 지 1,400여 년의 세월이 흘렀지만 수행의 기본 원리에는 바뀐 것이 없습니다. 이 책이 비록 작으나 불교 수행의 핵심을 요약하였으므로 대사께서는 본문에서 "이 책의 내용이 알기 쉽다고 하여 가벼이 여기지 말고 수행하여 이루는 것이 어려움을 부끄럽게 여겨서 수행하라"고 하셨습니다. 대사의 취지는 기본 원리에 충실한 수행으로 갖가지 마장과 질병을 물리치라는 뜻입니다.

법상종法相宗에서는 초심자가 수행하는 첫 번째 지위를 자량위資糧位라 부릅니다. 자량資糧이라는 뜻은 마치 사람이 먼 길을 떠나려면 미리 여행의 필수품인 노잣돈과 양식을 마련하여 출발해야 하듯이, 보리열반에 이르기 위하여 여러 가지 복덕과 지혜의 선근공덕을 쌓아 모은다는 뜻입니다.

장원한 생사를 감당하기 위하여 이 책의 25방편문을 선지식으로 삼고 지혜의 자량資糧을 모으며, 행주좌와行住坐臥 어묵동정語默動靜에 항상 지관止觀을 수행한다면 여러 가지 선근善根이 개발되는 징험이 반드시 있을 것입니다. 이러한 징험을 얻게 될 때 수행자의 정진이 더욱 깊어지게 됩니다. 이 작은 책이 수행하는 이들에게 조금이라도 도움이 된다면 저에게는 한없는 기쁨이 될 것입니다.

신묘년辛卯年 초初 대연大然 근향謹香

일러두기

- 본서는 천태대사의 뜻에 근접하고자 대사가 주로 참고한 경전들을 이용하여 주석을 달았다. 특히 대사의 저술 가운데 『차제선문』과 『마하지관』에 같은 내용이 반복되고 있어 이를 참고로 일부 보충하였다.
- 한글로 번역함에 있어 김무득金無得 선생의 『지관좌선법止觀坐禪法』(경서원, 1982)을 주로 참고하였다. 경서원 간행본의 저본은 대정장大正藏 46책에 있는 판본과 비교하면, 문장에 다소의 차이가 있으며, 특히 제6장의 내용 일부가 추가된 것으로 확인되었다.
- 본문과 각주에 나오는 산스크리트어와 팔리어 중 팔리어에는 ㉻를 붙여 구분하였다.
- 이 글을 쓰는 데 주로 다음 책들을 참고하였다.
①『지관좌선법止觀坐禪法』(김무득 역주, 경서원, 1982), ②『대지관좌선법大止觀坐禪法』(마하지관 전5권)(김무득 역주, 운주사, 1994~95), ③『백일법문百日法門』(성철스님, 장경각, 1992), ④『천태불교天台佛敎』(지창규池昌圭, 법화학림法華學林), ⑤ 대정신수대장경大正新修藏經 제46책冊 제종부諸宗部에 실린『석선바라밀차제법문釋禪波羅蜜次第法門』,『마하지관摩訶止觀』등 천태 관련 문헌, ⑥『중론中論』(김성철, 경서원, 1993), ⑦『불광대사전佛光大辭典』(자이慈怡 주편主編, 대만台灣: 불광출판사佛光出版社, 1989), ⑧ 기타 동국대학교 출간 한글대장경 다수.

서문 · 5

일러두기 · 8

해제 · 13

수습지관좌선법요 修習止觀坐禪法要 · 27

제1장 연을 갖춤 (具緣第一)

   1. 계를 청정히 지킴 (持戒清淨) · 37

   2. 의식을 갖춤 (衣食具足) · 48

   3. 고요한 곳에서 한가히 거처함 (閑居靜處) · 52

   4. 주변 용무를 그만 둠 (息諸緣務) · 54

   5. 선지식을 친근함 (近善知識) · 56

제2장 탐욕을 꾸짖음 (訶欲第二)

   1. 색에 대한 탐욕을 꾸짖음 (訶色欲) · 59

   2. 소리에 대한 탐욕을 꾸짖음 (訶聲欲) · 61

   3. 냄새에 대한 탐욕을 꾸짖음 (訶香欲) · 62

   4. 맛에 대한 탐욕을 꾸짖음 (訶味欲) · 64

   5. 촉감에 대한 탐욕을 꾸짖음 (訶觸欲) · 65

   6. 탐욕의 허물 · 66

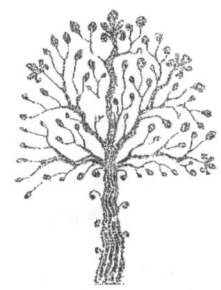

제3장 덮개를 버림(棄蓋第三)

1. 탐욕의 덮개를 버림(棄貪欲蓋) · 73
2. 성냄의 덮개를 버림(棄瞋恚蓋) · 77
3. 수면의 덮개를 버림(棄睡眠蓋) · 81
4. 도회의 덮개를 버림(棄掉悔蓋) · 84
5. 의심의 덮개를 버림(棄疑蓋) · 89

제4장 생활 습관을 조절함(調和第四) · 101

1. 음식을 조절함(調食) · 104
2. 수면을 조절함(調睡眠) · 106
3. 몸을 조절함(調身) · 107
4. 숨을 조절함(調息) · 112
5. 마음을 조절함(調心) · 115

제5장 방편을 행함(方便行第五)

1. 하고자 함(欲) · 125
2. 정진精進 · 127
3. 염念 · 128
4. 교묘한 지혜(巧慧) · 129
5. 한마음(一心) · 129

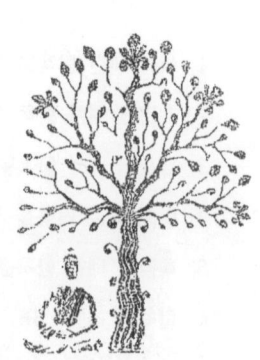

제6장 바른 수행(正修行第六)

1. 좌선 중에 지관을 수행함(於坐中修止觀) · 133
   1) 마음이 거칠고 산란한 것을 다스리기 위하여 지관을 닦음 · 134
   2) 마음의 침부沈浮를 다스리기 위하여 지관을 닦음 · 143
   3) 편의에 따라서 지관을 닦음 · 144
   4) 선정 중에 미세한 마음을 다스리려고 지관을 닦음 · 146
   5) 선정과 지혜를 균등하고 고르게 하기 위하여 지관을 닦음 · 148
2. 일상생활을 겪으면서 지관을 닦음(歷緣對境修止觀) · 150
   1) 여섯 가지 연緣을 겪으면서 지관을 닦음(歷緣修止觀) · 151
   2) 육근의 문 가운데 지관을 닦음(六根門中修止觀) · 162

제7장 선근을 일으킴(善根發) · 175

1. 밖으로 선근이 일어나는 모양(外善根發相) · 176
2. 안으로 선근이 일어나는 모양(內善根發相) · 176
   1) 선근이 일어나는 모양을 밝힘(明善根發相) · 177
   2) 바른 선정의 모양을 분별함(分別眞僞) · 203
   3) 지관으로 모든 선근을 길러냄(止觀長養諸善根) · 207

제8장 마사를 알고 물리침(覺知魔事第八) · 209

1. 정매귀(精魅) · 211
2. 퇴척귀(堆剔) · 213

3. 마라(魔) • 214

4. 마사를 물리침(卻魔事) • 219

제9장 병을 치유함(治病第九) • 227

1. 병이 발생하는 모양(明病發相) • 228

2. 병을 치료하는 방법을 밝힘(明治病方法) • 234

   1) 지를 사용하여 병을 다스림(用止治病) • 235

   2) 관을 사용하여 병을 다스림(明觀治病) • 238

3. 마음을 써서 좌선 중에 병을 치료함(用心坐中治病) • 246

제10장 과果를 증득함(證果第十)

1. 종가입공관從假入空觀 • 249

2. 종공입가관從空入假觀 • 252

3. 중도정관中道正觀 • 255

해제

I. 천태 소지관

본서의 원본은 대정신수대장경大正新修大藏經 제46책에 있는 『수습지관좌선법요修習止觀坐禪法要』이다. 이 책은 천태지의대사가 속가의 형인 진침陳鍼을 위하여 편찬한 것으로 알려져 있다. 『수습지관좌선법요』의 다른 이름으로는 '좌선법요坐禪法要', '동몽지관童蒙止觀', '소지관小止觀' 등이 있으며, 송대宋代 이후 자주 개편되고 많은 주석서가 만들어져서 여러 가지 판본이 있다. '소지관'이란 이름은 대사의 저술 『마하지관摩訶止觀』과 구별하기 위하여 붙인 것으로 보인다.

천태대사의 많은 저술 가운데 이 책은 수행의 차제次第를 설하여 『마하지관』과 달리 원돈圓頓을 설하지는 않은 것으로 알려져 있으나, 내용을 자세히 살펴보면 대사의 초기 저술인 『석선바라밀차제법문釋禪波羅密次第法門』(이하 차제선문), 『마하지관』 등과 많은 부분이 중복되어, 기본적인 지관 수행의 관점에서 본다면 『마하지관』의 요약이나 『차제선문』의 요약으로 보아도 무리가 없다고 하겠다.

교학적인 측면에서 지관이라는 용어를 살펴보면, 지止는 śamat

ha의 번역이며, 음역으로는 사마타奢摩他라고 한다. 선정을 얻기 위하여 일체의 산란한 마음과 분별망상을 쉬고 하나의 대경對境에 움직이지 않고 안정하는 수행 방법을 말한다. 또 분별하지 않는다는 의미에서 사(捨: upekṣā)의 뜻으로도 쓰인다. 관觀은 vipaśyanā의 번역이며, 음역으로는 위빠사나毘婆舍那라고 한다. 육근六根과 육진六塵, 몸 안팎의 모든 법을 관찰하고 나아가 법의 실상을 관찰하며, 지혜로써 깊이 스스로의 내면을 관찰하는 불교 고유의 실천 수행 방법이다. 그 시초를 말하자면 부처님의 사성제四聖諦, 오온五蘊, 12연기緣起 등의 근본 교설이 모두 관을 바탕으로 하고 있다.

이에 대해 현장玄奘이 번역한 『대승아비달마잡집론』에서는 사마타를 9가지 단계로, 위빠사나를 4가지 단계로 분류하여 매우 정교하게 정리·소개하고 있음을 볼 수 있다.

'사마타'란 이른바 밖으로 반연하는 마음을 ①내부로 거두어 머물게 하고, 거칠게 움직이는 마음을 잡아 ②평등하게 머물게 하고, 밖으로 치달리는 마음을 잡아 다시 수렴해서 ③안정되게 머물게 하고, 바깥으로 흩어지지 않도록 ④가까이 머물게 하고, 산란한 마음을 조복시켜 ⑤따르게 하고, 마음에 각관覺觀·수번뇌 등이 걱정거리임을 알고 ⑥적정寂靜하게 해서, 가끔 각覺 따위가 곁으로 행하더라도 이를 제압하여 행하지 못하도록 ⑦그 적정이 지극하

게 하고, 간단間斷이 없고 누락이 없도록 ⑧마음을 한 곳
에 모아서, ⑨평등하게 거두어 지속시키는 것이다(等持).
이와 같은 아홉 가지의 행¹으로 마음을 편안히 머물게 하
는 것을 곧 사마타라 한다.

'위빠사나'란 이른바 모든 법을 ①간택簡擇하고, ②최극간
택最極簡擇하고, ③널리 생각하여(普遍尋思) ④세밀히 관
찰하는 것이니, 이는 번뇌의 거친 모양을 다스리기 위한
것이다. 또 모든 전도顚倒를 조복시키려는 것이고, 전도되
지 않은 마음을 잘 안정되게 머물게 하려는 것이다.²

그러나 마음이 하나의 경계(心一境性)에 이르면 지와 관이 다른
것이 아니다. 『유가사지론』에서 등지(等持: samādhi)가 계속되면

---

1 『유가사지론瑜伽師地論』 제30권(대정장30, p.450c)에서는 사마타 수행의 이 9
가지 단계를 9종심주九種心住라고 하여 동일한 내용으로 소개하고 있다.
2 『대승아비달마잡집론大乘阿毘達磨雜集論』 제10권(대정장31, p.741b~c). "奢摩
他者 謂於內攝心令住等住安住近住 調順寂靜最極寂靜 專注一趣平等攝持 如是九
行令心安住 是奢摩他 令住者攝外攀緣內離散亂 最初繫心故 等住者 最初繫縛麤動
心已 卽於所緣相續繫念 微細漸略故 安住者 或時失念於外馳散 尋復斂攝故 近住
者 從初已來恆令其心於外不散 親近念住故 調順者 從先已來於散亂因色等法中 起
過患想增上力故 調伏其心令不流散故 寂靜者 於擾動心散亂惡覺隨煩惱中深見過
患 攝伏其心令不流散故 最極寂靜者 或時失念散亂覺等率爾現行 卽便制伏令不更
起故 專注一趣者 精勤加行無間無缺 相續安住勝三摩地故 平等攝持者 善修習故
不由加行遠離功用 定心相續離散亂轉故 毘鉢舍那者 謂簡擇諸法最極簡擇 普遍尋
思周審觀察 爲欲對治麤重相結故 爲欲制伏諸顚倒故 令無倒心善安住故"

지와 관이 하나가 됨을 설명하고 있다.

또 다음에 이와 같은 '마음이 한 경계인 성품(心一境性)'은 혹은 이것이 사마타품이기도 하고 혹은 위빠사나품이기도 하다. 아홉 가지 마음의 머무름 안에 있어서 마음이 한 경계인 성품은 바로 사마타품이라고 하며, 네 가지 슬기로운 행(慧行)의 안에 있어서 마음이 한 경계인 성품은 바로 위빠사나품이라고 한다.[3]

그런데 천태대사가 활동한 6세기경은 수隋나라 때로 7세기 현장玄奘 이후에 번역된 유식 관련 불교 문헌이 전래되지 않았던 시기였다. 그래서 대사는 이 책의 골격을 『좌선삼매경坐禪三昧經』으로 하고 스스로의 체험을 바탕으로 하여 저술한 것으로 알려져 있다. 그 내용을 살펴보면, 많은 부분이 용수보살의 『대지도론大智度論』을 바탕으로 하였고, 『법화경法華經』과 『열반경涅槃經』 등 여러 경을 인용하여 설명하고 있다. 따라서 천태대사는 어느 한 경전에 치우쳐서 이 책을 저술한 것이 아니고 대승 경전에 해당하는 『반야경般若經』과 『법화경』, 『열반경』과 용수보살의 『중론中論』 등을 골고루 중요하게 다룬 것을 알 수 있다.

---

3 『유가사지론』 제30권(대정장30, p.450c). "復次如是心一境性 或是奢摩他品 或是毘鉢舍那品 若於九種心住中心一境性 是名奢摩他品 若於四種慧行中心一境性 是名毘鉢舍那品"

2. 소지관의 내용 개요

이 책은 10개의 장章으로 구성되어 있으며, 처음 다섯 장은 수행의 근본이 되는 방편문의 기초를 튼튼히 하기 위하여 매 장마다 다섯 개의 항목에 대하여 각각 5가지씩 정리하였기 때문에 25방편문이라 한다.

제1장 '연을 갖춤(具緣)'에서는 ①계율을 청정하게 지켜야 하고, ②의복과 음식이 부족하지 않아야 하며, ③고요한 처소에서 한가하게 거처해야 하고, ④모든 번거로운 일을 쉬며, ⑤올바르게 인도해 줄 선지식을 만나야 함을 말한다. 특히 계율을 지켜야 하는 부분에서는 『열반경』에서 나찰이 부낭浮囊을 달라고 하는 비유를 들어 설명한다. 만약 나찰에게 부낭을 조금만이라도 떼어 준다면 공기가 새어 나가기 때문에 생사의 바다를 건널 수 없다. 설사 파계하였다 하더라도 여법하게 참회하여 청정히 하면 선정을 수행할 수 있다고 말한다.

제2장 '탐욕을 꾸짖음(訶欲)'이란 외적으로 접촉하는 색色, 소리, 냄새, 맛, 촉감에 대한 탐욕의 허물을 알고, 이것에 대한 탐욕이 일어날 때마다 꾸짖어야 한다는 것이다. 색은 뜨거운 금덩어리와 같아 이것을 잡으면 곧 타는 것과 같으며, 소리(聲)는 독이 발라진 북과 같아 이 소리를 들으면 반드시 죽는 것과 같으며, 향香은 사악한 용의 숨과 같아 이 향을 맡으면 곧 병에 걸리는 것과 같으며, 맛(味)은 끓는 꿀과 같아 혀에 흐르면 곧 문드러지는

것과 같으며, 촉觸은 누운 사자와 같아 이를 가까이 가면 곧 물리는 것과 같다. 오욕은 이것을 얻어서 싫다고 하는 일이 없으며, 구하는 마음이 더욱 치열하여 마치 불이 나무를 태우는 것과 같으며, 항상 사람을 끌어들여서 마의 경계에 들게 하고 마음을 다스리지 못하게 하므로 반드시 꾸짖어야 한다.

제3장 '덮개를 버림(棄蓋)'이란 탐욕, 성냄, 수면, 도회, 의심의 덮개를 버리는 것이다. 덮개라고 표현한 것은 덮어서 씌운다는 뜻으로, 이 덮개는 심성을 가려서 착한 법이 나지 못하도록 하는 다섯 가지 번뇌이다. 즉 탐욕과 성냄은 계戒를 장애하고, 혼침과 수면睡眠은 지혜를 장애하고, 도회掉悔는 정定을 장애하고, 의심은 유예(猶豫: 망설임)하는 성질로서 사성제를 장애하기 때문에 이 다섯 가지를 들어서 덮개라고 한다.

제4장 '생활 습관을 조절함(調和)'이란 음식, 수면(잠), 몸, 호흡, 마음을 잘 조절하는 것을 말한다. 음식과 수면은 직접 선정과 관련이 적은 생활 습관이지만 적절히 조절하지 않는다면 장애가 생긴다. 또 몸과 호흡과 마음은 선정과 직접 관련이 있으며, 이를 항상 고르게 하면 선정에 들어갈 수 있다.

제5장 '방편을 행함(方便)'이란 하고자 함(欲), 염念, 정진精進, 교묘한 지혜(巧慧), 일심一心을 잘 행하는 것이다. 『반야경』의 비유로 설명하면, 하고자 함(欲)이란 살타파륜(常啼)보살이 반야를 들으려 몸과 목숨을 아끼지 않는 것처럼 하는 것이고, 염念이란 보살이 '항상 나는 어느 때라야 반야를 들을 것인가' 하고 염려하면

서 다른 생각이 없는 것이며, 정진精進이란 보살이 반야를 듣기 위해 7일 동안 밤낮을 슬피 울고 7년을 수행하며 앉지 않고 눕지 않았던 것이며, 교묘한 지혜(巧慧)란 살타파륜보살이 몸을 팔려 할 때 악마가 다른 사람이 듣지 못하게 하였고, 또 도량을 향화로 장엄하기 위해 먼저 물을 뿌리려 할 때 악마가 물을 감추어 버렸으나 보살이 자신의 몸을 찔러서 피를 내어 뿌리니 곧 마사魔事를 전환하여 불사佛事를 한 것이다. 또 일심一心이란 뜻을 결정하여 다시 두 생각이 없는 것을 말한다.

제6장 '바른 수행(正修)' 부분은 이 책의 본론에 해당되며 두 가지로 나누고 있다. 첫째는 좌선 시에 닦는 방법으로써 세 가지 지(三止)와 두 가지 관(二觀)을 설명한다. 둘째는 수행자가 주변 환경의 경계를 만날 때 닦는 방법으로 행주좌와行住坐臥에서 지관을 수행하는 것과, 매 순간 육근六根이 육경六境을 만날 때 일어나는 모든 육진六塵 경계에 대하여 지관을 수행하도록 권하고 있다.

제7장 '선근을 일으킴(善發)'에서는 지관을 닦을 때 다섯 가지의 선근이 나타나는 징험의 모양을 설명하고 있다.

제8장 '마사를 알고 물리침(覺魔)'에서는 수행 과정에서 일어나는 갖가지 마장에 대하여 설명하고 지관으로써 이것을 다스리는 방법을 기술하고 있다.

제9장 '병을 치유함(治病)'에서는 수행할 때 병이 생기는 원인과 여러 가지 병환을 다스리는 방법을 기술하고 있다.

제10장 '과를 증득함(證果)'에서는 지관을 수습하여 과를 증득하

는 이치를 설명하고 있다. 즉 천태의 교관敎觀인 공空·가假·중中의 삼제三諦로 공관·가관·중도관의 삼관三觀을 설하고 있다. 과를 증득함에 있어 궁극에는 부처님의 경지에 이를 수 있다는 것을 『화엄경』, 『열반경』, 『법화경』 등의 여러 대승 경전을 인용하여 총괄적으로 회통하여 설명하고 있다.

이처럼 이 책은 비교적 적은 분량이나 불교 수행에 필수적인 전前방편을 닦는 방법과 지관 수습 방법을 제시하여 성과聖果를 증득할 수 있음을 체계적으로 요약하고 있다.

3. 천태대사의 일대기

천태지의(天台智顗, 538~597)대사는 중국 천태종天台宗의 개조라고 할 수 있다. 하지만 달리 초조를 혜문慧文선사, 2조를 남악혜사南嶽慧思선사, 3조에 천태대사를 배치하기도 한다. 대사는 중국 남북조 말기에서 수나라 때인 6세기에 활동하였다. 이름은 '지의智顗'이고 자字는 '덕안德安'이며 속성은 진씨陳氏이다. 대사는 양梁 대동大同 4년(538)에 형주荊州 화용현華容縣에서 출생하였다. 그러나 17세에 북위北魏의 침공으로 조국은 망하고 일가는 흩어져 몰락하였다. 18세에 이르러 형주 과원사果願寺의 법서法緖스님에게 출가하였다. 출가 후 대현산大賢山에서 법화삼부경을 연구하고, 23세 때는 남악혜사선사가 강남으로 이주하여 광주光州 대소산大蘇山에 머문다는 말을 듣고, 그 문하로 들어가 법화삼매를 익혔다. 법화삼매를 배운 지 14일 만에 『법화경』「약왕보살품」의 한 구절에 이르러 몸과 마음이 문득 고요해지는 선정을 체험했다고 한다. 그 문하에 들어간 지 7년 만에 법화삼매를 계승하여 후세에 '대소개오大蘇開悟'라고 불리는 깨달음의 경지에 이르게 된다.

그 후 대사는 대소산을 내려와 금릉의 와관사瓦官寺에서 『차제선문次第禪門』, 『법화문구法華文句』 등을 개강하였다. 38세에는 천태산에 들어가 고행을 하였다. 천태대사天台大師라는 칭호는 천태산에서 10여 년간을 머무른 데에서 유래한다. 대사는 천태산 화정봉에서 두타행을 하며 선정을 닦는 가운데 새벽녘에 나타난 마구니를 항복시키고 홀연히 출현한 신승神僧으로부터 일실제一實諦의 법문을 받았다고 전한다. 다음은 『천태지자대사별전別傳』에 전하는 내용이다.

대사는 대중을 떠나 홀로 화정봉에 가서 두타행을 닦았다. 어느 늦은 밤 홀연히 큰 바람이 불더니 나무가 뽑히고 우레가 내리쳐 산을 진동시켰다. 귀신 천 무리가 한 몸에 백 가지 모양으로 나타났다. 어떤 것은 머리에 용과 독사를 이고, 어떤 것은 입으로 불을 내뿜었다. 귀신의 형상은 먹구름과 같고, 그 소리는 벼락과 같았다. 갑자기 변화하는 것은 헤아릴 수 없었다. 그림에 그려진 부처님의 항마변상도와 같았는데, 두려운 모양은 이보다 더했다. 대사가 능히 마음을 고요하게 하였더니 핍박의 경계는 자연히 흩어져 없어졌다. 또 마魔는 부모, 스승의 모습을 짓고는 내려다보다가 잠깐 끌어안기도 하며 슬피 목메어 눈물을 흘렸다. 그러나 다만 깊이 실상을 체달하니 본래 아무것도 없었다. 근심스럽고 괴로운 모양을 다시 찾아보아도 사라져버려, 더 이상 두려운 모습과 애착하는 모습의 두 가지 연緣에 움직이지 않을 수 있었다.

샛별이 뜰 무렵 신승神僧이 나타나 말하기를 "번뇌의 적을 제압하고 원수를 이겼으니 가히 용맹스럽도다. 이와 같은 어려움을 능히 넘었으니 너와 같은 자가 없으리라"라고 하였다. 위로하여 마음을 편하게 하고 나서 다시 법을 설하기를 "법을 설하는 말은 뜻으로 얻을 수 있는 것이지 문자로는 얻을 수 없다. 마땅히 언하에 구절을 따라 명료히 밝히는 것이니, 구름을 헤치고 마시는 샘물에 나타난 태양으로도 비유가 되지 않는 것이다"라고 하였다. (대사가) 곧바로 질문하기를 "대성은 누구시며, 법문은 마땅히 어떻게 배우며, 어떻게 널리 선양하여야 합니까?" 하니, (신승이) 답하기를 "이 법문의 이름은 일실제(一實諦: 하나의 참된 진리)이다. 반야로써 배우고, 대비로써 이것을 널리 펴라. 지금 이후부터 스스로와 남을 겸할 수 있다면 나는 (그대의) 그림자와 메아리일 것이다." 두타행을 이미 끝마치고 불롱佛隴으로 돌아오니, 바람과 안개와 물과 산은 밖으로 근심을 잊기에 족하였고 묘한 지혜와 깊은 선정이 안

으로 충만하여 유쾌하였다.[4]

이것이 그 유명한 '화정개오華頂開悟'이다. 대사는 스승 혜사로부터 대소산에서 법화원돈의 경지를 깨달았고, 화정봉에서는 비로소 실상의 경지를 체득했다. 이로써 대사는 지적인 깨달음에서 나아가 사유의 경지를 넘어선 불가사의한 경지에 이르게 되었다.

진나라가 멸망하고 수나라가 들어서자 대사는 진왕 광(晉王廣: 수양제隋煬帝)의 초빙을 받아 그에게 보살계를 주고 '지자智者'라는 칭호를 수여받았다. 그 후 고향인 형주로 돌아가 옥천사玉天寺를 창건하고 그곳에서 『법화현의』, 『마하지관』 등을 강설하였다. 대사는 『정명경소淨名經疏』(유마경의 주석)의 완성에 전력을 기울이는 가운데 거듭되는 진왕 광의 요청을 받아들여 하산하다가 천태산 서쪽 문에 있는 석성사石城寺에 이르러 입적入寂하였다. 임종에 이르러 제자들에게 『법화경』과 『무량수경』을 독송케 했다고 한다. 이때가 개황 17년(597) 11월 24일 미시未時로, 세수 60세,

---

[4] 관정灌頂, 『수천태지자대사별전隋天台智者大師別傳』(대정장50, p.193b). "先師 捨衆獨往頭陀 忽於後夜大風拔木 雷震動山魑魅千群一形百狀 或頭戴龍虵 或口出 星 火形如黑雲聲如霹靂 倏忽轉變不可稱計 圖畫所寫降魔變等 蓋少小耳可畏之相 復過於是 而能安心湛然空寂 逼迫之境自然散失 又作父母師僧之形 乍枕乍抱悲咽 流涕 但深念實相體達本無 憂苦之相尋復消滅强軟二緣所不能動 明星出時神僧現 曰 制敵勝怨乃可爲勇 能過斯難無如汝者 旣安慰已復爲說法 說法之辭可以意得 不 可以文載 當於語下隨句明了 披雲飲泉水日非喩 卽便問曰 大聖是何 法門當云何學 云何弘宣 答此名一實諦 學之以般若 宣之以大悲 從今已後若自兼人 吾皆影響 頭 陀旣竟 旋歸佛隴風煙山水外足忘憂 妙慧深禪內充愉樂"

승랍 42세였다. 이듬해 진왕 광의 후원으로 천태산에 국청사國淸寺가 창건되어 천태종의 성지가 되었다.

천태지자대사는 천태종의 개조로, 화엄종의 현수법장賢首法藏 대사와 함께 중국 교학의 최고봉으로 쌍벽을 이루고 있다. 오랜 세월에 걸쳐 인도로부터 불교가 중국에 유입되고 있었으나, 구마라집鳩摩羅什 삼장 이후 천태대사에 의하여 비로소 중국화된 불교의 모양이 나타나기 시작하였다.

대사는 단지 천태종을 건립한 한 종파의 종조宗祖라기보다는, 중국에 전래된 방대한 경전을 정리하여 천태 교리를 조직하고 교판을 체계화하여 기존의 인도불교에 중국적인 색깔을 입히는 업적을 남겼다고 학자들은 평가한다.

천태대사가 남긴 많은 저서 가운데 천태교학의 지침서인 『마하지관摩訶止觀』, 『법화현의法華玄義』(천태 근본교리), 『법화문구法華文句』(법화경 해설)를 천태삼대부(天台三大部. 또는 天台三大疏)라 한다. 이것들은 모두 그의 제자인 관정灌頂이 기록하여 정리한 것이다. 그 외에 『관음현의觀音玄義』, 『관음의소觀音義疏』, 『금광명현의金光明玄義』, 『금광명문구金光明文句』, 『관경소觀經疏』의 5소부五小部와 『천태소지관』, 『차제선문』, 『사교의四敎義』 등이 있다. 대사는 천태종의 교판을 수립하였으니 이것이 유명한 오시팔교五時八敎이며, 이 교판론은 중국불교의 큰 특징 중 하나이다. 이는 『법화경』을 근간으로 하여 그 당시까지 중국말로 번역된 불교경전을 연구하고 분류하여 부처님의 뜻을 정리한 것이다.

『마하지관』에 의하면 원돈지관은 25방편, 4종삼매, 실상론, 십경十境, 십승관법十勝觀法으로 이루어져 있다. 티벳의 학승 총카파 대사가 『보리도차제광론菩提道次第廣論』에서 수행 방법을 학인의 근기에 맞추어 상·중·하의 삼사도로 나누고, 하사도에게는 세간의 무상을 관하고 삼악도의 어려움과 업과業果에 대한 확신을 심어 주고, 중사도에게는 교학을 가르쳐 사제·십이연기·팔정도를 가르치고, 상사도에게는 육바라밀과 지관(止觀: 사마타와 위빠사나)을 가르친 것과 좋은 비교가 된다.

修習止觀坐禪法要
수 습 지 관 좌 선 법 요

(一日童蒙止觀 亦名小止觀)
일 왈 동 몽 지 관 역 명 소 지 관

지와 관을 닦아 익히는 좌선법의 핵심 요체

(일명 '동몽지관'이라고도 하고 '소지관'이라고도 한다)

天台山修禪寺沙門智顗述
천 태 산 수 선 사 사 문 지 의 술

천태산 수선사 사문 지의 지음

諸惡莫作 衆善奉行
제 악 막 작 중 선 봉 행

自淨其意 是諸佛敎[1]
자 정 기 의 시 제 불 교

모든 악을 짓지 말고

모든 선을 받들어 행하라

스스로 그 마음을 깨끗이 하는 것

이것이 모든 부처님의 가르침이다

---

1 『증일아함경增一阿含經』제1권(대정장2, p.551a). 이 게송은 과거의 일곱 부처님이 모두 말씀하셨다고 하여 '칠불통계게七佛通戒偈'라고 하며 지금까지 전하여 독송되고 있다.

若夫泥洹之法 入乃多途 論其急要 不出止觀二法 所
약 부 니 원 지 법   입 내 다 도   논 기 급 요   불 출 지 관 이 법   소

以然者 止乃伏結之初門 觀是斷惑之正要 止則愛養
이 연 자   지 내 복 결 지 초 문   관 시 단 혹 지 정 요   지 즉 애 양

心識之善資 觀則策發神解之妙術 止是禪定之勝因
심 식 지 선 자   관 즉 책 발 신 해 지 묘 술   지 시 선 정 지 승 인

觀是智慧之由藉 若人成就定慧二法 斯乃自利利人
관 시 지 혜 지 유 자   약 인 성 취 정 혜 이 법   사 내 자 리 이 인

法皆具足
법 개 구 족

대저 니원(열반)에 이르는 법은 들어가는 문이 여러 가지가 있으나 그 긴요한 핵심을 말하자면 지止와 관觀의 두 가지 법을 벗어나지 않는다. 그 까닭은 무엇인가? 지止[2]는 번뇌를 조복하는 첫 번째

---

2 지止: śamatha의 번역, 선정禪定을 의미. 음역은 사마타奢摩他. 뜻으로 해석하여 지止는 쉬어서 그치는 것(止息), 일체의 산란한 마음, 사념망상邪念妄想을 그쳐서 일어남을 막고, 마음을 거두어 들여서 한 곳에 머물게 하는 수행방법을 말한다. 『대반열반경大槃涅槃經』제28권(대정장12, p.792c)에는 '지止'에 관해 다음과 같이 설하고 있다. "사마타는 '능히 없앤다(能滅)'고 이름하나니 온갖 번뇌를 없애는 연고며, 사마타는 '능히 조복한다(能調)'고 이름하나니 모든 근의 악하고 선하지 못한 것을 조복하는 연고며, 또 사마타는 '고요하다(寂靜)'고 이름하나니 삼업을 고요하게 하는 연고며, 사마타는 '멀리 여읜다(遠離)'고 이름하나니 오욕五慾을 멀리 여의는 연고며, 또 사마타는 '능히 맑힌다(能淸)'고 이름하나니, 탐·진·치의 세 가지 흐린 법을 맑히는 연고니라. 이런 뜻으로 선정의 모양(定相)이라 하느니라(奢摩他者名爲能滅 能滅一切煩惱結故 又奢摩他者名曰能調 能調諸根惡不善 又奢摩他者名曰寂靜 能令三業成寂 又奢摩他者名曰遠離 能令衆生離 五欲故 又奢摩他者名曰能淸能淸貪欲瞋恚愚癡三濁法故 以是義故 故名定相)."

문이요, 관觀3은 (깨달음을 장애하는) 혹惑4을 끊는 바른 요체이기 때문이다. 지는 심식心識을 잘 기르는 좋은 자량이고, 관은 곧 신통한 이해(神解)를 불러일으키는 묘술妙術이기 때문이다. 지는 선정의 뛰어난 인因이며, 관은 지혜가 말미암는 바탕이다. 만약 사람이 선정과 지혜의 두 가지 법을 성취한다면, 이것이 바로 스스로를 이롭게 하고, 남도 이롭게 하는 법을 모두 갖추는 것이다.

故法華經云
고 법 화 경 운

佛自住大乘 如其所得法
불 자 주 대 승　여 기 소 득 법

定慧力莊嚴 以此度衆生
정 혜 력 장 엄　이 차 도 중 생

---

3 관觀: vipaśyanā의 번역, 음역은 위빠사나毘婆舍那. 밖을 향하여 구하지 않고 지혜로써 깊이 스스로의 내면을 관찰하는 것. 불교의 일반적인 실천수행 방법이다. 『대반열반경』 제28권(대정장 12, p.792c)에는 '관觀'에 관해 다음과 같이 설하고 있다. "위빠사나는 '바르게 본다(正見)'고 이름하며, 또 '분명히 본다(了見)'고 이름하며, 또 능히 본다(能見), 두루 본다(遍見), 차례로 본다(次第見), 딴 모양으로 본다(別相見)고 이름하나니 이것을 지혜(慧)라 하느니라 (毘婆舍那名爲正見 亦名了見 名爲能見 名曰遍見 名次第見 名別相見 是名爲慧)."

4 혹惑: 일체 번뇌를 일컫는 말. 본혹本惑과 수혹隨惑이 있다. 본혹本惑은 근본 번뇌로 탐貪·진瞋·치癡·만慢·의심疑·악견惡見 등의 여섯 가지를 말하고, 수혹隨惑은 악견惡見 가운데 신견身見·변견邊見·사견邪見·견취견見取見·계금취견戒禁取見 등의 다섯 가지 삿된 견해를 말한다. 이 열 가지를 십종 번뇌라고 한다.

그러므로 『법화경』에서 말씀하셨다.

"부처님께서 스스로 대승에 머물러

그 얻으신 법과 같이

선정과 지혜의 힘으로 장엄하시니,

이것으로써 중생들을 제도하시네."[5]

當知此之二法 如車之雙輪 鳥之兩翼 若偏修習 卽墮
당지차지이법 여거지쌍륜 조지량익 약편수습 즉타

邪倒 故經云 若偏修禪定福德 不學智慧 名之曰愚
사도 고경운 약편수선정복덕 불학지혜 명지왈우

偏學知慧 不修禪定福德 名之曰狂 狂愚之過 雖小
편학지혜 불수선정복덕 명지왈광 광우지과 수소

不同 邪見輪轉 蓋無差別 若不均等 此則行乖圓備
부동 사견륜전 개무차별 약불균등 차즉행괴원비

何能疾登極果
하능질등극과

마땅히 알라. (지와 관의) 이 두 가지 법은 수레의 두 바퀴와 같고, 새의 두 날개와 같다. 만약 어느 하나에 치우쳐서 닦아 익힌다면 곧 삿되고 뒤바뀐 전도견顚倒見에 떨어진다. 그러므로 경에서 말씀하셨다. "만약 치우쳐 선정과 복덕을 닦기만 하고 지혜를 배우지 않는다면 이것을 이름하여 '어리석다'고 하며, 치우쳐 지혜를 배우기만 하고 선정과 복덕을 닦지 않는다면 이를

---

[5] 『묘법연화경妙法蓮華經』「方便品」(대정장9, p.8a).

'미친 것'이라고 한다." '미친 것'과 '어리석음'의 허물이 약간 다르다고 하더라도 삿된 견해로 윤회하는 것에는 다름이 없다. 만약 이 두 가지가 균등하지 않으면 수행이 원만하지 않은 것이니, 어찌 능히 지극한 성과聖果에 빨리 오를 수 있겠는가!

故經云 聲聞之人 定力多故 不見佛性 十住菩薩 智慧
고 경 운 성 문 지 인 정 력 다 고 불 견 불 성 십 주 보 살 지 혜

力多 雖見佛性 而不明了 諸佛如來 定慧力等 是故了
력 다 수 견 불 성 이 불 명 료 제 불 여 래 정 혜 력 등 시 고 요

了見於佛性 以此推之 止觀豈非泥洹大果之要門 行
료 견 어 불 성 이 차 추 지 지 관 기 비 니 원 대 과 지 요 문 행

人修行之勝路 衆德圓滿之指歸 無上極果之正體也
인 수 행 지 승 로 중 덕 원 만 지 지 귀 무 상 극 과 지 정 체 야

그러므로 경[6]에서 말씀하셨다. "성문[7]의 사람은 선정의 힘(定力)만

---

[6] 『대반열반경大般涅槃經』 제28권 「獅子吼菩薩品」(대정장12, p.792b~c)에 다음의 말씀이 나온다. "선남자여, 수레를 멘 말들의 더디고 빠름을 잘 제어하는 사람이 더디고 빠름을 잘하는 까닭에 이름을 사상捨相이라 하나니, 보살도 그러하여 삼매가 많으면 지혜를 닦고, 지혜가 많으면 삼매를 닦으며, 이 두 가지가 평등하면 버리는 모양(捨相)이라 하느니라. 선남자여, 십주보살은 지혜의 힘이 많고 삼매의 힘이 적으므로 불성을 분명하게 보지 못한다. …… 모든 부처님은 선정과 지혜의 힘이 균등한 까닭에 불성을 명료하게 보시어 막힘이 없다(善男子 如善御駕駟遲疾得所 遲疾得所故名捨相 菩薩亦爾 若三昧多者則修習慧 若慧多者則修習三昧 三昧慧等則名爲捨 善男子 十住菩薩智慧力多三昧力少 是故不得明見佛性 … 諸佛世尊定慧等故 明見佛性了了無礙)"

[7] 성문聲聞: śrāvaka. 부처님의 음성을 듣고 깨침을 증득한 출가 제자. 또는 사제四諦의 이치를 관하여 아라한阿羅漢을 이루는 것을 이상으로 하는 소승

많은(지혜의 힘은 적음) 까닭에 불성을 보지 못하고, 십주十住보살은 지혜의 힘이 많아(삼매의 힘은 적음) 비록 불성을 본다고 하더라도 명료하게 보지 못하지만, 모든 부처님께서는 선정과 지혜의 힘이 균등한 까닭에 불성을 분명하고 명료하게 보신다."

이것으로 미루어 본다면 지관이 어찌 열반이라는 커다란 과果의 긴요한 문이 아닐 것이며, 또한 수행하는 사람이 닦아 나가는 뛰어난 길, 여러 가지 덕이 원만히 돌아갈 곳(指歸)[8]이자 위없이 지극한 과(極果)의 바른 체體가 아닐 것인가!

의 성자聖者.
대승에서는 성문聲聞과 벽지불辟支佛을 이승二乘이라고 표현하여 자신만의 깨침에 만족하고 대비심이 부족하여 중생 교화에 소극적이라는 의미로 사용될 때가 많다.

[8] '지귀指歸'는 판본에 따라 '旨歸'로도 나온다. 『마하지관』 제2권(대정장46, p.20b)의 설명은 다음과 같다. "지귀旨歸라는 것은 글이 그 근본 뜻이 향하는 바를 말한다. 물이 흘러서 바다로 향해 나가고, 불꽃이 하늘로 향하는 것과도 같이 비밀스런 가르침을 알고, 심원한 이법에 통달하면 머무르고 지체하는 바가 없는 것이다. 지혜 있는 신하가 왕의 비밀스런 마음을 알아듣는 것과 같이, 설해진 바를 듣고서 모두 다 깨달아 알고 일체지一切智의 경지에 도달하는 것이다. 이 뜻을 알면 바로 지귀旨歸를 이해한다. 지旨라는 것은 스스로 법신, 반야, 해탈의 삼덕三德을 향하는 것이고, 귀歸라는 것은 남을 끌어들여서 함께 삼덕으로 들어가는 것을 말한다. …… 언어의 길이 끊어지고 마음이 가는 곳이 소멸하여 아주 적정함이 공空과 같은 것을 '지귀'라고 한다."

若如是知者　止觀法門實非淺　故欲接引始學之流輩
약 어 시 지 자　　지 관 법 문 실 비 천　　고 욕 접 인 시 학 지 류 배

開矇冥而進道　說易行難　豈可廣論深妙
개 몽 명 이 진 도　　설 이 행 난　　기 가 광 론 심 묘

만약 이와 같이 아는 사람에게는 지관의 법문이 참으로 얕은 것이 아니다. 그래서 처음 배우는 사람들을 이끌어 들이고 그 어리석음을 깨우쳐서 바른 도에 나아가게 하려는 것이다. 설하기는 쉬우나 행하기는 어려우니 어찌 깊고 오묘한 것을 자세히 논할 수 있겠는가!

今略明十意　以示初心行人　登正道之階梯　入泥洹之
금 략 명 십 의　　이 시 초 심 행 인　　등 정 도 지 계 제　　입 니 원 지

等級　尋者當愧爲行之難成　毋鄙斯文之淺近也　若心
등 급　　심 자 당 괴 위 행 지 난 성　　무 비 사 문 지 천 근 야　　약 심

稱言旨　於一眴間　則智斷難量　神解莫測　若虛搆文言
칭 언 지　　어 일 순 간　　즉 지 단 난 량　　신 해 막 측　　약 허 구 문 언

情乖所說　空延歲月　取證無由　事等貧人數他財寶　於
정 괴 소 설　　공 연 세 월　　취 증 무 유　　사 등 빈 인 수 타 재 보　　어

己何益者哉
기 하 익 자 재

여기에서 간략히 열 가지 항목을 밝혀서 초심 수행자로 하여금 바른 길을 올라가는 사다리로 삼아 열반에 들어가는 단계를 보이겠다. (이 길을) 찾는 사람은 마땅히 수행하여 이루는 것이 어려움을 부끄럽게 여길 것이요, 이 문장의 내용이 깊이가 얕고 알기 쉬운

것이라 하여 가볍게 여겨서는 아니 될 것이다. 만약 마음이 그 뜻하는 바의 말과 걸맞으면 한순간에 지혜와 번뇌(惑)를 끊음이 측량할 수 없게 되고, 신통한 이해理解가 헤아릴 수 없게 될 것이다. 만약 헛되이 문장의 어구에만 얽매어 뜻(情)이 설해진 내용과 어긋난다면 세월만 헛되이 보내게 되어 증과證果를 얻을 수 있는 수단이 없어진다. (이것은 『화엄경華嚴經』에서 말씀하신 것과 같이) "가난한 사람이 남의 재보만을 헤아리는 것"[9]과 같으니 나에게 무슨 이익이 있겠는가!

具緣第一 訶欲第二 棄蓋第三 調和第四 方便第五 正
구 연 제 일   가 욕 제 이   기 개 제 삼   조 화 제 사   방 편 제 오   정
修第六 善發第七 覺魔第八 治病第九 證果第十
수 제 륙   선 발 제 칠   각 마 제 팔   치 병 제 구   증 과 제 십

①연을 갖춤(具緣), ②탐욕을 꾸짖음(訶欲), ③덮개를 버림(棄蓋), ④생활습관을 조절함(調和), ⑤방편을 행함(方便), ⑥바른 수행(正修), ⑦선근을 일으킴(善根發), ⑧마사를 알고 물리침(覺魔), ⑨병을 치유함(治病), ⑩과를 증득함(證果).

---

9 『대방광불화엄경大方廣佛華嚴經』「菩薩明難品」(대정장9, p.429a). "비유하자면 저 가난한 사람이 날이 저물도록 남의 재보만 헤아리지만 자기는 반 푼도 가지지 못한 것과 같으니, 법을 많이 듣기만 하고 수행하지 않음도 이와 같다(譬如貧窮人 日夜數他寶 自無半錢分 多聞亦如是)."

今略擧此十意 以明修止觀者 此是初心學坐之急要
금 략 거 차 십 의 이 명 수 지 관 자   차 시 초 심 학 좌 지 급 요

若能善取其意而修習之 可以安心免難 發定生解 證
약 능 선 취 기 의 이 수 습 지 가 이 안 심 면 난 발 정 생 해 증

於無漏之聖果也
어 무 루 지 성 과 야

여기에서 대략 이 열 가지 항목[10]을 들어 지관止觀[11]을 닦는 것을

---

[10] 천태대사는 『화엄경』에서 숫자 십十이 완전히 갖추어진 것으로 보아 10가지로 나눈 것으로 보인다. 『마하지관』 제1권(대정장46, p.4a)에는 천태의 궁극적 실천이론인 원돈지관圓頓止觀의 실천법을 다섯 가지 분으로 간략히 나누어 설명하고, 자세히 10항목으로 나누고 이를 '오략십광五略十廣'이라 하고 있다. '오략五略'은 발대심發大心, 수대행修大行, 감대과感大果, 열대망裂大網, 귀대처歸大處의 오단五段이고, '십광十廣'은 대의大意, 석명釋名, 체상體相, 섭법攝法, 편원偏圓, 방편方便, 정관正觀, 과보果報, 교기起敎, 지귀旨歸의 10장章이다. 일념삼천一念三千과 일심삼관一心三觀을 실천원리로 하는 이 원돈지관은 최승의 법문이 된다.

[11] 천태대사는 『마하지관摩訶止觀』 제1권(대정장46, p.1c)에서 스승인 혜사慧思로부터 전해 받은 세 가지 지관(三種止觀)을 다음과 같이 밝히고 있다. (1) 점차지관漸次止觀: 처음에 얕고 나중에 깊이 들어가는 법문으로, 계를 지키고 선정을 닦아서 점차로 실상에 깨달아 들어가는 것이다. (2) 부정지관不定止觀: 처음부터 실상을 관하지 않고 중생의 근기와 능력에 순응하여 닦기에 그 실천의 순서가 일정하지 않다. 『육묘문六妙門』(1권)에서는 ① 수식관數息觀 ② 수식관隨息觀 ③ 지止 ④ 관觀 ⑤ 환(還: 근원으로 돌아감) ⑥ 정(淨: 망상분별이 일어나지 않아 청정함)이라는 여섯 가지 법문으로 부정지관의 수증修證 방법을 나타냈다. (3) 원돈지관圓頓止觀: 처음부터 실상實相을 대상으로 삼아서 중도를 알고 행하며 속히 원만하게 증득하는 방법이다. 수행(行)과 이해(解)가 모두 즉각적이고 빠르며 원만한 것(圓滿頓速)이 원돈지관이며, 이는 『마하지관』(10권) 전체에 걸쳐 설해진 실천법이다.

밝힌다. 이것은 초심자가 좌선을 배움에 있어 매우 긴요한 것이다. 만약 훌륭히 그 뜻을 취하여 이것을 닦아 익힌다면, 마음을 안온하게 할 수 있어 어려움을 면하고 벗어날 수 있다. 또 삼매(定)의 경지를 일으키고 해탈 지혜를 생하게 하여 번뇌가 없는 무루無漏[12]의 성과聖果를 증득할 것이다.

---

[12] 무루無漏: 번뇌의 허물이 계속 새어 나가고 있는 것을 '루(漏: 새어 나감)'라고 하며, 번뇌가 새 나가지 않을 때를 무루無漏라고 함.

제1장 연을 갖춤(具緣第一)

夫發心起行 欲修止觀者 要先外具五緣
부 발 심 기 행   욕 수 지 관 자   요 선 외 구 오 연

대저 수행자가 발심하여 수행을 일으켜 지관止觀을 닦고자 한다면, 요컨대 먼저 밖으로 다섯 가지 연을 갖추어야 한다.

1. 계를 청정히 지킴(持戒淸淨)

第一 持戒淸淨 如經中說 依因此戒 得生諸禪定 及滅
제 일   지 계 청 정   여 경 중 설   의 인 차 계   득 생 제 선 정   급 멸

苦智慧 是故比丘應持戒淸淨
고 지 혜   시 고 비 구 응 지 계 청 정

첫째는 계戒를 지킴이 맑고 깨끗하여야 한다. 경[1] 가운데 설한

---

1 『불유교경佛遺敎經(佛垂般涅槃略說敎誡經)』(대정장12, p.1111a). "계율을 바르게 따르면 해탈의 근본이 된다. 그러므로 이름을 바라제목차라고 하는 것이니, 이 계율에 의지하여 모든 선정禪定이 일어나며 고苦를 없애는 지혜를 얻게 된다. 이런 까닭에 너희들 비구들아, 계율을 깨끗하게 지키고 훼손하지 말라. 만약 사람이 능히 깨끗하게 계율을 지키면 선법善法이 있게 되고, 만약 깨끗하게 계율을 지키지 못하면 모든 선善의 공덕이 생겨나지 않게 된다. 이러므로 계율은 가장 편안한 공덕이 머무는 곳임을 알아야 한다(戒是

것과 같다. "이 계戒가 원인(因)이 됨에 의지하여 모든 선정과 괴로움을 멸하는 지혜를 생기게 할 수 있다. 이러한 까닭에 출가승은 반드시 맑고 깨끗하게 계戒를 지켜야 한다."

然有三種行人持戒不同 一者 若人未作佛弟子時 不
연 유 삼 종 행 인 지 계 부 동 일 자 약 인 미 작 불 제 자 시 부
造五逆 後遇良師 敎受三歸五戒 爲佛弟子 若得出家
조 오 역 후 우 량 사 교 수 삼 귀 오 계 위 불 제 자 약 득 출 가
受沙彌十戒 次受具足戒 作比丘 比丘尼 從受戒來 淸
수 사 미 십 계 차 수 구 족 계 작 비 구 비 구 니 종 수 계 래 청
淨護持 無所毁犯 是名上品持戒人也 當知是人修行
정 호 지 무 소 훼 범 시 명 상 품 지 계 인 야 당 지 시 인 수 행
止觀 必證佛法 猶如淨衣 易受染色
지 관 필 증 불 법 유 여 정 의 이 수 염 색

그러나 그 가운데 세 가지 수행인이 있어 계戒를 지킴이 같지 않다. 첫째, 만약 사람이 불제자가 되기 전에 다섯 가지 무거운 죄(五逆罪)[2]를 지은 적이 없고, 나중에 좋은 스승을 만나서 삼귀의

正順解脫之本 故名波羅提木叉 依因此戒 得生諸禪定及滅苦智慧 是故比丘 當持淨戒勿令毁犯 若人能持淨戒 是則能有善法 若無淨戒 諸善功德皆不得生 是以當知戒爲第一安隱功德之所住處)."

[2] 오역죄五逆罪: 소승의 오역죄는 부모와 아라한을 죽임, 승단을 파괴함, 부처님 몸에 피를 냄(殺父 殺母 殺阿羅漢 破僧 出血)이다. 대승의 오역죄는 ①탑과 절을 파괴하고 경전과 불상을 태우거나 남을 시켜 이와 같은 일을 행하도록 사주하는 것, 또는 이러한 일들을 좋아하는 것, ②불법을 비방하는 것(毁謗聲聞緣覺 以及大乘法), ③다른 사람의 출가수행을 방해하는 것(妨礙出家人修

三歸依³와 오계五戒⁴의 가르침을 받아 불제자가 되거나, 또는 출가할 수 있어서 사미십계沙彌十戒를 받은 다음, 구족계具足戒⁵를 받아 출가승 비구 또는 비구니가 되었는데, 계를 받은 이후에 맑고 깨끗하게 지켜서 범한 적이 없다면 이 사람을 이름하여 품위가 제일인 상품上品의 지계인持戒人이라 한다. 마땅히 알라. 이러한 사람이 지관을 수행하면 반드시 불법을 증득할 것이니, 마치 깨끗한 옷이 염색할 때 물들기가 쉬운 것과 같다.

行 或殺害出家人), ④ 위의 소승 오역죄의 일부를 범하는 것(犯小乘五逆罪之一), ⑤ 인과업보를 무시하고 후세의 과보를 두려워하지 않으며 악행을 저지르거나 남을 시켜 열 가지 착하지 않은 일을 사주하는 것(主張所有皆無業報 而行十不善業 或不畏後世果報 而敎唆他人行十惡等)을 말한다.

3 삼귀의三歸依: tri śaraṇa gamana, 圖 ti saraṇagamana. 불佛·법法·승僧 삼보에 스스로 귀의한다는 뜻. 귀의歸依는 귀순하여 의지한다는 뜻과 일체의 고苦를 영원히 해탈하여 구호받기를 청하는 뜻이 함께 있다. 여기에서는 계戒를 받기 전에 하는 의식으로 해석된다.

4 오계五戒: pañca śīlāni. 재가신도가 금지하여 지켜야 할 다섯 가지 계. ① 살생殺生, ② 투도(偸盜: 도둑질, 주지 않은 물건을 취함), ③ 삿된 음행(邪婬, 非梵行), ④ 거짓말(妄語, 虛誑語), ⑤ 음주飮酒의 다섯 가지를 말한다. 네 번째인 거짓말에는 양설兩舌·악구惡口·망어妄言·기어綺語 등 구업口業으로 짓는 모든 악을 들기도 한다. 『우바새오계경優婆塞五戒經(佛說優婆塞五戒相經)』(대정장24) 참조.

5 구족계具足戒: 비구 스님의 경우 250개, 비구니 스님인 경우 348개의 계율이 있다.

二者 若人受得戒已 雖不犯重 於諸輕戒 多所毁損 爲
이자 약인수득계이 수불범중 어제경계 다소훼손 위

修定故 卽能如法懺悔 亦名持戒淸淨 能生定慧 如衣
수정고 즉능여법참회 역명지계청정 능생정혜 여의

曾有垢膩 若能浣淨 染亦可著
증유구니 약능완정 염역가착

둘째, 만약 사람이 계戒를 받고 나서 비록 무거운 계(重戒)[6]는 범하지 않았다 하더라도 여러 가지 가벼운 계를 훼손한 것이 많이 있는 경우, 선정을 닦기 위하여 곧 여법하게 참회하면 이 사람도 역시 계를 지킴이 청정하다고 한다. 능히 선정과 지혜가 생길 수 있는 것이 마치 옷에 더러운 때가 있다 하더라도 만약 깨끗이 빨아 염색하면 역시 물들일 수 있는 것과 같다.

三者 若人受得戒已 不能堅心護持 輕重諸戒多所毁
삼자 약인수득계이 불능견심호지 경중제계다소훼

犯 依小乘敎門 卽無懺悔四重之法 若依大乘敎門 猶
범 의소승교문 즉무참회사중지법 약의대승교문 유

---

[6] 무거운 계(重戒): 소승에서는 ①살殺 ②도盜 ③음淫 ④망妄의 네 가지 계를 사중계四重戒라 하고, 대승에서는 무거운 계로 십중계十重戒를 말한다. 10가지 무거운 계란 사중계에 ⑤음주飮酒를 더한 오계五戒에다 ⑥사부대중의 허물을 말하는 것(說四重過戒), ⑦스스로를 찬탄하고 남을 헐뜯는 것(自讚毁他), ⑧베푸는 데 인색한 것(吝施), ⑨다른 사람의 사죄를 받아들이지 않는 것(嗔心不受悔), ⑩삼보를 헐뜯는 것(謗三寶) 등을 더한 것이다. 한편 가벼운 계(48輕戒)란 『범망경梵網經』에 대승보살계로써 설해진 48가지 가벼운 계가 있다. 이것은 10가지 무거운 계에 대비하여 비교적 가벼운 계라 한 것이다.

可滅除 故經云 佛法有二種健人 一者 不作諸惡 二者
가 멸 제   고 경 운 불 법 유 이 종 건 인   일 자 부 작 제 악   이 자
作已能悔
작 이 능 회

셋째, 만약 어떤 사람이 계를 받고 나서도 견고한 마음으로 지킬 수 없으면 가볍거나 무거운 여러 가지 죄를 범하는 일이 많다. 만약 소승 교문敎門에 의지한다면 네 가지 무거운 죄(四重罪)[7]는 참회하는 방법이 없다. 그러나 만약 대승 교문에 의지한다면 가히 없애 버릴 수 있다. 이런 까닭에 경[8]에서 말씀하셨다. "불법 가운데

---

[7] 사중죄四重罪: 사바라이四波羅夷라고도 한다. 비구 스님이 지켜야 할 제일 중요한 네 가지 계율이다. ① 대음계(大淫戒: 음행을 저지름. 淫 指耽溺於女色 不淨行 非梵行), ② 대도계(大盜戒: 도둑질로 남이 주지 않은 것을 취함. 卽禁止以盜心取得非給與之物), ③ 대살계(大殺戒: 살인을 범함. 卽禁止殺人 或敎唆殺人 殺畜牲則稱小殺戒), ④ 거짓말(大妄語戒)을 말한다. 위의 네 가지 중죄를 범하면 대중과 함께 머물 수 없어 승가에서 쫓겨난다.

[8] 『대반열반경』 제17권 「범행품梵行品」(대정장12, p.720b~c)에서 부왕 빈바사라왕을 죽인 '아사세왕이 괴로워하고 있을 때 의사 기바가 설득하는 부분'에 다음의 말이 나온다.
"대왕이시여, 부처님께서 항상 말씀하시기를 '두 가지 선한 법이 중생을 구제할 수 있으니 하나는 스스로 부끄러워함(慙)이요, 또 하나는 남을 부끄러워함(愧)이니라. 스스로 부끄러워하는 이는 스스로 죄를 짓지 아니하고, 남을 부끄러워하는 이는 다른 이를 시켜 죄를 짓게 하지 아니하며, 이것을 참괴慙愧라 하느니라. 참괴가 없는 이는 사람이라 할 수 없고 짐승이라 이름하며, 참괴가 있으므로 부모와 스승이 있고, 형제자매가 있다고 하느니라'고 하셨나이다. 대왕이시여, 신臣이 부처님께 말씀 듣기로 '지혜로운 이가 둘이 있으니 하나는 나쁜 짓을 짓지 않는 이요, 다른 하나는 지은 뒤에

두 가지 뛰어난 사람(健人)이 있으니, 하나는 본래 여러 가지 악을 짓지 않는 것이고, 둘째는 짓고 나서 능히 참회하는 것이다."

夫欲懺悔者 須具十法 助成其懺 一者 明信因果 二者
부 욕 참 회 자 수 구 십 법 조 성 기 참 일 자 명 신 인 과 이 자

生重怖畏 三者 深起慚愧 四者 求滅罪方法 所謂大乘
생 중 포 외 삼 자 심 기 참 괴 사 자 구 멸 죄 방 법 소 위 대 승

經中 明諸行法 應當如法修行 五者 發露先罪 六者
경 중 명 제 행 법 응 당 여 법 수 행 오 자 발 로 선 죄 육 자

斷相續心 七者 起護法心 八者 發大誓願 度脫衆生
단 상 속 심 칠 자 기 호 법 심 팔 자 발 대 서 원 도 탈 중 생

九者 常念十方諸佛 十者 觀罪性無生
구 자 상 념 시 방 제 불 십 자 관 죄 성 무 생

대저 참회하고자 한다면 그 참회가 이루어지기 위하여 모름지기 열 가지 법을 갖추어야 한다. 첫째 확실하게 인과因果를 믿을 것, 둘째 무겁고 두려운 마음을 낼 것, 셋째 부끄러움과 뉘우침을 깊이 일으킬 것, 넷째 죄를 멸하는 방법을 구할 것, 이른바 대승경전 가운데 여러 행하는 법을 밝혔으니 마땅히 여법하게 수행하여

곧 참회하는 이니라. 어리석은 이도 둘이 있으니 하나는 죄를 짓는 이요, 하나는 짓고는 감추려는 이니라. 비록 나쁜 일을 저질렀으나 이내 드러내어 참회하고는 부끄러워서 다시 짓지 아니하면, 마치 흐린 물에 맑은 구슬을 넣으면 물이 곧 맑아지는 것과 같으며, 또 구름이 걷히면 달이 청명하여지듯이, 죄를 짓고 참회하는 것도 그와 같다'고 들었나이다. 왕께서 만약 참회하시고 참괴한 생각을 품으시면 죄가 곧 소멸되어 본래와 같이 깨끗하게 되리이다."

야 한다. 다섯째 이미 지은 죄를 숨기지 말고 드러낼 것, 여섯째 죄업이 연이어 서로 이어지는 마음을 단절할 것, 일곱째 불법을 보호하는 마음을 일으킬 것, 여덟째 중생을 제도하여 해탈케 하려는 큰 서원을 일으킬 것, 아홉째 항상 시방의 모든 부처님을 염할 것, 열째 죄의 본성이 본래 남이 없음(無生)을 관찰할 것이다.

若能成就如此十法 莊嚴道場 洗浣淸淨 著淨潔衣 燒
약 능 성 취 여 차 십 법　장 엄 도 량　세 완 청 정　착 정 결 의　소
香散花 於三寶前 如法修行 一七 三七日 或一月 三月
향 산 화　어 삼 보 전　여 법 수 행　일 칠　삼 칠 일　혹 일 월　삼 월
乃至經年 專心懺悔所犯重罪 取滅方止
내 지 경 년　전 심 참 회 소 범 중 죄　취 멸 방 지

만약 능히 이와 같은 열 가지 법을 성취하려면 도량을 장엄하고 목욕하여 몸을 청정케 하고, 정결한 옷을 입고서 삼보三寶전에 향을 사르고 꽃을 흩으며, 여법하게 수행하여야 한다. 7일부터 삼칠일까지, 또는 한 달부터 석 달까지, 내지는 해를 경과하여 오로지 한 마음으로 참회하고 범한 바 중죄가 소멸된 모양이 나타나면 그때 비로소 그친다.

云何知重罪滅相 若行者如是至心懺悔時 自覺身心
운 하 지 중 죄 멸 상　약 행 자 여 시 지 심 참 회 시　자 각 신 심
輕利 得好瑞夢 或復觀諸靈瑞異相 或覺善心開發 或
경 리　득 호 서 몽　혹 부 도 제 령 서 이 상　혹 각 선 심 개 발　혹

自於坐中覺身如雲如影 因是漸證 得諸禪境界
자 어 좌 중 각 신 여 운 여 영　인 시 점 증　득 제 선 경 계

어떻게 중죄가 소멸된 모양을 알 수 있는가. 만약 수행하는 사람이 이와 같이 지극한 마음으로 참회할 때 스스로 몸과 마음이 가볍고 좋아진 것을 느끼며, 아름답고 상서로운 꿈[9]을 꾼다. 혹은 여러 신령스럽고 상서로운 색다른 모양을 보거나, 혹은 착한 마음이 개발되는 것을 알아차리거나, 혹은 스스로 좌선하는 가운데 몸이 구름 같고 그림자 같이 느껴져, 이로 인하여 점차 여러 선禪의 경지를 증득하게 된다.

或復豁然解悟心生 善識法相 隨所聞經 即知義趣 因
혹 부 활 연 해 오 심 생　선 식 법 상　수 소 문 경　즉 지 의 취　인

是法喜 心無憂悔 如是等種種因緣
시 법 희　심 무 우 회　여 시 등 종 종 인 연

혹은 또 환하게 깨달아 이해하는 마음이 생겨 법상法相을 잘 알게

---

9 『대반열반경』「고귀덕왕보살품高貴德王菩薩品」(대정장12, p.497a). "선남자여, 이 사람이 꿈에 부처님 형상을 보며, 혹은 천인, 사문, 국왕, 전륜성왕, 사자왕의 형상을 보기도 하고, 연꽃, 우담발화, 큰 산, 바닷물, 해와 달을 보기도 하며, 혹은 흰 코끼리, 흰 말 또는 부모, 꽃, 과실, 금, 은, 유리, 파리 따위의 보배를 얻기도 하며, 다섯 가지 우유를 보기도 한다. 깨어서는 즐거우며, 갖가지 필요한 물건을 얻게 되어 나쁜 일은 생각하지 아니하고, 선한 법을 닦기를 좋아하게 되리라(善男子 是人或於夜臥夢中夢見佛像 或見天像沙門之像國王王像王子王像蓮花形像優曇花像 或見大山或大海水 或見日月或見白象及白馬像 或見父母得花得果金銀琉璃頗梨等寶五種牛味 爾時當知 卽是如來受其所施 寤已喜樂尋得種種所須之物 心不念惡樂修善法)."

되기도 하고, 경經을 들은 대로 바로 의취義趣를 알게 되기도 한다. 이로 인하여 법에 대하여 기쁜 마음이 생기며 걱정과 뉘우침이 없어진다. 이러한 등의 갖가지 인연이 있다.

當知卽是破戒障道罪滅之相 從是已後 堅持禁戒 亦
당 지 즉 시 파 계 장 도 죄 멸 지 상   종 시 이 후   견 지 금 계   역
名尸羅淸淨 可修禪定 猶如破壞垢膩之衣 若能補治
명 시 라 청 정   가 수 선 정   유 여 파 괴 구 니 지 의   약 능 보 치
浣洗淸淨 猶可染著
완 세 청 정   유 가 염 착

마땅히 알라. 즉 이것이 파계하여 수행의 길을 장애하는 죄가 없어진 모양이다. 이로부터 이후에 굳게 금계禁戒를 지키면 역시 지계청정[10]이라고 이름하며, 선정을 수행할 수가 있다. 마치 찢어

---

10 『대반열반경』「범행품」(대정장 12, p.467b). "선남자여, 보살마하살이 생사를 관찰하는 것을 기쁘다 하고 대열반을 보는 것을 즐겁다 하느니라. 하품下品은 기쁘다 하고 상품上品은 즐겁다 하느니라. 계율이 깨끗하므로 몸이 가벼워지고 입에 허물이 없으면 그때에 보살이 보고 듣고 맡고 맛보고 접촉하고 아는 것에 나쁜 일이 없고, 나쁜 일이 없으므로 마음이 편안하여지고, 편안하여지므로 고요한 선정을 얻고, 고요한 선정을 얻으므로 진실하게 알고 보고, 진실하게 알고 보므로 생사를 싫어하고 떠나서 대열반을 얻나니, 이것을 세간의 계율이 아닌, 보살이 청정하게 가지는 계율이라 하느니라(善男子 菩薩摩訶薩觀於生死則名爲喜 見大涅槃名之爲樂 下名爲喜上名爲樂 離世共法名之爲喜 得不共法名之爲樂 以戒淨故身體輕柔口無麤過 菩薩爾時若見若聞若 輕若嘗若觸若知悉無諸惡 以無惡故心得安隱 以安隱故則得靜定 得靜定故得實知見 實知見故厭離生死 厭生死故則得解脫 得解脫故得見佛性 見佛性故得大涅槃 是名菩薩淸淨持戒非世間戒)."

져 더러운 때가 묻은 옷이라 하더라도 만약 훌륭히 보충하여 깁고 깨끗이 빨면 가히 염색이 잘되는 것과 같다.

若人犯重禁已 恐障禪定 雖不依諸經修諸行法 但生
약인범중금이 공장선정 수불의제경수제행법 단생
重慚愧 於三寶前 發露先罪 斷相續心 端身常坐 觀罪
중참괴 어삼보전 발로선죄 단상속심 단신상좌 관죄
性空 念十方佛
성공 염시방불

만약 어떤 사람이 무거운 금계를 범하여 선정의 장애가 두렵다면, 비록 여러 경전의 여러 가지 수행하는 행법들을 의지하지 않더라도 다만 삼보 전에 무거운 참괴심을 내어서 먼저 지은 죄를 드러내고 참회해야 한다. 죄가 서로 연이어 계속(相續)되는 마음을 끊고, 몸을 단정히 하여 항상 바르게 앉아서 죄의 성품의 공한 것을 관하고 시방의 부처님을 염念해야 한다.

若出禪時 卽須至心燒香禮拜 懺悔誦戒 及誦大乘經
약출선시 즉수지심소향예배 참회송계 급송대승경
典 障道重罪 自當漸漸消滅 因此尸羅淸淨 禪定開發
전 장도중죄 자당점점소멸 인차시라청정 선정개발
故妙勝定經云 若人犯重罪已 心生怖畏 欲求除滅 若
고묘승정경운 약인범중죄이 심생포외 욕구제멸 약
除禪定 餘無能滅 是人應當在空閑處 攝心常坐 及誦
제선정 여무능멸 시인응당재공한처 섭심상좌 급송

大乘經 一切重罪悉皆消滅 諸禪三昧自然現前
대 승 경 　일 체 중 죄 실 개 소 멸　 제 선 삼 매 자 연 현 전

만약 선정에서 나올 때에도 곧바로 지극한 정성으로 분향하고, 예배하고, 참회하고, 계를 암송하고 또 대승 경전을 독송한다. 그리하면 수행 길을 막았던 무거운 죄는 스스로 점차 소멸되고, 이로 인하여 계(尸羅)가 청정해지고 선정이 개발된다. 이런 까닭에 『묘승정경妙勝定經』[11]에 말씀하셨다.

"만약 어떤 사람이 중죄를 범하고 나서 마음에 두려움이 일어나 죄를 없애고자 한다면, 선정을 제외하고 다른 방법으로는 능히 멸할 수가 없다."

이 사람이 마땅히 한가하고 조용한 곳을 찾아 마음을 거두어들여 항상 좌선하며 대승 경전을 독송하면 일체의 무거운 죄가 모두 소멸되고 여러 삼매의 경지가 자연히 앞에 나타날 것이다.

---

[11] 『최묘승정경最妙勝定經』 또는 『묘승정경妙勝定經』 1권을 말한다. 일찍이 실전失傳된 것으로 알려졌으나 둔황敦煌에서 발견되어 후에 일본 속장경續藏經에 수록되었다. 남북조 시대에 번역되었으며, 역자는 미상이다. 『최묘승정경』(속장경, 장외불교문헌藏外佛敎文獻 제1책, p.342a). "어떤 사람이 하루 내지 칠일의 선정을 염하여 닦으면 무량겁의 극히 중한 악업이 점점 엷어지고 오역 중죄를 지었더라도 다만 선정을 닦으면 저절로 없어진다. 선정의 힘을 제외하고 없앨 방법이 없다(若有人能一日一日乃至七日 念修禪定 於無量劫極重惡業漸漸輕微 復有五種重罪 一者 煞父 害母 煞眞人羅漢 破塔壞寺 焚燒僧房 二者 犯四重 八重 五重 六重姓戒 三者 謗方等經 四者 說他人過 不生恭敬 常起驕慢 如向所說五種性罪 但修禪定 自然滅除 除禪定力)." 천태대사는 이 경을 자주 암송하였다고 전해진다.

2. 의식을 갖춤(衣食具足)

第二 衣食具足者 衣法有三種 一者 如雪山大士 隨得
제이 의식구족자 의법유삼종 일자 여설산대사 수득

一衣 蔽形即足 以不遊人間 堪忍力成故 二者 如迦葉
일의 폐형즉족 이불유인간 감인력성고 이자 여가섭

常受頭陀法 但畜糞掃三衣 不畜餘長 三者 若多寒國
상수두타법 단축분소삼의 불축여장 삼자 약다한국

土 及忍力未成之者 如來亦許三衣之外 畜百一等物
토 급인력미성지자 여래역허삼의지외 축백일등물

而要須說淨 知量知足 若過貪求積聚 則心亂妨道
이요수설정 지량지족 약과탐구적취 즉심란방도

둘째는 옷과 음식을 구족하게 갖추어야 한다. 먼저 옷에 대한 것을 밝히면 세 가지가 있다. 첫째는 설산雪山대사[12]와 같은 것이

---

[12] 부처님이 전생에 설산에서 도를 닦을 때 반 게송을 듣기 위하여 나찰로 변화한 제석천에게 몸을 던진 이야기가 『대반열반경』(대정장12, p.499b~450a)에 나온다. "내가 지나간 세상에 보살행을 닦을 때, 그때 내가 설산에 있었는데 산이 깨끗하고 흐르는 물, 목욕하는 못, 나무 숲, 약풀들이 간 데마다 가득하였고 바위틈에는 맑은 물이 흐르고, 향기로운 꽃들이 두루 장엄하였으며, 아름다운 새와 진귀한 짐승이 헤아릴 수 없었고, 맛있는 과실이 번성하여 종류가 한량없었으며 한량없는 연근, 감근甘根, 청향목 뿌리들이 있었다. 내가 그때 혼자 산중에 있으면서 과실만 따먹었고, 그러고는 전심으로 좌선하는 일만 행하였다. …… 그때 제석천이 나찰로 변화하여 설산동자를 시험하고자 '제행무상 시생멸법(諸行無常 是生滅法: 변천하는 모든 법은 무상無常하니 모두가 생겼다가 없어지는 법이니라)'이라는 게송을 말하였다. 법문의 반쪽만을 듣게 된 동자는 나머지 반 게송을 듣기 위하여 몸을 나찰에게 주기로 하고 나무에서 뛰어내렸다." 나머지 반쪽 게송은 우리가

니, 한 벌 옷을 얻어 몸을 가리면 족한 것이다. 세간에서 속인들과 함께 어울리지 않고 참고 견디는 힘이 길러지기 때문이다. 둘째는 가섭迦葉[13] 존자와 같은 것이니, 항상 두타頭陀의 법을 받아 다만 분소의糞掃衣[14] 세 가지를 두고서 나머지는 오래 쌓아 두지 않는 것이다. 셋째는 몹시 추운 국토이거나 또는 참는 힘이 아직 생기지 못한 사람에게는, 부처님께서 세 벌의 옷 이외에 백일물[15] 등을 쌓아 두는 것을 허락하셨다. 그러나 반드시 청정한 법을 따라야 하며, 양量을 알고 만족함을 알아야 한다. 만약 탐욕이 지나쳐서

잘 아는 『열반경』 사구게송이다. "생멸멸이 적멸위락(生滅滅已 寂滅爲樂: 나고 없어지는 모든 법이 멸하여 없어지면, 그때 적멸의 즐거움이 있으리라)."

[13] 대가섭(大迦葉, Maha Kasyapa): 부처님의 제자로, 걸식을 하며 고행하는 두타행頭陀行 제일. 부처님으로부터 심인心印을 받았으며, 불멸후 5백 명의 아라한을 이끌고 제1차 경전결집을 주관하였다. 히말라야 설산에서 멸진정滅盡定에 들었으며, 미륵불이 출세할 때 선정에서 일어나 신통을 나타내고 열반에 들 것이라는 이야기가 『미륵대성불경彌勒大成佛經』(대정장14)에 나온다.

[14] 분소의糞掃衣: pāṃsu kūla, 圖 paṃsu kūla. 스님의 옷, 세간에서 쓰레기로 버린 옷가지를 재활용하여 잘 빨래하고 기워서 만든 스님의 누더기 옷. (略稱糞掃. 又作衲衣 百衲衣. 卽扌庶取被捨棄於糞塵中之破衣碎布, 洗滌後作成之裂裟.) 세 가지란 승가리(지금의 가사), 울다라승(의식할 때 입는 옷), 안타회(절 안에서 입는 통상복)이다.

[15] 백일물百一物: 삼의三衣, 육물六物, 십팔물十八物 등 여러 가지 생활에 필요한 것들 중 각각 한 개씩 더 가질 수 있도록 허용하는 것. 여기서 백百은 여러 가지 많은 것을 의미하고, 일一은 그중 하나씩 더 가질 수 있다는 것을 의미한다.

쌓아 둔다면 반드시 마음이 어지럽게 흐트러지고 수도에 방해가 된다.

次 食法有四種 一者 若上人大士 深山絶世 草果隨時
차 식법유사종 일자 약상인대사 심산절세 초과수시
得資身者 二者 常行頭陀 受乞食法 是乞食法 能破四
득자신자 이자 상행두타 수걸식법 시걸식법 능파사
種邪命 依正命自活 能生聖道故 邪命自活者 一 下口
종사명 의정명자활 능생성도고 사명자활자 일 하구
食 二 仰口食 三 維口食 四 方口食 邪命之相 如舍利弗
식 이 앙구식 삼 유구식 사 방구식 사명지상 여사리불
爲青目女說 三者 阿蘭若處檀越送食 四者 於僧中潔
위청목녀설 삼자 아란야처단월송식 사자 어승중결
淨食 有此等食緣具足 名衣食具足 何以故 無此等緣
정식 유차등식연구족 명의식구족 하이고 무차등연
則心不安隱 於道有妨
즉심불안은 어도유방

다음에 음식의 법으로 네 가지가 있다. 첫째는 만약 도가 높은 보살이면 깊은 산 속에서 세간과 떨어져서 초목과 과일을 때에 따라 얻음으로써 몸을 지탱하는 것이다. 둘째는 항상 두타頭陀[16]를 행하고 (음식을 비는) 걸식의 법[17]을 받드는 것이다. 이 걸식법은

---

16 두타頭陀: dhūta의 음역. 의식주에 집착함으로 말미암아 생기는 번뇌의 진로를 떨쳐버리기 위한 고행 방법. 항상 한가한 곳에 머무르며, 걸식으로 몸을 유지하고, 남들이 쓰다 버린 옷가지를 기워 입고, 무덤가에 머물러 무상無常을 관하는 등의 12가지 법이 있다.

능히 네 가지 삿된 생활을 깨뜨리고 바른 생활에 의지하여 스스로 살아가게 하며, 능히 성스러운 도를 생기게 한다. 삿된 생활로 스스로 살아가는 것에는 ① 하구식下口食, ② 앙구식仰口食, ③ 유구식維口食, ④ 방구식方口食의 네 가지[18]가 있다. 삿되게 생활하는 모양이란 사리불[19]이 청목녀靑目女[20]를 위하여 설법한 것과 같다.

---

17 걸식법乞食法: 승려가 수행하는 데 필요한 자신의 육신을 돕고, 중생들에게 보시를 통해 복을 짓도록 하기 위해 일정한 법도에 따라 음식을 비는 일. 탁발托鉢이라고도 한다. 걸식은 승려의 간단한 생활을 표방하는 동시에 첫째는 아집我執과 아만我慢을 없애고, 둘째는 보시하는 이의 복덕을 길러 주는 공덕이 있어 부처님 당시부터 행해지던 것이다.

18 『대지도론大智度論』 제3권(대정장25, p.79c~80a)에 사명사식邪命四食에 대해 다음과 같이 설명하고 있다. ① 하구식下口食: 출가한 사람이 약을 짓거나 곡식을 심거나 나무를 가꾸는 일 등으로 음식을 얻는 것. ② 앙구식仰口食: 출가한 사람이 천문, 술수 등의 학문으로 음식을 얻는 것. ③ 방구식方口食: 출가한 사람이 권세 있는 사람에게 아첨을 떨면서 사방으로 심부름을 다니거나 교묘한 말로써 음식을 얻는 것. ④ 유구식維口食: 출가한 사람이 갖가지 주술을 배워 길흉吉凶을 점치는 등의 방법으로 음식을 얻는 것.

19 사리불舍利弗: Śāriputra의 음역. 부처님 제자 가운데 지혜가 제일 뛰어난 상수 제자. 부처님을 대신하여 법을 설하였으며, 대승 경전에서 사리불이 많이 나오는 것은 소승을 이끌어 대승으로 나아가기 위한 것이라 함. 그의 어머니가 마가다국의 왕사성에서 바라문가 논사의 딸로 태어날 때 눈이 사리śāri라는 새의 눈처럼 생겼다고 하여 사리라고 하였으며, 그를 잉태했을 때 갑자기 총명해졌다고 한다. 사리자(Śāriputra)는 '사리의 아들'이라는 뜻.

20 『대지도론』 제3권(대정장25, p.79c)에 "사리불 존자가 성城에 들어가서 걸식을 하여 밥을 빌어 가지고는 벽을 향하여 먹고 있었다. 이때 정목(淨目, 또는 靑目)이라는 여자 범지梵志가 와서 '그대는 어떤 방법으로 먹는가?' 하고 물었다. 이에 사리불은 네 가지 밥 먹는 법을 설명하고 스스로 삿되지

셋째는 고요하고 청정한 곳(아란야처)으로 시주들이 보내준 음식이며, 넷째는 승가(僧)에서 깨끗하게 만들어진 음식이다. 이와 같은 음식이 있는 것을 음식의 연緣이 갖추어진 것이라고 하고, 또 옷과 음식을 구족하게 갖춘다고 한다. 무슨 까닭인가. 이런 연 등이 없으면 마음이 불안하여 불도에 장애가 있기 때문이다

3. 고요한 곳에서 한가히 거처함(閑居靜處)

第三 得閑居靜處 閑者 不作衆事 名之爲閑 無憒鬧故
제 삼 득 한 거 정 처 한 자 부 작 중 사 명 지 위 한 무 궤 료 고

名之爲靜 有三處可修禪定 一者 深山絶人之處 二者
명 지 위 정 유 삼 처 가 수 선 정 일 자 심 산 절 인 지 처 이 자

頭陀蘭若之處 離于聚落極近三四里 此則放牧聲絶
두 타 란 야 지 처 이 우 취 락 극 근 삼 사 리 차 즉 방 목 성 절

無諸憒鬧 三者 遠白衣住處 淸淨伽藍中 皆名閑居靜
무 제 궤 료 삼 자 원 백 의 주 처 청 정 가 람 중 개 명 한 거 정

處
처

셋째는 고요한 곳에서 한가히 거처하는 것[21]이다. 한가하다는

않은 바른 법으로, 청정한 걸식의 방법으로 살아간다고 설법하였다. 이에 정목녀는 기뻐하며 듣고는 수다원의 과果를 얻었다"라고 나온다.

21 『불유교경』(대정장12, p.1111c). "너희들 비구가 무위와 안락함을 구하고자 하거든 마땅히 시끄러움을 버리고 홀로 한가한 곳에 처하라. 고요한 곳에 처한 사람은 제석과 제천이 모두 공경하는 바가 된다. 그러므로 마음속의 오음五陰과 타중(他衆: 사람들)을 버리고, 비고 한가한 곳에 홀로 처하여 고

것은 잡다한 일을 하지 않는 것을 '한가하다(閑)'고 하며, 마음이 어지럽거나 시끄러움이 없는 까닭에 이것을 '고요하다(靜)'고 한다. 여기에는 세 군데가 있어 선정을 닦을 수 있다. 첫째, 깊은 산속[22] 인적이 끊어진 곳이다. 둘째, 두타를 수행하는 아란야처阿蘭若處[23]이다. 인가人家에서 아무리 가까워도 3~4리 떨어진 곳으로, 이곳은 가축을 방목하는 소리나 세간의 모든 심란함과 시끄러움이 끊어진 곳이다. 셋째, 속인俗人들의 집으로부터 멀리 떨어진 곳인 청정한 절(伽藍) 안이다. 이 모두를 '고요한 곳에서 한가롭게 거처하는 것'이라고 한다.

苦의 근본을 멸할 것을 생각하라(汝等比丘 若求寂靜無爲安樂 當離憒閙 獨處閑居 靜處之人帝釋諸天所共敬重 是故當捨己衆他衆 空閑獨處思滅苦本)."

22 『마하지관』 제4권(대정장 46, p.42c). "마음을 관하는 곳(觀心處)이란 진리의 이법(諦理)이다. 중도中道의 법은 유현幽玄하여 멀고도 깊은 것으로, 7종의 방편도로는 자취가 끊어져 도달하지 못한다. 이것을 이름하여 '깊다(深)'고 하고, 높아서 움직이지 않는 것을 '산山'이라고 한다. 두 가지 극단(二邊)을 멀리 떠난 것을 '고요하다(靜)'고 하고, 생기지도 않고 일어나지도 않는 것을 '한가하다(閑)'고 한다(觀心處者 諦理是也 中道之法幽遠深邃 七種方便絶跡不到 名之爲深 高廣不動名之爲山 遠離二邊稱之爲靜 不生不起稱之爲閑)."

23 아란야阿蘭若: araṇya의 음역. 원래는 '다툼이 없다(無爭)'는 뜻, 수행하기 적절한 조용한 장소를 말한다. 이런 아란야로는 세 가지가 있다. ① 달마達摩 아란야(dharmāraṇya): 모든 법이 본래 작위가 없어 고요한 곳, ② 무덤 사이의 장소(塚間之處): 촌락에서 1구로사 떨어진 곳, ③ 단타가檀陀迦 아란야(daṇāakāraṇya): 시냇가의 모래나 돌이 쌓인 곳(沙磧之處).

4. 주변 용무를 그만 둠(息諸緣務)

第四 息諸緣務 有四意 一 息治生緣務 不作有爲事業
제 사 식 제 연 무 유 사 의 일 식 치 생 연 무 부 작 유 위 사 업

二 息人間緣務 不追尋俗人朋友親戚知識 斷絶人事
이 식 인 간 연 무 불 추 심 속 인 붕 우 친 척 지 식 단 절 인 사

往還 三 息工巧技術緣務 不作世間工匠技術 醫方禁
왕 환 삼 식 공 교 기 술 연 무 부 작 세 간 공 장 기 술 의 방 금

呪卜相書數算計等事 四 息學問緣務 讀誦聽學等悉
주 복 상 서 수 산 계 등 사 사 식 학 문 연 무 독 송 청 학 등 실

皆棄捨 此爲息諸緣務 所以者何 若多緣務 則行道事
개 기 사 차 위 식 제 연 무 소 이 자 하 약 다 연 무 즉 행 도 사

癈 心亂難攝
폐 심 란 난 섭

넷째는 모든 연(緣: 연관된, 주변 환경)의 용무를 그만두는 것이다. 여기에 네 가지가 있다. 첫째, 일상생활을 살아가는 데 필요한 용무를 그만두고 세속의 사업을 하지 않는 것이다. 둘째, 대인관계의 주변 용무를 그만두고 쉬는 것이다. 속인俗人 친구, 친척, 지인知人들을 찾아다니지 않으며 사람들과의 왕래를 끊는 것이다. 셋째, 만드는 재주, 교묘한 기술 등의 주변 용무를 그만둔다. 세간의 공장工匠, 기술, 의방醫方, 부적 만드는 일(禁呪), 점치는 일(卜相), 글을 쓰는 것(書數), 산수(算計)[24] 등의 일을 하지 않는

---

[24] 『불유교경』(대정장12, p.1110c). "깨끗한 계율을 지키는 사람은 물건을 매매하거나 농지나 저택을 장만하거나 종(奴婢)이나 축생을 기르지 말 것이며, 일체의 씨앗을 심는 농사와 모든 재보를 멀리 하기를 마치 불구덩이를 피

것이다. 넷째, 학문[25]의 제반 용무를 그만두는 것인데, 읽고 외우는 것과 듣고 배우는 것들을 모두 다 버리는 것이다. 이것들을 연緣의 용무를 그만두는 것이라고 한다. 무슨 까닭인가. 만약 연관된 용무가 많으면 바로 불도 수행을 폐廢하게 되고, 마음이 심란하여 수습하기가 어렵기 때문이다.

하는 것과 같이 하라. 나무와 풀을 베지 말며, 땅을 파서 농지를 개간하거나, 탕약을 조제하거나, 길흉의 모양을 점치지 말고, 하늘의 별자리나 미래를 점치는 역수 등을 모두 하지 말라. 몸을 조화하여 제때에 식사를 하고, 청정하게 생활하라. 세간의 일에 참여하지 말고, 사명使命을 이루는 일을 통하지 말며, 주술이나 선약仙藥, 귀인들과 두텁게 교제하거나 남을 깔보는 일을 하지 말라(持淨戒者 不得販賣貿易 安置田宅 畜養人民奴婢畜生 一切種殖及諸財寶 皆當遠離如避火坑 不得斬伐草木 墾土掘地 合和湯藥 占相吉凶 仰觀星宿推步盈虛曆數算計 皆所不應 節身時食淸淨自活 不得參預世事通致使命 呪術仙藥 結好貴人親厚媟嫚)."

25 『마하지관』 제4권(대정장46, p.43a,11b). "네 번째, 학문이라는 것은 경전이나 논전을 독송하고 문답으로 승부하는 것이다. 이것을 가지고 기억하면 마음이 피로하고 뜻이 권태롭다. 언론으로 왕복(문답)을 하면 물이 흐려지고 구슬이 어두워지니, 무슨 틈이 있어 더 다시 지관을 수행할 수 있겠는가! …… 만약 법문을 아직 깨닫지 못했다면 마땅히 반야를 아는 사람을 친근하여 배워 닦아야 한다. 능히 일행삼매에 들어가면 여러 불보살님을 뵙고 보살의 지위에 오를 것이다. 경을 읽거나 주문을 외우는 것도 고요한 것보다 시끄러운데, 하물며 세속의 언어이겠는가!(四學問者 讀誦經論問答勝負等是也 領持記憶心勞志倦 言論往復水濁珠昏 何暇更得修止觀耶 … 若於法門未了 當親近解般若者 如聞修學 能入一行三昧面見諸佛上菩薩位 誦經誦呪尙喧於靜 況世俗言語耶)"

5. 선지식을 친근함(近善知識)

第五 近善知識 善知識有三 一 外護善知識 經營供養
제 오 근선지식 선지식유삼 일 외호선지식 경영공양

善能將護行人 不相惱亂 二者 同行善知識 共修一道
선능장호행인 불상뇌란 이자 동행선지식 공수일도

互相勸發 不相擾亂 三者 教授善知識 以內外方便禪
호상권발 불상요란 삼자 교수선지식 이내외방편선

定法門 示教利喜 略明五種緣務竟
정법문 시교리희 약명오종연무경

다섯째는 선지식[26]을 가까이 하는 것이다. 선지식에 셋이 있으니

---

[26] 선지식善知識: kalyāṇamitra. 덕이 있어 능히 사람에게 모든 악을 멀리하고 여러 선을 행하게 가르치는 착한 벗.『마하반야바라밀경』에 보면, 살타파륜(Sadāprarudita: 법을 구하기 위하여 항상 울었다고 하여 상제常啼보살이라고도 함)보살이 중향성衆香城에서 항상 반야바라밀을 설하는 선지식인 담무갈(Dharmodgata: 法勇)보살을 찾아간다. 또는『화엄경』「입법계품」에서 선재동자가 참례한 53선지식 등이 있다.

진역(60권본)『화엄경』「이세간품」(대정장9, p.663a)에 "보살마하살에게 10가지 선지식이 있으니 ①보리심에 안주하게 해 주는 선지식, ②선근을 닦아 익히게 하는 선지식, ③구경의 모든 바라밀을 얻게 하는 선지식, ④모든 법을 분별하여 해설하게 하는 선지식, ⑤일체중생을 성숙하여 안주하게 하는 선지식, ⑥변재를 구족하여 문답을 잘하게 하는 선지식, ⑦일체 생사에 집착하지 않게 하는 선지식, ⑧일체 겁에 보살행을 행하되 마음으로 싫어하지 않게 하는 선지식, ⑨보현행에 안주하게 하는 선지식, ⑩모든 부처님의 지혜에 깊이 들어가게 하는 선지식이다(菩薩摩訶薩有十種善知識 何等爲十 所謂 令住菩提心善知識 令生善根善知識 令行諸波羅蜜善知識 令解說一切法善知識 令成熟一切衆生善知識 令得決定辯才善知識 令不著一切世間善

첫째는 외부로부터 보호하여 주는 선지식이다. 주거住居와 음식을 제공하여, 수행인을 잘 보살펴주고, 고달프게 하거나 괴롭게 하지 않는다. 둘째는 같이 수행하는 선지식이다. 함께 같은 불도를 수행하며 서로 발심을 권하고 마음을 소란하게 하지 않는다. 셋째는 가르쳐 주는 선지식[27]이다. 안팎의 모든 방편과 선정의 법문으로

知識 令於一切劫修行無厭倦善知識 令安住普賢行善知識 令入一切佛智所入善知識 是爲十)"라고 나온다.
『대반열반경』 제18권 「범행품」(대정장12, p.725b)에서는 '선지식'을 다음과 같이 설명하고 있다. "어떤 깨끗한 사람이 뒷간에 빠진 것을 선지식이 보고는 딱하게 여기어 나아가 머리카락을 붙들고 끌어내나니, 부처님 여래도 그와 같아서 중생들이 삼악도에 빠진 것을 방편으로 건져 벗어나게 하느니라(譬如淨人墮墮淸廁 有善知識見而愍之尋前捉髮而拔出之 諸佛如來亦復如是 見諸衆生墮三惡道)." 또한 『대반열반경』 제23권 「고귀덕왕보살품」(대정장12, p.755b~c)에도 다음과 같이 나온다. "선남자여, 마치 뱃사공이 사람을 잘 건네주는 까닭으로 뛰어난 뱃사공이라 하나니, 부처와 보살도 그와 같아서 나고 죽는 바다에서 중생들을 건네주므로 선지식이라 하느니라. …… 선남자여, 용한 의원이 여덟 가지 의술을 잘 알면서 병난 사람만 보고 문벌과 잘생기고 못생긴 것이나, 재물이 있고 없는 것은 보지 아니하고 모두 치료하거든 세상 사람들이 뛰어난 의원이라 하나니, 부처님과 보살도 그와 같아서 중생들에게 번뇌의 병이 있는 것만 보고, 문벌이나 그 외의 것은 보지 않고 자비한 마음으로 그들을 위하여 법을 말씀하시면 중생들이 듣고는 번뇌의 병이 없어지나니, 그러므로 부처님과 보살을 선지식이라 하느니라(譬如船師善渡人故名大船師 諸佛菩薩亦復如是 度諸衆生生死大海 以是義故名善知識 … 譬如良醫善八種術見諸病人 不觀種姓端正醜陋錢財寶貨 悉爲治之 是故世稱爲大良醫 諸佛菩薩亦復如是 見諸衆生有煩惱病 不觀種姓端正醜陋錢財寶貨 生慈愍心悉爲說法 衆生聞已煩惱病除 以是義故 諸佛菩薩名善知識)."

써 가르쳐 보여 주고 이익과 기쁨을 준다. 이것으로 다섯 가지 '연緣을 갖추는 일'을 간략히 밝혔다.

---

27 『마하지관』 제4권(대정장46, p.43b). "뛰어난 스승을 따라 배우면 항하사수의 부처님을 뵈올 수 있는 것이다(隨順善師學 得見恒沙佛)."

제2장 탐욕을 꾸짖음(訶欲第二)

所言訶欲者 謂五欲也 凡欲坐禪 修習止觀 必須訶責
소언가욕자 위오욕야 범욕좌선 수습지관 필수가책
五欲者 是世間色聲香味觸 常能誑惑一切凡夫 令生
오욕자 시세간색성향미촉 상능광혹일체범부 영생
愛著 若能深知過罪 即不親近 是名訶欲
애착 약능심지과죄 즉불친근 시명가욕

이른바 탐욕을 꾸짖는다는 것은 바로 다섯 가지의 탐욕(五欲)을 꾸짖는 것이다. 대저 좌선하여 지관止觀을 닦아 익히고자 한다면 반드시 이것을 꾸짖어야 한다. 다섯 가지 탐욕이라는 것은 곧 이 세간의 색깔(色), 소리(聲), 냄새(香), 맛(味), 촉감(觸)으로서 항상 능히 모든 범부를 속이고 현혹시켜서 애착심이 생기게 한다. 만약 깊이 죄의 허물을 안다면 곧 이것에 친근하지 않을 것이다. 이것을 이름하여 '탐욕을 꾸짖는다'고 한다.

1. 색에 대한 탐욕을 꾸짖음(訶色欲)

一 訶色欲者 所謂男女形貌端嚴 修目長眉 朱脣素齒
일 가색욕자 소위남녀형모단엄 수목장미 주순소치

及世間寶物 青黃赤白 紅紫縹綠 種種妙色 能令愚人
급 세 간 보 물　청 황 적 백　홍 자 표 록　종 종 묘 색　능 령 우 인

見則生愛 作諸惡業 如頻婆娑羅王 以色欲故 身入敵
견 즉 생 애　작 제 악 업　여 빈 바 사 라 왕　이 색 욕 고　신 입 적

國 在婬女阿梵波羅房中 優塡王以色染故 截五百仙
국　재 음 녀 아 범 바 라 방 중　우 전 왕 이 색 염 고　절 오 백 선

人手足 如此等種種過罪
인 수 족　여 차 등 종 종 과 죄

첫째는 색色의 탐욕을 꾸짖는 것이다. 이른바 남녀의 외모가 수려하고 잘생겼으며, 예쁜 눈매, 긴 눈썹, 붉은 입술, 흰 치아, 그리고 세간의 보물들의 파랑, 노랑, 빨강, 흰색, 분홍, 자주, 옥색, 초록 등의 여러 가지 아름다운 색이 능히 어리석은 사람으로 하여금 보는 즉시 애착이 생기게 하고 여러 나쁜 업을 짓게 하는 것이다. 빈바사라왕[1]이 색욕[2] 때문에 몸소 적국에 들어가서 홀로 음탕한

---

1 빈바사라왕頻婆娑羅王: Bimbisāra. 부처님과 동시대 중인도 마가다 국왕. 왕은 한때 부처님의 수행을 만류하기도 하였으나, 후에 불교의 외호자로서 가란타迦蘭陀에 죽림정사를 지어 바쳤다. 위제희(韋提希: Vaidehī) 부인은 그의 왕비인데 불법에 독실하게 귀의하였다. 왕은 나중에 아들인 태자 아사세(阿闍世: Ajātaśatru)에게 갇혀 감옥에서 죽었다. 위 본문의 이야기는『대지도론』제17권 「초품중선바라밀初品中禪波羅蜜」(대정장25, p.181b)에 나오는 내용이다.

2 『사십이장경四十二章經』(대정장17, p.723a). "부처님께서 말씀하시기를 '좋아하는 욕심 가운데 여색보다 더 심한 것이 없다. 여색을 위한 욕심은 그 밖이 없을 정도로 크다. 그것이 하나였기에 망정이지 만약 이런 것이 둘이 있었다면 하늘 아래 능히 도를 닦을 사람이 없을 것이다'라고 하셨다(佛言愛欲莫甚於色 色之爲欲 其大無外 賴有一矣 假其二 普天之民無能爲道者)."

여인 아범바라[3]의 방속에 있게 된 적이 있었다. 또 우전왕(優塡王, 코삼비의 국왕)이 색욕에 물든 까닭에 오백 선인의 손발을 자른 것과 같다. 이와 같은 여러 인연으로 갖가지 (색에 대한) 죄의 허물이 있는 것이다.

2. 소리에 대한 탐욕을 꾸짖음(訶聲欲)

二 訶聲欲者 所謂 箜篌箏笛 絲竹金石音樂之聲 及男
이 가성욕자 소위 공후쟁적 사죽금석음악지성 급남
女歌詠讚誦等聲 能令凡夫聞即染著 起諸惡業 如五
녀가영찬송등성 능령범부문즉염착 기제악업 여오
百仙人雪山住 聞甄陀羅女歌聲 即失禪定 心醉狂亂
백선인설산주 문견타라녀가성 즉실선정 심취광란
如是等種種因緣 知聲過罪
여시등종종인연 지성과죄

둘째는 소리의 탐욕을 꾸짖는 것이다. 이른바 공후, 쟁, 피리, 사죽, 금석 등을 연주하는 소리, 그리고 남녀의 노래나 칭송하는 소리 등이 능히 범부로 하여금 듣는 즉시 번뇌에 물들고 집착을 일으켜서 여러 나쁜 업을 일으키는 것이다. 오백 명의 선인이 설산(히말라야) 속에서 수도하며 살다가, 악신樂神인 견타라[4] 아가

---

[3] 아범바라阿梵波羅: Āmrapālī, 圖 Ambapālī. 암라나무에서 주워 기른 아이라고 하여 암라팔리(암바팔리)라고 함. 미모의 유녀遊女로 여러 왕들이 청혼하였으나 마가다국 범비사라왕의 비妃가 되었다. 나중에 소유하였던 암라수원을 부처님께 바쳐서 설법하는 도량으로 만들었다.

씨가 부르는 노랫소리를 듣고서 바로 선정을 잃어 마음이 취하고 미쳐 버린 것과 같다. 이와 같은 여러 인연이 있으니 소리에 대한 죄의 허물을 알아야 한다.

3. 냄새에 대한 탐욕을 꾸짖음(訶香欲)

三訶香欲者 所謂 男女身香 世間飮食馨香 及一切薰
삼 가 향 욕 자 소 위 남 녀 신 향 세 간 음 식 형 향 급 일 체 훈
香等 愚人不了香相 聞卽愛著 開結使門 如一比丘在
향 등 우 인 불 료 향 상 문 즉 애 착 개 결 사 문 여 일 비 구 재
蓮華池邊 聞華香氣 心生愛樂 池神卽大訶責 何故偸
연 화 지 변 문 화 향 기 심 생 애 락 지 신 즉 대 가 책 하 고 투
我香氣 以著香故 令諸結使臥者皆起 如是等種種因
아 향 기 이 착 향 고 영 제 결 사 와 자 개 기 여 시 등 종 종 인
緣 知香過罪
연 지 향 과 죄

셋째는 냄새의 탐욕을 꾸짖는 것이다. 이른바 남녀의 몸 냄새, 세간의 음식이 풍기는 냄새 및 모든 향기와 냄새 등을, 어리석은 사람은 냄새의 특징(香相)을 잘 이해하지 못하고 냄새를 맡자마자 바로 애착을 일으켜서 번뇌의 문을 여는 것이다. 어떤 출가승이

---

4 견타라(견다라): 긴나라(緊那羅, kimnara)를 말한다. 노래와 춤을 즐기는 신으로 형상이 일정하지 않다. 사람인 것 같기도 하고 아닌 것 같기도 한 팔부신중八部神衆의 하나. 위 본문에 나오는 이야기는 『대지도론』 제17권 「초품 중선바라밀」(대정장25, p.181b)에 나온다.

연꽃이 핀 못가에 앉아서 꽃향기를 맡고서 사랑하여 즐기는 마음이 생겼는데, 못의 신(池神)이 나타나서 '어찌하여 나의 향기를 훔치는가!' 하며 크게 꾸짖었다는 것과 같다.[5] 냄새에 애착함으로써 여러 가지 잠자고 있는 번뇌(結使)를 모두 깨워 일어나게 하는 것이다. 이와 같은 갖가지 인연이 있으니 냄새에 대한 죄의 허물을 알아야 한다.

---

5 『대지도론』 제17권 「初品中禪波羅蜜」(대정장25, p.181c~182a)에 나오는 이 야기이다. "어느 출가 비구 스님이 숲속 연못가를 거닐다가 연꽃 향기를 맡았는데 좋아하는 마음이 지나쳐 사랑하는 마음을 일으키게 되었다. 이때 연못의 신(池神)이 말하기를 '그대는 어찌하여 숲속에 조용히 좌선하던 자리를 버리고 나의 향취를 훔치느냐!' 하였다. 이때 다른 사람이 와서 못에 들어가서 그 꽃을 많이 꺾고 그 뿌리를 캐어 아주 어지럽게 해 놓고 가 버렸는데도 지신(池神)은 아무 말도 하지 않았다. 이에 비구가 말하기를 '저 사람은 그대의 못을 파괴하고 그대의 꽃을 꺾어 가도 아무 말도 없으면서 어찌하여 나는 못가를 걷기만 하였는데도 꾸짖어 「나의 향취를 훔친다」고 하는가?' 지신은 대답하기를 '악한 사람은 항상 죄악에 빠져서 더러움이 머리까지 묻었으므로 나는 그들에겐 말하지 않는다. 그러나 그대는 좌선 수행을 쌓는 뛰어난 사람인데 이 냄새에 집착하면 그대의 좋은 일을 파괴하는 것이 된다. 그러므로 그대를 꾸짖는 것이다. 비유하건대 희고 고운 비단에 더러운 것이 한 점만 묻어도 여러 사람이 모두 다 보거니와 저 악한 사람은 검은 옷에 먹이 묻은 것 같아 볼 수 없으니 누가 묻겠는가. 이러한 인연 때문에 냄새의 욕심을 꾸짖는 것이다'고 하였다."

4. 맛에 대한 탐욕을 꾸짖음(訶味欲)

四 訶味欲者 所謂 苦酸甘辛鹹淡等 種種飮食肴膳美
사 가미욕자 소위 고산감신함담등 종종음식효선미

味 能令凡夫心生染著 起不善業 如一沙彌染著酪味
미 능령범부심생염착 기불선업 여일사미염착락미

命終之後 生在酪中 受其蟲身 如是等種種因緣 知味
명종지후 생재락중 수기충신 여시등종종인연 지미

過罪
과 죄

넷째는 맛의 탐욕을 꾸짖는 것이다. 이른바 쓰고, 시고, 달고, 맵고, 짜고, 싱겁고 하는 등의 여러 가지 음식과 반찬의 좋은 맛이 능히 범부로 하여금 마음에 물듦과 집착을 생기게 하고 나쁜 업을 일으키는 것이다. 어떤 사미승이 소락(酥酪: 우유를 발효시킨 것)에 물들고 집착하여서 목숨이 다한 뒤에 곧 소락 속의 벌레 몸[6]을 받고서 태어난 것과 같다. 이와 같은 여러 인연이

---

[6] 『대지도론』 제17권 「초품중선바라밀」(대정장25, p.182a)에 나오는 이야기이다. "어느 사미가 항상 소락酥酪을 좋아하여, 시주들이 스님들께 소락 공양을 올릴 때면 사미는 으레 병에 남은 찌꺼기를 얻어 몹시 좋아하여 그 곁을 떠나지 못하더니 목숨이 다하여 그 소락 찌꺼기 속에 태어났다. 나중에 사미의 스승이 아라한의 도를 얻었는데, 대중이 소락을 나눌 때에 말하기를 '조심조심하여 이 소락을 즐기는 나의 사미를 다치지 않게 하라' 하였다. 사람들이 묻기를 '이것이 벌레인데 어찌하여 소락을 좋아하던 사미라 하십니까?' 하니 스승이 '이 벌레는 본래 나의 사미였는데 먹고 남은 소락을 탐내고 좋아하였기 때문에 이 병 안에 태어났다'라고 대답하였다."

있으니 맛에 대한 죄의 허물을 알아야 한다.

5. 촉감에 대한 탐욕을 꾸짖음(訶觸欲)

五 訶觸欲者 男女身分柔軟細滑 寒時體溫 熱時體涼
오 가 촉 욕 자 남 녀 신 분 유 연 세 활 한 시 체 온 열 시 체 량

及諸好觸 愚人無智 爲之沈沒 起障道業 如一角仙因
급 제 호 촉 우 인 무 지 위 지 침 몰 기 장 도 업 여 일 각 선 인

觸欲故 遂失神通 爲婬女騎頸 如是等種種因緣 知觸
촉 욕 고 수 실 신 통 위 음 녀 기 경 여 시 등 종 종 인 연 지 촉

過罪
과 죄

다섯째는 촉감에 대한 탐욕을 꾸짖는 것이다. 이른바 남녀 몸의 신체 부위가 부드럽고 연하고 세밀하고 매끄러우며, 추울 때는 몸이 따뜻하고, 더울 때는 몸이 시원한 것, 그리고 여러 가지 좋아하는 촉감이 있는데, 어리석은 사람이 지혜가 없어 이에 빠져 수행 길을 장애하는 업을 일으키는 것이다. 저 일각선인一角仙人[7]

---

[7] 『대지도론』 제17권 「초품중선바라밀」(대정장25 p.183a)에 나오는 이야기이다. "부처님께서 전생에 외뿔선인(一角仙)이었을 때, 어느 날 산에 올랐다가 비를 만나 진흙탕이 미끄러워 넘어지면서 물병을 깨뜨리고 발을 다쳤다. 선인은 화가 나서 주술로 비가 오지 못하도록 하자 바라내국이 오랫동안 가뭄에 시달리게 되었다. 때에 성안에 이런 일을 아는 이가 있어 바라내국의 왕도 알게 되었다. 국왕은 '누구든지 그 선인으로 하여금 신통력을 잃고 내게로 오게 한다면 나라의 반을 나누어 주리라' 하였다. 이때 선타扇陀라는 음녀가 국왕에게 장담하였다. '그 선인이 사람인가요, 사람이 아닌가요? 만

이 촉감의 탐욕으로 인하여 결국 신통력을 잃고 음탕한 여인을 자신의 목에 올라타게 한 것과 같다. 이와 같은 여러 인연이 있으니 촉감의 죄와 허물을 알아야 한다.

6. 탐욕의 허물

如上訶欲之法 摩訶衍論中說 復云 哀哉衆生 常爲五
여상가욕지법 마하연론중설 부운 애재중생 상위오

欲所惱 而猶求之不已 此五欲者 得之轉劇 如火益薪
욕소뇌 이유구지불이 차오욕자 득지전극 여화익신

其焰轉熾 五欲無樂 如狗嚙枯骨 五欲增諍 如鳥競肉
기염전치 오욕무락 여구교고골 오욕증쟁 여조경육

五欲燒人 如逆風執炬 五欲害人 如踐毒蛇 五欲無實
오욕소인 여역풍집거 오욕해인 여천독사 오욕무실

如夢所得 五欲不久 假借須臾 如擊石火
여몽소득 오욕불구 가차수유 여격석화

약 사람이라면, 내가 그 선인의 목을 타고 오겠습니다.' 음녀는 500명의 미녀와 함께 외뿔선인을 찾아 주과酒果를 대접하고 목욕을 하자고 꾀어서 선인을 보드라운 손으로 만지고 씻겨 주니 선인의 음심이 발동하여 마침내 음행을 범하게 되었다. 이 음행으로 선인이 신통력을 잃자 하늘은 마침내 비를 내리고 모두를 기쁘게 하였다. 7일 7야를 먹고 마시니 음녀가 가지고 갔던 맛있는 술과 과일이 다하였다. 선인이 주과를 더 원하니 음녀는 멀지 않은 성내에서 주과를 얻을 수 있다고 선인을 설득하여 함께 길을 나섰다. 성이 보이는 곳에 이르자 음녀는 다리가 아프다고 길바닥에 누워 더 이상 갈 수 없다고 떼를 쓰는 바람에 선인은 할 수 없이 음녀를 목에 태우고 가게 되었다."

이상 (다섯 가지) 탐욕을 꾸짖는 법은 『마하연론』[8] 속에 설하여진 것과 같다. 다시 말씀하기를 "슬프다 중생들아. 항상 오욕에 시달리면서도 오히려 이것을 구하기를 멈추지 않는구나. 이 오욕이라는 것은 얻을수록 더욱 심하니 마치 불길에 땔나무를 더하면 불길이 더욱더 성하는 것과 같다. 오욕이 아무 즐거움이 없음은 개가 말라빠진 뼈를 씹는 것과 같고, 오욕이 다툼이 더하는 것은 마치 새가 한 조각의 고기를 놓고 다투는 것과 같다. 오욕이 사람을 태우는 것은 마치 역풍逆風에 횃불을 잡고 있는 것과 같고, 오욕이 사람을 해치는 것은 마치 독사를 밟고 있는 것과 같다. 오욕이 진실이 없는 것은 마치 꿈속에서 얻은 것과 같으며, 오욕이 오래가지 못하고 잠시 빌린 것과 같음은 마치 부싯돌이 부딪쳐 불꽃이 튀는 것과 같이 잠깐이다."

智者思之 亦如怨賊 世人愚惑 貪著五欲 至死不捨 後
지 자 사 지 역 여 원 적 세 인 우 혹 탐 착 오 욕 지 사 불 사 후

受無量苦惱 此五欲法 與畜生同有 一切眾生 常爲五
수 무 량 고 뇌 차 오 욕 법 여 축 생 동 유 일 체 중 생 상 위 오

---

[8] 『대지도론』 제17권 「초품중선바라밀」 제28권(대정장25, p.181a)에 위 본문의 내용이 있다. 여기에서 '마하연摩訶衍'은 '대승大乘'이란 뜻이므로 일반적으로 '대승경론'을 통칭하는 의미로 보인다. 『마하연론摩訶衍論』은 따로 전하지 않고 용수보살이 주석한 『석마하연론釋摩訶衍論』(대정장32, 591c~668a)에 포함되어 있다. 그 내용과 취지는 마명보살의 『대승기신론』과 대동소이하나 위 본문의 내용은 없다.

欲所使 名欲奴僕 坐此弊欲 沈墮三塗
욕소사 명욕노복 좌차폐욕 침타삼도

지혜로운 사람은 이것을 알고 원수[9]와 도적으로 여기지만, 세상 사람들은 어리석고 미혹하여, 오욕[10]을 탐내고 집착하여 죽음에

---

[9] 『대지도론』 제17권 「초품중선바라밀」(대정장25, p.181a). "욕락은 마치 어리석은 사람이 좋은 과일을 탐내어 나무에 올라가서 따먹다가 때에 맞추어 내려오지 않았는데 다른 사람이 그 나무를 베어 나무가 쓰러지는 바람에 몸과 머리가 깨어지고 아픔에 시달리다가 죽는 것과 같다."
『대지도론』 제17권 「초품중선바라밀」(대정장25 p.185a~b). "욕락은 두려움, 근심, 괴로움의 인연이요, 욕락은 즐거움은 적고 괴로움은 많은 것이요, 욕락은 악마에게 걸려서 벗어나기 어려운 것이다. 욕락은 모든 즐거움을 태우고 말리기를 숲의 사방에서 불이 일어나는 것과 같고, 불구덩이에 임한 것과 같아서 매우 두렵고, 독사에게 쫓기는 것과 같고, 원수가 칼을 뽑은 것과 같고, 악한 나찰과 같고, 나쁜 독약이 입에 든 것과 같고, 뜨거운 구리 녹인 물을 삼킨 것과 같고, 세 갈래 개울의 미친 코끼리와 같고, 크고 깊은 구덩이에 임한 것과 같고, 사자가 앞을 막은 것과 같고, 마갈어가 입을 연 것과 같으니 모든 욕락도 이와 같아서 매우 두렵다. 모든 욕락에 집착하면 사람으로 하여금 번거롭고 괴롭게 한다. 욕락에 집착된 사람은 옥에 갇힌 죄수와 같고, 사슴이 우리 안에 있는 것과 같고, 물고기가 낚시를 삼킨 것과 같고, 개가 이리에게 붙잡힌 것과 같고, 참새가 새매 떼 사이에 있는 것과 같고, 뱀이 들 돼지를 만난 것과 같고, 쥐가 고양이들 틈에 있는 것과 같고, 맹인의 무리가 벼랑 끝에 선 것과 같고, 파리가 뜨거운 기름에 빠진 것과 같고 …… 모든 욕락은 그러하여서 거짓되고 실다움이 없으며 견고함이 없고 강함이 없으니, 즐거움은 적고 괴로움은 많다."
[10] 『대반열반경』 제23권(대정장12 p.761a~b)에 '오욕'에 집착하는 결과에 대해 다음과 같은 비유가 나온다. "선남자여, 저 설산의 험준한 곳에는 사람이나 원숭이가 모두 가지 못하며, 어떤 곳에는 원숭이는 가지만 사람은 가지 못하며, 어느 곳에는 사람과 원숭이가 모두 갈 수 있다. 선남자여, 사람과

이르기까지 버리지 않는다. 그래서 나중에 한량없이 많은 고뇌를 받게 된다. 이 오욕의 법은 축생畜生들도 인간과 똑같이 가지고 있으니, 모든 중생들이 항상 오욕 때문에 부림(使)을 받기 때문에 이름하여 '오욕의 노복奴僕'이라 한다. 이러한 폐해가 있는 오욕에 주저앉아 있으면 삼악도三惡道에 떨어진다.

我今修禪　復爲障蔽　此爲大賊　急當遠之　如禪經偈
아 금 수 선　부 위 장 폐　차 위 대 적　급 당 원 지　여 선 경 게
中說
중 설

(이는) 내가 이제 선禪을 수행함에 있어 가리고 막는 것이 되고, 이것이 큰 도적이 되므로 응당 시급히 이를 멀리하여야 한다. 『선경禪經』[11] 가운데 게송으로 설하여진 것과 같다.

> 원숭이가 모두 가는 곳에는 사냥꾼이 억센 널쪽 위에 끈끈이를 놓아두고 원숭이를 잡는데, 원숭이가 어리석어 손으로 건드리면 손이 들러붙고, 손을 떼려고 발로 밟으면 발이 또 들러붙고, 발을 떼려고 입으로 씹으면 입이 들러붙어서, 이와 같이 다섯 군데가 들러붙어 꼼짝 못하게 되면 사냥꾼이 몽둥이에 꿰어 메고 집으로 돌아온다. 설산 험준한 곳은 부처님과 보살들이 얻은 바 도에 비유하고, 원숭이는 범부에 비유하고, 사냥꾼은 마왕 파순에 비유하고, 끈끈이는 탐욕과 번뇌에 비유한 것이다. 원숭이는 가고 사람은 가지 못하는 곳은 모든 외도와 지혜 있는 사람들에게 마군들이 오욕락으로 속박하지 못함이요, 사람과 원숭이가 모두 가는 곳은 모든 범부와 마왕 파순이 생사 중에 있으면서 수행하지 못하는 것이다. 범부들이 오욕락에 얽매이면 마왕 파순이 데려가나니 사냥꾼이 원숭이를 붙들어 가지고 집으로 가는 것과 같다."

生死不斷絕　　貪欲嗜味故
생 사 부 단 절　　탐 욕 기 미 고

養冤入丘塚　　虛受諸辛苦
양 원 입 구 총　　허 수 제 신 고

생사가 끊이지 않음은
탐욕의 맛을 즐기기 때문이네.
원수를 기르다가 무덤 속에 들어가게 되나니
헛되이 온갖 쓰디쓴 고통만 받느니라.

---

11 『치선병비요법경治禪病秘要法經』(대정장15)을 말한다. 유송劉宋의 저거경성沮渠京聲이 문제文帝 때인 455년에 한역하였다. 아란야에서 선禪을 수행할 때 몸과 마음에 생기는 병을 다스리는 방법 12가지를 들고 있다. 위 본문의 게송은 '이득利得을 탐하는 것을 다스리는 법(治利養瘡法)' 가운데 있는데, 게송에 앞서 다음의 내용이 나온다(p.336a~b). "또 사리불이여, 만일 수행자로서 탐욕의 불에 타 이득이라는 독한 화살의 사나운 바람이 불어 그 마음을 맞추면, 그 탐욕 때문에 마음이 뒤바뀌어 하루 종일 탐할 기회만을 생각하는 것이, 마치 고양이가 쥐를 노리듯 만족할 줄 모르며, 7보步 길이의 뱀이 독기를 토해 몸을 덮는 것 같다. 이런 악인은 이득과 부드러운 촉감을 지닌 500마리 독사가 그 몸에 모여 있으므로 찰나찰나 그 마음의 독한 불이 쉬지 않고 타며, 밤낮 여섯 때로 번뇌의 사나운 바람이 이득의 섶에 불어 그 마음속에서 타기를 쉬지 않으며, 또 뱀들은 다투어 선근의 싹을 태워 버린다(復次舍利弗 若有行者 貪火所燒 利養毒箭 惡風吹動 以射其心 以貪因緣 心或顚倒 晝夜六時 思念貪方便 如猫伺鼠 心無厭足 如七步蛇 吐毒覆身 如此惡人 利養細滑 五百毒蛇 集在身上 刹那刹那頃 其心毒火 熾然不息 晝夜六時 煩惱猛風 吹利養薪 在其心內 熾然不息 諸蛇競作 燒善根芽)."

身臭如死屍　九孔流不淨
신 취 여 사 시　구 공 류 부 정

如廁蟲樂糞　愚人身無異
여 측 충 락 분　우 인 신 무 이

몸에서는 송장 같은 냄새가 나고
아홉 구멍에서는 더러운 것 흐르네.
구더기가 똥을 즐기는 것과 같이
어리석은 이의 몸도 그와 다름이 없느니라.

智者應觀身　不貪染世樂
지 자 응 관 신　불 탐 염 세 락

無累無所欲　是名眞涅槃
무 루 무 소 욕　시 명 진 열 반

지혜로운 사람은 마땅히 몸을 잘 관찰하여
세간의 즐거움에 물들거나 탐하지 않나니
얽매임도 없고 욕심도 없으면
이것을 일러 참 열반이라고 하느니라.

如諸佛所說　一心一意行
여 제 불 소 설　일 심 일 의 행

數息在禪定　是名行頭陀
수 식 재 선 정　시 명 행 두 타

모든 부처님께서 말씀하신 바와 같이
한 마음과 한 뜻으로 행하되

수식數息을 닦으며 선정에 머물면
이것을 일러 두타행이라고 하느니라.

제3장 덮개를 버림(棄蓋第三)

1. 탐욕의 덮개를 버림(棄貪欲蓋)

所言棄蓋者 謂五蓋也 一 棄貪欲蓋 前說外五塵中生
소 언 기 개 자 위 오 개 야 일 기 탐 욕 개 전 설 외 오 진 중 생

欲 今約內意根中生欲
욕 금 약 내 의 근 중 생 욕

이른바 덮개를 버린다는 것은 다섯 가지 덮개[1]를 버리는 것을 말한다. 첫째, 탐욕의 덮개[2]를 버려야 한다. 앞(제2장)에서는 외부의 오진(五塵: 色聲香味觸) 가운데 탐욕(欲)이 생기는 것을 말하였으나 여기서는 내부의 의근意根[3] 가운데 생기는 탐욕(欲)과 관련지

---

[1] 『마하지관』 제4권(대정장46, p.44c). "다섯 가지 덮개(五蓋)라는 것은 이른바 탐욕·진에·수면·도회·의심이다. 통칭하여 덮개(蓋)라는 것은 (청정한 마음과 정신을) 뒤집어씌우고 얽어매어 떨어지지 않아 마음과 정신을 어둡고 캄캄하게 하여 선정과 지혜가 일어나지 않게 하기 때문에 '덮개'라고 한다(第三棄五蓋者 所謂貪欲瞋恚睡眠掉悔疑 通稱蓋者 蓋覆纏綿 心神昏闇定慧不發故名 爲蓋)."

[2] 『마하지관』, 위와 같음. "탐욕의 덮개가 일어나면 예전에 겪었던 오욕을 추념追念하고 …… 헤아려서 마음이 취醉하여 미혹이 생겨서 정념正念을 망실한다(貪欲蓋起 追念昔時所更五欲 … 思想計校心生醉惑忘失正念)."

[3] 여기에서 의근意根이란 의식 작용을 말하는 것으로 육근 가운데의 의근, 곧

어 말하겠다.

謂行者端坐修禪 心生欲覺 念念相續 覆蓋善心 令不
위행자단좌수선 심생욕각 염념상속 복개선심 영불

生長 覺已應棄 所以者何 如術婆伽 欲心內發 尙能燒
생장 각이응기 소이자하 여술바가 욕심내발 상능소

身 況復心生欲火 而不燒諸善法 貪欲之人 去道甚遠
신 황부심생욕화 이불소제선법 탐욕지인 거도심원

所以者何 欲爲種種惱亂住處 若心著欲 無由近道 如
소이자하 욕위종종뇌란주처 약심착욕 무유근도 여

除蓋偈說
제개게설

말하자면 수행자가 단정하게 앉아서 좌선을 수행하면 마음에 탐욕이 생겨서 생각 생각이 연이어 계속되는 것을 알아차릴 수 있다. 이것이 착한 마음을 덮어 자라지 못하게 하니, 이미 알아차렸다면 마땅히 버려야 한다. 무슨 까닭인가. 마치 술바가[4]가 욕심으

제6식이다.

4 『대지도론』 제14권 「初品中尸羅波羅蜜」(대정장25 p.166a~b)에 '술바가逑婆伽' 이야기가 나온다. "전하는 말에, 어느 국왕에게 구모두拘牟頭라는 딸이 있었는데 때마침 술바가라는 어부가 길을 가다가 멀리서 왕녀가 높은 누각에 서 있는 것을 창틈으로 보고는, 사모하는 마음을 일으켜서 잠시도 잊지 못했다. 이 사내가 날이 갈수록 애착심이 일어나 음식도 먹지 못하니, 그의 어미가 아들에게 사유를 물었다. 그는 왕녀를 사모한다고 했다. 그의 어미는 '천민이 존귀한 왕녀를 바란다는 것은 가망 없는 일이다'라고 타일렀다. 그러나 그가 상사병으로 다 죽게 되자 그 어미는 방편을 써서 왕녀에게 아들의 목숨을 간청하기에 이른다. 왕녀는 아무 달 보름날 어느 사당의 신상

로 안에서 심화心火가 일어나 마침내 몸을 태워 버린 것과 같다. 하물며 또한 마음에 탐욕의 불길이 생긴다면 모든 착한 법을 태워 버리고 말 것이 아닌가. 탐욕스러운 사람은 도에서 매우 멀어지나니, 무슨 까닭인가. 탐욕이라는 것은 여러 가지 번뇌와 어지러운 마음이 머무는 곳이 되기 때문이다. 만약 마음이 탐욕에 집착한다면 도에 가까워질 이치가 없게 된다. 그것은 탐욕의 덮개를 제거하는 게송[5]에 설하여진 것과 같다.

入道慚愧人　　持鉢福衆生
입 도 참 괴 인　　지 발 복 중 생

云何縱塵欲　　沈沒於五情
운 하 종 진 욕　　침 몰 어 오 정

불도에 들어와 부끄러움을 아는 사람은

神像 뒤에서 술바가를 만나기로 약속하였다. 마침내 그날이 되자, 술바가는 목욕을 하고 새 옷을 갈아입고 사당 안에서 그녀를 기다렸다. 그러나 이때 천신天神이 생각하기를 '천민이 왕녀를 침해하는 일은 옳지 못하다'고 여겨 술바가를 깊은 잠에 빠지게 하였다. 왕녀가 사당에 들어와 보니 그가 깊이 잠들어 있고 흔들어도 깨어나지 않기에 십만 냥 어치의 값비싼 자신의 영락을 벗어 그의 목에 걸어 주고 가 버렸다. 왕녀가 떠나간 뒤에 그가 깨어나 보니 영락이 목에 걸려 있고, 또 어떤 사람에게 물어보니 왕녀가 다녀간 줄 알았다. 그는 소원을 이루지 못한 것이 한이 되어 음욕의 불길이 일어나 타죽었다."
『삼국유사』에 지귀志鬼라는 귀신이 선덕여왕을 사모하여 심화가 일어나서 절의 탑을 태웠다는 내용은 이 이야기를 모델로 한 듯하다.

5 『대지도론』제17권 「초품중시라바라밀」(대정장25, p.183c~184a).

발우를 들고 중생을 복되게 해야 할지언정

어찌 탐욕의 티끌에 이끌려서

다섯 가지 욕락에 빠져들겠는가.

已捨五欲樂　棄之而不顧
이 사 오 욕 락　기 지 이 불 고

如何還欲得　如愚自食吐
여 하 환 욕 득　여 우 자 식 토

이미 오욕의 즐거움을 버렸다면

이것을 버리고 또한 돌아보지 않나니

어찌하여 다시 오욕을 얻으려 하는가?

마치 어리석은 이가 스스로 토한 것을 먹는 것과 같네.

諸欲求時苦　得時多怖畏
제 욕 구 시 고　득 시 다 포 외

失時懷熱惱　一切無樂處
실 시 회 열 뇌　일 체 무 락 처

모든 탐욕은 구할 때 괴롭고

얻을 때 두려움이 많으며

잃었을 때 뜨거운 번뇌를 품게 되니

도무지 즐거운 때가 없느니라.

諸欲患如是　以何能捨之
제 욕 환 여 시　이 하 능 사 지

得深禪定樂　即不爲所欺
득 심 선 정 락　즉 불 위 소 기

모든 탐욕의 우환이 이와 같으니

어찌 하여야 이를 능히 없애 버릴까.

깊은 선정의 즐거움을 얻으면

바로 속임을 당하지 않으리.

2. 성냄의 덮개를 버림(棄瞋恚蓋)

二 棄瞋恚蓋 瞋是失佛法之根本 墜惡道之因緣 法樂
이 기진에개 진시실불법지근본 추악도지인연 법락

之冤家 善心之大賊 種種惡口之府藏 是故行者於坐
지원가 선심지대적 종종악구지부장 시고행자어좌

禪時 思惟此人現在惱我 及惱我親 讚歎我冤 思惟過
선시 사유차인현재뇌아 급뇌아친 찬탄아원 사유과

去未來亦如是 是爲九惱 故生瞋恨 瞋恨故生怨 以怨
거미래역여시 시위구뇌 고생진한 진한고생원 이원

心生故 便起心惱彼 如是瞋覺覆心 故名爲蓋 當急棄
심생고 변기심뇌피 여시진각부심 고명위개 당급기

之 無令增長 如釋提波那以偈問佛
지 무령증장 여석제바나이게문불

둘째, 성냄(瞋恚)의 덮개를 버려야 한다. 성냄은 이것이 불법을

잃어버리게 하는 근본[6]이며, 모든 악도에 떨어지는 인연이 된다.

법락法樂을 얻지 못하게 하는 원수 집안이며, 착한 마음을 빼앗는 큰 도적이며, 갖가지 악한 말의 곳간이다. 이런 까닭에 수행자가 좌선할 때에 '이 사람이 현재 나와 나의 친족을 괴롭히며, 나의 원수를 찬탄하였다'고 생각하는 것과 과거와 미래를 생각하는 것도 또한 이와 같다. 이것이 아홉 가지 번뇌(九惱)7가 된다. 이러한

---

6 『불유교경』(대정장12, p.1111b). "성냄의 해독은 곧 모든 착한 법을 파괴해 버리고 좋은 명예를 파괴하여 지금이나 후세 사람들이 좋게 보지 않는다. 성내는 마음은 사나운 불길보다도 더 심하다는 것을 알아서 항상 방지하고 들어오지 못하도록 해야 한다. 공덕을 빼앗아 가는 도적 중에 성냄보다 더 한 것이 없다. …… 출가하여 도를 행하는 욕심 없는 사람이 성내는 마음을 품는다는 것은 매우 옳지 못하다(瞋恚之害 能破諸善法 壞好名聞 今世後世人不意見 當知瞋心甚於猛火 常當防護 無令得入 劫功德賊無過瞋恚 … 出家行道無欲之人 而懷瞋恚 甚不可也)."

7 『대승아비달마잡집론』 제10권(대정장31, p.723b~c)에 아홉 가지 번뇌에 대해 다음과 같이 설명하고 있다. '구뇌九惱는 구결九結이라고도 한다. 아홉 가지의 결박(九種結縛)이 중생으로 하여금 생사의 번뇌로부터 벗어나지 못하게 하는 것을 말한다. ①애결愛結: 애결이란 3계를 탐하는 것이니 그 결結에 얽매이기 때문에 3계를 여의지 못하는 것을 가리킨다. 그 싫어하여 여의지 못하는 까닭에 불선업을 널리 행하고 갖가지 선법을 행하지 못한다. 이로 인해서 미래세에 고苦를 초래해서 그와 상응하는 것이다. 이와 같은 에결은 (다음의) 에결과 그 이치가 같음을 마땅히 알아야 한다. ②에결恚結: 성내는 대경의 모양에 처하여 마음이 이것을 버리지 못하게 된다. 이것을 버리지 못하는 까닭에 불선업을 널리 행하고 갖가지 선법을 행하지 못한다. 이로 인해서 미래세에 고를 초래해서 그와 상응하는 것이다. ③만결慢結: 자기보다 못한 사람에게 자기가 더 뛰어나다고 여기고, 자기와 비슷하지 않은 사람에게는 자기와 비슷하다고 여기는 것으로 거만한 마음이 그 성품이다. 이러한 만결에 얽매이는 까닭에 아我와 아소我所를 깨닫지 못하고, 또 깨닫

번뇌 때문에 성냄(瞋)과 한(恨)이 생기며, 성냄과 한 때문에 원한(怨)이 생기고, 원한[8]이 생기기 때문에 다시 마음에 어지러운 번뇌(惱亂)가 일어난다. 그와 같은 성냄이 마음을 덮어서 가리기 때문에 덮개라고 한다. 마땅히 급히 이것을 버리고 더 자라나지 않게 해야 하니, 제석천왕이 부처님께 여쭌 것[9]과 같다.

지 못하는 까닭에 아와 아소를 집착하여 불선업을 행하게 된다. ④ 무명결無明結: 삼계에 대한 지혜가 없는 것을 말한다. 무명결에 묶여지기 때문에 고법苦法과 집법集法에 대하여 이를 이해하지 못한다. ⑤ 견결見結: 세 가지 견해인 살가야견薩迦耶見, 변집견邊執見, 사견邪見을 말한다. 견결에 얽매이는 까닭에 삿되게 벗어나고자 허망한 분별을 추구한다. 이와 같은 삿된 출리에 집착하는 것으로 인하여 불선법을 널리 행하게 된다. ⑥ 취결取結: 견취결見取結과 계금취결戒禁取結을 말한다. 취결에 얽매이는 까닭에 삿된 출리의 방편에 대하여 허망한 분별에 집착하게 된다. 8성도를 버리고 살가야견 등에 허망하게 집착하여 그들이 내세우는 계율이나 금지하는 것들을 청정한 도라고 여기고, 삿된 출리의 방편에 허망하게 집착하는 까닭에 불선업을 행하게 된다. ⑦ 의결疑結: 진제眞諦에 머뭇거리는 것(猶豫)을 말한다. 의결에 얽매이는 까닭에 불법승 삼보에 대한 의혹이 허망하게 생겨난다. 이처럼 의심을 내는 까닭에 삼보의 처소에서 바른 행을 닦지 못한다. ⑧ 질결嫉結: 이로움에 탐닉하여 다른 사람의 호강을 받아들이지 못하고 질투하는 것을 가리킨다. 질결에 얽매이는 까닭에 자신의 이익을 아끼고 중히 여겨서 법을 존중하지 않게 된다. ⑨ 간결慳結: 이로움에 탐닉하여 생활필수품에 인색한 것을 말한다. 간결에 얽매이는 까닭에 저축한 것만 아껴서 멀리 여의는 법(遠離法)을 존중하지 않게 된다.'

8 성냄(瞋)은 뜻에 맞지 않는 경계에 대하여 분노하여 미워하는 성품이고, 한恨이란 그것을 가슴 깊이 맺히게 하여 간직하는 작용이며, 원한怨恨이란 원망하여 그 앙갚음을 품고 괴로워하는 것이다. 한과 원한은 모두 성냄의 일부에 포함된다.

何物殺安樂　何物殺無憂
하 물 살 안 락　하 물 살 무 우

何物毒之根　吞滅一切善
하 물 독 지 근　탄 멸 일 체 선

무엇을 죽이면 안온하게 되고

무엇을 죽이면 근심이 없어지고

무엇이 독의 근본이 되어서

모든 선근을 삼켜서 없애나이까?

佛以偈答言
불 이 게 답 언

殺瞋則安樂　殺瞋則無憂
살 진 즉 안 락　살 진 즉 무 우

瞋爲毒之根　瞋滅一切善
진 위 독 지 근　진 멸 일 체 선

부처님께서 게송으로 대답하셨다.

---

9 『대지도론』 제14권 「초품중시라바라밀」(대정장25, p.167a~b)에 있는 내용이다. 이는 『잡아함경』 1116 「멸진경滅盡經」(대정장2, p.295b)에 나오는 다음의 내용을 근거로 한 것이다. "뛰어난 모습의 제석천왕(석제바나)이 새벽에 부처님을 찾아와 광명을 비추며 부처님께 여쭈었다. 이에 부처님께서는 게송으로 답하셨다. '흉악한 성냄을 죽이면 안온한 잠을 잘 수 있고, 흉악한 성냄을 죽이면 마음에 근심과 두려움이 없나니, 성냄의 독한 뿌리로 만드는 그 괴로움의 종자를 없애라. 그 괴로움의 종자를 없애면 근심과 두려움이 없어지리니, 저 괴로움의 종자를 제거하기 때문에 성현들이 그이를 칭찬하네.'"

성냄을 죽이면 안온하게 되고
성냄을 죽이면 근심이 없어지고
성냄이 독의 뿌리가 되니
성냄이 모든 선근을 없앤다.

如是知已 當修慈忍以滅除之 令心淸淨
여시지이 당수자인이멸제지 영심청정

이와 같이 알았다면 마땅히 인자하고 참는 마음을 닦아, 이것(성냄)을 제거하여 없애고 마음을 청정하게 해야 한다.

3. 수면의 덮개를 버림(棄睡眠蓋)

三 棄睡眠蓋 內心昏闇名爲睡 五情闇蔽 放恣支節 委
삼 기수면개 내심혼암명위수 오정암폐 방자지절 위

臥睡熟爲眠 以是因緣 名爲睡眠蓋 能破今世後世實
와수숙위면 이시인연 명위수면개 능파금세후세실

樂法心 及後世生天及涅槃樂 如是惡法 最爲不善 何
락법심 급후세생천급열반락 여시악법 최위불선 하

以故 諸餘蓋情 覺故可除 睡眠如死 無所覺識 以不覺
이고 제여개정 각고가제 수면여사 무소각식 이불각

故 難可除滅 如佛諸菩薩訶睡眠弟子偈曰
고 난가제멸 여불제보살가수면제자게왈

셋째, 수면의 덮개를 버리는 것이다. 마음속이 흐리고 어두운 것을 이름하여 '수(睡: 졸고 있음)'라고 하고, 다섯 가지 정(情:

안·이·비·설·신)이 어둡게 가려져 손발을 아무렇게나 놓고 쓰러져 누워 깊이 숙면을 취하는 것을 이름하여 '면(眠: 잠을 잠)'이라고 한다. 이러한 인연으로 '수면의 덮개(睡眠蓋)'라고 이름한다. 이 덮개가 능히 현세와 후세의 참되고 즐거운 법의 마음과, 나아가 후세에 천상에 나는 것과 열반락涅槃樂까지 깨뜨린다. 이와 같은 악한 법이 가장 좋지 않은 것이니, 무슨 까닭인가. 다른 덮개는 마음에 느낌이 있으면 알아차려 제거할 수 있으나 수면은 주검과 같아서 깨달아 알아차릴 수가 없고, 알아차리지 못하기 때문에 제거하여 없애기 어렵다. 부처님과 여러 보살들이 졸고 있는 제자를 꾸짖으며 게송으로 이르신 것[10]과 같다.

汝起勿抱臭屍臥　　種種不淨假名人
여기물포취시와　　종종부정가명인

如得重病箭入體　　諸苦痛集安可眠
여득중병전입체　　제고통집안가면

그대는 일어나라. 냄새나는 시체를 안고 누워 있지 마라.
갖가지 더러운 것을 임시로 사람이라고 부를 뿐이다.
중병에 걸린 것과 같고, 몸에 화살이 박힌 것과 같아서
모든 고통이 모여드는데 어찌 잠을 잘 수 있으랴.

如人被縛將去殺　　災害垂至安可眠
여인피박장거살　　재해수지안가면

---

10 『대지도론』 제17권 「초품중시라바라밀」(대정장25, p.184b~c).

結賊不滅害未除　如共毒蛇同室居
결 적 불 멸 해 미 제　여 공 독 사 동 실 거

亦如臨陣兩刃間　爾時云何安可眠
역 여 림 진 량 인 간　이 시 운 하 안 가 면

마치 사람이 묶이어 곧 죽음으로 끌려가는 것과 같이
재해가 곧 닥쳐오거늘 어찌 잠을 잘 수 있으랴.
도적을 묶어 놓고 없애지 않으면 재해는 아직 없어지지 않나니
마치 독사와 한 방에서 살고 있는 것과도 같네.
또는 전쟁터에서 칼날을 맞대고 있는 것과 같으니
이러한 때에 어찌하여 잠을 잘 수 있으랴.

眠爲大闇無所見　日日欺誑奪人明
면 위 대 암 무 소 견　일 일 기 광 탈 인 명

以眠覆心無所見　如是大失安可眠
이 면 부 심 무 소 견　여 시 대 실 안 가 면

잠자는 것은 큰 어둠이어서 아무것도 보이지 않나니
나날이 속여서 사람에게서 밝음을 빼앗아 간다.
잠이 마음을 덮으면 보이는 것이 없나니
이와 같이 큰 손실이 있는데 어찌 잠을 잘 수 있으랴.

如是等種種因緣 訶睡眠蓋 警覺無常 減損睡眠 令無
여 시 등 종 종 인 연　가 수 면 개　경 각 무 상　감 손 수 면　영 무

昏覆 若昏睡心重 當用禪鎭杖却之
혼 부　약 혼 수 심 중　당 용 선 진 장 각 지

이와 같은 갖가지 인연으로 수면의 덮개를 꾸짖어 덧없음(無常)을 깨닫고 경책警策해야 한다. 수면을 덜고 줄여서 혼침으로 가려지지 않도록 해야 한다. 만약 혼침으로 마음이 잠에 깊이 빠지면 머리에 선진(禪鎭: 참선 때 잠을 쫓는 도구)을 올려놓고 정진하거나 선장(禪杖: 잠을 경책하는 나무, 죽비)을 이용하여 이것을 물리쳐라.

4. 도회의 덮개를 버림(棄掉悔蓋)

四 棄掉悔蓋 掉有三種 一者 身掉 身好遊走 諸雜戲謔
사 기도회개 도유삼종 일자 신도 신호유주 제잡희학

坐不暫安 二者 口掉 好喜吟咏 競諍是非 無益戲論
좌부잠안 이자 구도 호희음영 경쟁시비 무익희론

世間語言等 三者 心掉 心情放逸 縱意攀緣 思惟文藝
세간어언등 삼자 심도 심정방일 종의반연 사유문예

世間才技 諸惡覺觀等 名爲心掉
세간재기 제악각관등 명위심도

넷째, 도회(掉悔: 들뜸과 뉘우침)의 덮개를 버리는 것이다. 도거(掉擧: 들떠 흔들림)에는 세 가지 종류가 있다. 첫째로 몸의 도거이다. 몸이 즐겁게 놀면서 내달리거나, 여러 가지 잡다한 희롱과 해학을 좋아하며, 앉아서는 잠시도 안정하지 못하는 것이다. 둘째로 입의 도거이다. 시가詩歌를 읊는 것을 즐겨 좋아하고, 시비를 다투며, 무익한 희론과, 세속의 언어 등을 즐기는 것이다. 셋째로 마음의 도거이다. 마음이 감정에 이끌려 방종하여 뜻을 반연하면서 문예,

세간의 재주, 기술, 모든 나쁜 각관[11] 따위를 생각하는 것을 일러 마음의 도거라고 한다.

掉之爲法 破出家人心 如人攝心 猶不能定 何況掉散
도 지 위 법　파 출 가 인 심　여 인 섭 심　유 불 능 정　하 황 도 산

掉散之人 如無鉤醉象 穴鼻駱駝 不可禁制 如偈說
도 산 지 인　여 무 구 취 상　혈 비 락 타　불 가 금 제　어 게 설

---

11 각관覺觀: 거친 생각으로 처음을 생각하는 것을 각(覺: Vitarka)이라 하고 자세한 마음으로 분별하는 것을 관(觀: Vicara)이라 한다(현장玄奘 이후 유식唯識에서는 이를 심(尋: 거칠게 관찰함)과 사(伺: 자세히 살핌)로 번역하였다). 『대지도론』제17권 「초품중시라바라밀」(대정장25, p.186a~b)에 다음과 같이 나온다. "수행자에게 이 각관覺觀이 좋은 법으로 생각되나, 실제로는 선정의 마음을 어지럽힌다. 마음에서 그것을 여의기 위하여 말하기를 '이 각관이 선정을 요동시킨다'고 한다. 비유하면 맑은 물에 파도가 치면 비치지 못하는 것과 같으며, 또 몹시 피로한 사람이 쉴 틈을 얻어 자려고 할 때 곁의 사람이 부르면 갖가지로 어지러워지는 것과 같다. 이러한 인연으로 각관을 꾸짖어 없애면 속으로 청정해지고 기쁘고 즐거워서 제2선禪에 들어간다. 제2선의 기쁨과 즐거움도 초선에서의 각관과 같아서 기쁨이 있는 곳마다 근심도 많나니, 마치 가난한 이가 보물을 얻었다가 잃으면 근심도 깊어지는 것과 같으므로, 이 기쁨을 버리는 사념지捨念智를 행하여 몸의 즐거움을 받는다. 이 즐거움은 성인만이 얻을 수 있고 버릴 수도 있나니, 마음을 한곳에 두어 제3선에 들어간다. 제3선에서의 즐거움이란 능히 집착하는 마음을 내게 하므로 수행자는 즐거움의 허물을 알고 마음이 움직이는 곳마다 괴로움이 있는 것을 알고 마음이 움직이지 않는 곳을 찾아 제4선에 들어간다. 제4선에는 괴로움도 즐거움도 없고 오직 요동치지 않는 지혜만 있다. 제3선의 즐거움은 움직이기 때문에 괴롭다고 말하나, 제4선은 괴로움도 즐거움도 끊어진 곳이라 하여 사념청정捨念淸淨이라 한다."

도거의 법은 출가한 사람의 마음을 파괴한다. 사람의 마음을 거두어들여도 가히 선정에 들 수 없는데, 하물며 들떠 흔들리고 산란하면 어찌 선정에 들 수 있겠는가. 들떠 흔들리고 산란한 사람[12]은 마치 술 취한 코끼리에 갈고리가 없는 것과 같고, 콧구멍을 꿰지 않은 낙타와도 같아 제지할 수가 없나니, 게송[13]에 설한 것과 같다.

汝已剃頭著染衣　　執持瓦鉢行乞食
여 이 체 두 착 염 의　　집 지 와 발 행 걸 식

云何樂著戱掉法　　放逸縱情失法利
운 하 락 착 희 도 법　　방 일 종 정 실 법 리

그대가 이미 머리를 깎고 물들인 옷을 입었으며
발우를 손에 들고 걸식하고 다니거늘
어찌 장난삼아 들뜨는 법(掉法)을 즐겨 집착하며
방일하게 정情을 함부로 하여 불법의 이익을 잃을 것인가.

---

[12] 『마하지관』, 제5권(대정장46, p.57b). "선남자여, 대저 산란한 마음은 악 중의 악이다. 쇠갈고리가 없는 취한 코끼리가 꽃이 피어 있는 못을 밟아 무너뜨리고, 코를 꿰지 않은 약대가 짊어진 짐을 뒤집어 넘어뜨리는 것과 같다. 번개가 치는 것보다 빠르고 독스러움은 뱀의 혀보다 더하다. 거듭 겹쳐진 다섯 가지 가림은 먼지가 끼고 연기, 안개, 구름이 일어서 속눈썹의 가까움 및 하늘의 먼 것을 다 보지 못한다(又善男子 夫散心者 惡中之惡 如無鉤醉象踏壞華池 穴鼻駱駝翻倒負馱 疾於掣電毒逾蛇舌 重沓五翳埃靄曜靈 睫近霄遠俱皆不見)."

[13] 『대지도론』 제17권 「초품중시라바라밀」(대정장25, p.184c).

既失法利 又失世樂 覺其過已 當急棄之
기실법리 우실세락 각기과이 당급기지

이미 불법 수행의 이익도 잃었고 또한 세간의 즐거움도 잃었으니, 그 잘못을 이미 알아차렸다면 마땅히 급히 이것을 버려야 한다.

悔者 悔能成蓋 若掉無悔 則不成蓋 何以故 掉時未在
회자 회능성개 약도무회 즉불성개 하이고 도시미재
緣中故 後欲入定時 方悔前所作 憂惱覆心 故名爲蓋
연중고 후욕입정시 방회전소작 우뇌부심 고명위개

뉘우침(悔)이라는 것은 뉘우침이 능히 덮개를 이루는 것이다. 만약 도거(들떠 흔들림)에 뉘우침이 없다면 아직 덮개를 이루지 않은 것이다. 왜냐하면 도거에 있을 때에는 아직도 연緣 가운데 있는 것이 아니기 때문이다. 나중에 선정에 들고자 할 때 비로소 이미 앞에 지은 업에 대한 뉘우침이 일어나서 걱정과 번뇌가 마음을 뒤덮는 것이니, 이런 까닭에 '덮개'라고 하는 것이다.

但悔有二種 一者 因掉後生悔 如前所說 二者 如作大
단회유이종 일자 인도후생회 여전소설 이자 여작대
重罪人 常懷怖畏 悔箭入心 堅不可拔 如偈說
중죄인 상회포외 회전입심 견불가발 여게설

다만 뉘우침에는 두 가지가 있다. 첫째는 도거로 인하여 나중에 뉘우침이 생기는 것으로 위에서 설한 것과 같다. 둘째는 중죄를 지은 사람은 항상 두려워하는 생각을 품은 것과 같으니, 뉘우침의 화살이 마음속에 들어가서 박히면 뽑아낼 수 없다. 게송[14]에서 설한 것과 같다.

不應作而作　應作而不作
불응작이작　응작이부작
悔惱火所燒　後世墮惡道
회뇌화소소　후세타악도

마땅히 짓지 말아야 할 것을 짓고
마땅히 지어야 할 것을 짓지 않으면
후회와 번뇌의 불길에 태워져
후세에는 악도에 떨어진다.

若人罪能悔　悔已莫復憂
약인죄능회　회이막부우
如是心安樂　不應常念著
여시심안락　불응상념착

만약 사람이 죄를 능히 뉘우치면
뉘우치고 난 다음에는 다시 근심하지 말라.
이와 같으면 마음이 안락하리니
마땅히 항상 생각하여 집착하지 말라.

---

14 『대지도론』 제17권 「초품중시라바라밀」(대정장25, p.184c).

若有二種悔　若應作不作
약 유 이 종 회　약 응 작 부 작

不應作而作　是則愚人相
불 응 작 이 작　시 즉 우 인 상

두 가지의 뉘우침이 있는 것과 같으니

만약 마땅히 지어야 할 것을 짓지 않았거나

마땅히 짓지 말아야 할 것을 짓는다면

이것이 바로 어리석은 사람의 모습이다.

不以心悔故　不作而能作
불 이 심 회 고　부 작 이 능 작

諸惡事已作　不能令不作
제 악 사 이 작　불 능 령 부 작

마음으로써 뉘우치지 않는 까닭에

짓지 않기도 하고 짓기도 하는 것이다.

모든 나쁜 일을 이미 지었으면

짓지 않았다고 할 수 없는 것이다.

5. 의심의 덮개를 버림(棄疑蓋)

五 棄疑蓋者 以疑覆心故 於諸法中不得信心 信心無
오 기 의 개 자 이 의 부 심 고　어 제 법 중 부 득 신 심　신 심 무

故 於佛法中空無所獲 譬如有人入於寶山 若無有手
고　어 불 법 중 공 무 소 획　비 여 유 인 입 어 보 산　약 무 유 수

無所能取 然則疑過甚多 未必障定 今正障定 疑者有
무 소 능 취 연 즉 의 과 심 다 미 필 장 정 금 정 장 정 의 자 유

三種
삼 종

다섯째, 의심[15]의 덮개를 버려야 한다. 의심으로써 마음을 덮는 까닭에 모든 법 가운데서 믿는 마음을 얻지 못하는 것이다. 믿는 마음이 없기 때문에 불법 가운데에서도 헛되이 얻는 것이 없다. 비유하면 어떤 사람이 보배 산(寶山)[16]에 들어갔어도 만약 손이

---

15 『대반열반경』(대정장12, p.710a). "보살마하살은 마음에 의심의 그물이 없어 다섯 가지 의심을 여의나니, 의심이란 첫째 부처님을 의심하고, 둘째 법을 의심하고, 셋째 승가를 의심하고, 넷째 계율을 의심하고, 다섯째 방일하지 않음을 의심함이니라. 보살은 이때 바로 오근五根을 얻는다(心無疑網離五疑故 一者疑佛 二者疑法 三者疑僧 四者疑戒 五者疑不放逸 菩薩爾時卽得五根)."

16 『대반열반경』(대정장12, p.799b). "어떤 두 사람이 이런 말을 들었다. '다른 지방에 칠보로 된 산이 있고, 그 산에는 맑은 샘이 있는데 물맛이 매우 좋고, 그 산에 가는 사람은 빈궁을 영원히 멸하고 그 물을 먹으면 만년을 살 수 있거니와 길이 멀고 험하여서 가기가 어렵다.' 두 사람이 함께 길을 떠났다. 한 사람은 행장을 잘 갖추고 한 사람은 빈손으로 준비 없이 출발하였다. 가다가 길에서 한 사람을 만났는데 칠보가 구족하였다. 두 사람은 가서 물었다. '그곳에 참으로 칠보산이 있었습니까?' 그 사람은 대답하였다. '참으로 칠보산이 있고 보다시피 나는 보물도 많이 얻어 가졌고 그 물을 먹었소. 다만 길이 험난하고 도적이 많고 자갈밭과 가시밭뿐이요, 물도 풀도 없어서 가는 사람은 천 명 또는 만 명이나 도착하는 사람은 대단히 적소.' 이 말을 듣고 한 사람은 후회하면서 되돌아오고, 한 사람은 죽기로 한정하고 출발하여 보배산에 당도하였다. …… 칠보산은 대열반에 비유하고, 맛 나는 샘물은 부처성품, 두 사람은 초발심보살, 험난한 길은 생사, 길에서 만난 사람은 부처님 세존, 도적이 있는 것은 네 마군, 자갈밭과 가

없으면 능히 취할 수 없는 것과 같다. 그러나 의심이 매우 많다고 하더라도 아직 반드시 선정을 장애하는 것은 아니다. 지금 바로 선정을 장애하는 의심에는 세 가지가 있다.

一者 疑自 而作是念 我諸根闇鈍 罪垢深重 非其人乎
일 자 의 자 이 작 시 념 아 제 근 암 둔 죄 구 심 중 비 기 인 호
自作此疑 定法終不得發 若欲修定 勿當自輕 以宿世
자 작 차 의 정 법 종 부 득 발 약 욕 수 정 물 당 자 경 이 숙 세
善根難測故
선 근 난 측 고

첫째는 자기를 의심하는 것이다. 곧 이와 같은 생각을 하는 것이다. '나는 모든 근根이 어둡고 둔하며, 죄의 더러움은 깊고 무거우니 그 사람(선정을 닦을 사람)이 아니지 않은가!' 스스로 이같이 의심을 지으면 끝내 선정의 법을 일으킬 수가 없는 것이다. 만약 선정을 닦고자 한다면 마땅히 자기를 가볍게 여기지 말아야 한다. 과거세의 선근이란 헤아리기 어렵기 때문이다.

二者 疑師 彼人威儀相貌如是 自尚無道 何能敎我 作
이 자 의 사 피 인 위 의 상 모 여 시 자 상 무 도 하 능 교 아 작
是疑慢 即爲障定 欲除之法 如摩訶衍論中說 如臭皮
시 의 만 즉 위 장 정 욕 제 지 법 여 마 하 연 론 중 설 여 취 피

시밭은 번뇌, 물도 풀도 없는 것은 보리의 도를 익히지 않은 상태를 비유하며, 되돌아온 사람은 퇴타한 보살, 곧장 길을 간 사람은 퇴타하지 않은 보살에 비유한 것이다."

囊中金 以貪金故 不可棄其臭囊行者亦爾 師雖不淸
낭중금 이탐금고 불가기기취낭행자역이 사수불청

淨 亦應生佛想
정 역응생불상

둘째는 스승을 의심하는 것이다. '그 사람의 위의威儀와 겉모습이 이와 같으니, 자기 자신도 도를 이루지 못한 사람이 어찌 능히 나를 가르칠 수 있을 것인가'라는 의심과 자만이 곧 선정을 장애하게 된다. 이것을 없애는 방법은 『마하연론』에 설한 것과 같다.[17]

"마치 냄새 나는 가죽 주머니 속의 금과 같으니

금이 탐나는 까닭에

그 냄새 나는 가죽 주머니를 버릴 수 없는 것이다.

수행자도 또한 그러하니

스승이 비록 청정하지 않더라도

또한 마땅히 부처님이라는 생각을 내어야 한다."

三 疑法 世人多執本心 於所受法不能即信 敬心受行
삼 의법 세인다집본심 어소수법불능즉신 경심수행

---

[17] 『대지도론』 제29권 「初品中布施隨喜心過」(대정장25, p.274c)에 비슷한 내용이 있어 소개한다. "비유하자면 더러운 밥그릇에 맛있는 음식을 담으면 사람들이 기뻐하지 아니하고, 냄새 나는 주머니에 여러 보물을 넣으면 다루는 사람이 즐거워하지 않기 때문에, 이런 까닭으로 부처님은 그 몸을 32상으로 장엄하시는 것이다(譬如以不淨器盛諸美食人所不喜 如臭皮囊盛諸寶物取者不樂 以是故 佛以三十二相莊嚴其身)."

若心生猶豫 卽法不染心 何以故 疑障之義 如偈中說
약 심 생 유 예 즉 법 불 염 심 하 이 고 의 장 지 의 여 게 중 설

셋째는 법을 의심하는 것이다. 세상 사람들은 대부분 자기의 마음(本心)에 집착하고 있다. 그래서 법을 받아들임에 있어 곧바로 존경하는 마음으로 받아들여서 행하지 못하는 것이다. 만약 주저하는 마음이 생기면 곧 법은 마음을 물들이지 못한다. 무슨 까닭인가. 의심이 (법을) 장애하는 뜻은 『대지도론』의 게송[18]에 설한 것과 같다.

如人在岐路　疑惑無所趣
여 인 재 기 로　의 혹 무 소 취
諸法實相中　疑亦復如是
제 법 실 상 중　의 역 부 여 시

사람이 갈림길에 있어
의심과 미혹으로 나아가지 못하듯이
모든 법의 실상 가운데서도
의심하면 또한 이와 같도다

疑故不勤求　諸法之實相
의 고 불 근 구　제 법 지 실 상
見疑從癡生　惡中之惡者
견 의 종 치 생　악 중 지 악 자

---

[18] 『대지도론』 제17권 「초품중선바라밀」(대정장25, p.184c).

의심하기 때문에 모든 법의 실상을
부지런히 구하지 못하나니
삿된 견해와 의심은 어리석음에서 생긴 것이니
죄악 가운데에서도 가장 나쁜 것이다

善不善法中　　生死及涅槃
선 불 선 법 중　　생 사 급 열 반
定實眞有法　　於中莫生疑
정 실 진 유 법　　어 중 막 생 의

선한 법이나 선하지 않은 법 중에서도
생사와 열반은
반드시 진실로 참되게 있는 법
그 가운데에서 결코 의심을 내지 말라.

汝若懷疑惑　　死王獄吏縛
여 약 회 의 혹　　사 왕 옥 리 박
如師子搏鹿　　不能得解脫
여 사 자 박 록　　불 능 득 해 탈

그대가 만약 의혹을 품는다면
염마대왕의 옥졸에게 결박되어
마치 사자가 사슴을 덮치듯
해탈을 얻을 수가 없다.

在世雖有疑　　當隨喜善法
재 세 수 유 의　　당 수 희 선 법

譬如觀岐道　　利好者應逐
비 여 관 기 도　　이 호 자 응 축

세상에 살며 비록 의심이 있다 하더라도

마땅히 기뻐하며 착한 법을 따라야 한다.

비유하면 갈림길을 보고는

이롭고 좋은 쪽을 마땅히 따라야 하는 것과 같다.

佛法之中　信爲能入　若無信者　雖在佛法　終無所獲　如
불 법 지 중　신 위 능 입　약 무 신 자　수 재 불 법　종 무 소 획　여

是種種因緣　覺知疑過　當急棄之
시 종 종 인 연　각 지 의 과　당 급 기 지

불법 가운데 믿음[19]만이 능히 들어갈 수가 있으니, 만약 믿음이

---

19 『대지도론』 제1권 「初品如是我聞一時」(대정장25, p.62c~63a). "[經] '이와 같이 내가 들었다. 어느 때.' [論] 문: 모든 불경에는 어찌하여 첫머리에 '이와 같이(如是)'라고 하였는가? 답: 불법의 큰 바다에는 믿음으로 능히 들어가고 지혜로 능히 건너나니, '이와 같이'라고 함은 곧 믿음이다. 만약 사람의 마음 가운데 청정한 믿음이 있으면 이 사람은 능히 불법에 들어갈 수 있다. 만약 믿음이 없다면 이 사람은 불법에 들어가지 못한다. 믿지 않는 이는 말하기를 이 일이 '이와 같지 않다'고 하나니, 이는 믿지 않는 모습이거니와, 믿는 이는 이 일을 '이와 같다'고 한다([經]如是我聞一時 [論]問曰 諸佛經何以故初稱 如是語 答曰 佛法大海信爲能入 智爲能度 如是義者 卽是信 若人心中有信淸淨 是人能入佛法 若無信 是人不能入佛法 不信者言 是事不如是 是不信相 信者言 是事如是)."

없으면 비록 불법에 있다 하더라도 끝내 얻을 것이 없다. 이와 같은 갖가지 인연으로 의심의 허물을 알아차리면 마땅히 빨리 이것(의심)을 버려야 한다.

問曰 不善法廣 塵數無量 何故但棄五法 答曰 此五蓋
문왈 불선법광 진수무량 하고단기오법 답왈 차오개
中 卽具有三毒等分 四法爲根本 亦得攝八萬四千諸
중 즉구유삼독등분 사법위근본 역득섭팔만사천제
塵勞門
진로문

물어 이르되 "착하지 않은 법의 티끌(塵)[20]의 수효가 한량없이 많은데, 무슨 까닭으로 다만 다섯 가지 법만을 버리라고 하는가." 답하여 말하기를 "이 다섯 가지 덮개 가운데에는 곧 세 가지 독이 골고루 섞여 있어 네 가지 법이 근본이 되어 또한 8만 4천의 모든 진로塵勞의 문을 거둘 수 있기 때문이다."

一 貪欲蓋 卽貪毒 二 瞋恚蓋 卽瞋毒 三 睡眠及疑
일 탐욕개 즉탐독 이 진에개 즉진독 삼 수면급의
此二法是癡毒四 掉悔卽是等分攝 合爲四分煩惱 一
차이법시치독 사 도회즉시등분섭 합위사분번뇌 일

---

[20] 티끌(塵): 번뇌의 다른 이름. 진로塵勞라고 한다. 티끌은 작은 물질로 떠다니며 다른 것에 부착하여 물들이고 더럽히므로 번뇌를 티끌에 비유하였다. 육진六塵 경계에 따라 일어난 번뇌는 마음을 어지럽게 하여 중생으로 하여금 괴롭고 애쓰게 하므로 진로라고도 한다.

中有二萬一千 四中合爲八萬四千
중 유 이 만 일 천　사 중 합 위 팔 만 사 천

첫째 탐욕의 덮개는 곧 탐욕의 독이며, 둘째 성냄의 덮개는 곧 성냄의 독이며, 셋째 수면과 의심의 이 두 가지 덮개(法)는 어리석음의 독이고, 넷째 도회(掉悔: 흔들림과 뉘우침)는 이들 세 가지가 골고루 섞여 있어, 이들을 합하면 넷으로 나눈 번뇌(四分煩惱)가 된다. 이들 번뇌 하나 가운데 2만 1천 가지씩 들어 있으니, 이 네 가지를 합하면 8만 4천이 되는 것이다.

是故 除此五蓋 即是除一切不善之法 行者如是等種
시 고　제 차 오 개　즉 시 제 일 체 불 선 지 법　행 자 여 시 등 종

種因緣 棄於五蓋 譬如負債得脫 重病得差 如饑餓之
종 인 연　기 어 오 개　비 여 부 채 득 탈　중 병 득 차　여 기 아 지

人 得至豐國 如於惡賊中 得自免濟 安隱無患
인　득 지 풍 국　여 어 악 적 중　득 자 면 제　안 은 무 환

이런 까닭에 이 다섯 가지 덮개를 제거하는 것이 곧 일체의 착하지 않은 법을 제거하는 것이다. 수행자는 이와 같은 갖가지 인연으로 다섯 덮개를 버려야 한다. 비유하자면 빚을 진 사람이 빚에서 벗어나는 것과 같고, (환자가) 중병에서 쾌차하는 것과 같으며, 마치 굶주린 사람이 풍요한 나라에 이른 것과 같고, 흉악한 도적 가운데에서 스스로 난을 모면하고 구제되어 안온하고 우환이 없는 것과 같다.

行者亦如是 除此五蓋 其心安隱 淸凉快樂 如日月以
행 자 역 여 시 제 차 오 개 기 심 안 은 청 량 쾌 락 여 일 월 이

五事覆翳 煙 塵 雲 霧 羅睺阿修羅手障 則不能明照
오 사 복 예 연 진 운 무 라 후 아 수 라 수 장 즉 불 능 명 조

人心五蓋 亦復如是
인 심 오 개 역 부 여 시

수행자도 또한 이와 같아서 이 다섯 가지 덮개를 제거[21]하면 그 마음이 안온하고 청량하며 기분이 상쾌하고 즐거운 것이다. 비유하면 해와 달이 다섯 가지로 덮혀 가려지는 것과 같으니, 연기, 먼지, 구름, 안개와 라후羅睺아수라왕이 손으로 막으면 곧 밝게 비출 수가 없는 것이다.[22] 사람 마음의 다섯 가지 덮개도 또한

---

21 다섯 가지 덮개를 『마하지관』 제4권(대정장46, p.45b)의 오정심관五停心觀과 관련지으면 다음과 같다. ①탐욕의 덮개: 부정관不淨觀으로 자타의 몸이 더러운 것을 관하여 탐욕을 쉬고 그침. ②성냄의 덮개: 자비관慈悲觀으로 다른 중생들의 고통을 뽑아 주고 진정한 열반락을 주는 것을 관상하여 성냄을 다스림. ③수면의 덮개: 부지런히 정진, 법상관法相觀 곧 연기관緣起觀과 계분별관界分別觀으로 다스림. ④도회의 덮개: 수식관(數息觀, ānāpāna smṛti)으로 호흡을 세거나 염하는 방법으로 마음을 한 경지로 쉬어 산란한 마음을 거두어들임. ⑤의심의 덮개: 첫째, 자기를 의심하는 경우에 '나는 위없는 재보를 갖춘 큰 부자인데 번뇌에 가려져 잘 모르고 있다. 인간의 몸을 받았을 때 반드시 닦아서 대치해야 한다'라고 믿고, 의심 때문에 스스로를 훼손하고 상처받지 않게 한다. 둘째, 스승을 의심하는 경우에 '나는 이제 지혜가 없으며 불보살께서는 모두 다 그 법을 구하였어도 그 사람에 집착하지 않았으니 설산에서 나찰귀신에게 몸을 주고 게송을 얻었으므로 나도 스승을 부처님처럼 공경하리라'라고 해야 한다. 셋째, 법을 의심하는 경우에 '나는 법안法眼이 아직 열리지 않았다'라고 하고 노력하여야 한다.

이와 같다.

---

22 『대반열반경』 제9권 「月喩品」(대정장12, p.657c). "선남자여, 라후라아수라왕이 손으로 달을 가리면, 세상 사람들은 '모두 월식을 한다' 하거니와 아수라왕은 실로 월식을 할 수 없고, 아수라가 달의 광명을 장애하는 연고며, 달은 둥글어서 이지러지는 것이 아니며 단지 손으로 가려 나타나지 못하는 것이다(善男子 如羅睺羅阿修羅王以手遮月 世間諸人咸謂月蝕 阿修羅王實不能蝕以阿修羅障其明故 是月團圓無有虧損 但以手障故使不現)."

제4장 생활 습관을 조절함(調和第四)

夫行者初學坐禪 欲修十方三世佛法者 應當先發大
부행자초학좌선 욕수시방삼세불법자 응당선발대

誓願 度脫一切衆生 願求無上佛道 其心堅固 猶如金
서원 도탈일체중생 원구무상불도 기심견고 유여금

剛 精進勇猛 不惜身命
강 정진용맹 불석신명

대저 수행자가 처음으로 좌선을 배워서 시방 삼세의 불법을 수행하고자 한다면 반드시 먼저 커다란 서원誓願[1]을 일으켜 모든 중생들을 제도하여 해탈시키고 위없는 불도를 구하기를 원하여야 한다. 그 마음은 견고하기가 마치 금강金剛과 같고 용맹스럽게 정진하여[2]

---

[1] 『마하지관』 제5권(대정장46, p.56a)에서 다음과 같은 네 가지 서원을 들고 있다. ①중생무변서원도衆生無邊誓願度: 중생의 수가 허공과 같이 많다고 하더라도 맹세코 그 허공과 같은 중생들을 모두 제도하리라. ②번뇌무수서원단煩惱無數誓願斷: 번뇌가 있지 않음을 알더라도 맹세코 그 있지 않은 번뇌를 모두 단멸하리라. ③법문무량서원지法門無量誓願知: 법문이 아주 적멸(永寂)하기가 허공과 같음을 알더라도 맹세코 영원한 적멸을 수행하리라. ④무상불도서원성無上佛道誓願成: 불도가 위없이 높아도 맹세코 성취하리라.

[2] 『불유교경』(대정장12, p.1111c). "너희 비구들이여, 만약 부지런히 정진하면 곧 일에 어려움이 없을 것이다. 이런 까닭에 너희들은 부지런히 정진해야 한다. 비유하면 적은 물이라도 오래 흐르면 곧 돌을 뚫을 수 있는 것과 같

몸과 목숨을 아끼지 않아야 한다.

若成就一切佛法 終不退轉 然後坐中正念思惟一切
약성취일체불법 종불퇴전 연후좌중정념사유일체
諸法眞實之相 所謂 善不善無記法 內外根塵妄識 一
제법진실지상 소위 선불선무기법 내외근진망식 일
切有漏煩惱法 三界有爲生死因果法 皆因心有 故十
체유루번뇌법 삼계유위생사인과법 개인심유 고십
地經云 三界無別有 唯是一心作
지경운 삼계무별유 유시일심작

만약 모든 불법을 성취하지 못하더라도 끝내 물러나지 말아야 한다. 그런 뒤에 단정하게 좌선을 하면서 정념正念으로 일체 모든 법의 진실한 모양을 사유思惟한다. 이른바 선한 법, 선하지 않은 법, 선도 아니고 선하지 않은 것도 아닌 무기無記의 법, 안팎의 육근六根, 육진六塵, 망녕된 식識, 모든 유루의 번뇌 법, 모든 삼계의 유위, 생사, 인과법 등이 모두 마음으로 인하여 존재한다는 것을. 그러므로 『십지경十地經』[3]에서 말씀하셨다.

다. 만약 수행자가 마음이 자주 게을러져서 수행을 폐하는 것은 비유하면 마치 나무를 비벼서 불을 지피는데 뜨겁게 되기 전에 자주 쉬는 것과 같다. 비록 불을 얻고자 하여도 얻기 어려운 것이니 쉬지 않는 것을 '정진精進'이라 한다(汝等比丘 若勤精進則事無難者 是故汝等 當勤精進 譬如小水常流則能穿石 若行者之心數數懈廢 譬如鑽火未熱而息 雖欲得火 火難可得 是名精進)."

[3] 『대방광불화엄경』「十地品」(대정장9, p.558c)에서 '제6 현전지現前地'를 설명하면서 나오는 게송이다. "또 이렇게 생각할지니 삼계가 허망하니 모두 이것이 일심一心이 지은 것이라. 여래께서 설하신 12인연분도 모두 마음에 의

"삼계가 따로 있는 것이 아니니
모두 한마음이 지은 것이다."

若知心無性 則諸法不實心無染著 則一切生死業行
약지심무성 즉제법부실심무염착 즉일체생사업행
止息 作是觀已 乃應如次起行修習也
지식 작시관이 내응여차기행수습야

만약 마음에 자성이 없다는 것을 안다면 곧 모든 법이 실답지 않게 되고, 마음에 물드는 집착이 없으면 곧 모든 태어나고 죽는 업業과 행行이 쉬어서 그친다. 이와 같이 관觀을 짓고 나서 마땅히 다음과 같이 닦아 익히는 행(수습행)을 일으켜야 한다.

云何名調和 今借近譬 以況斯法 如世間陶師 欲造衆
운하명조화 금차근비 이황사법 여세간도사 욕조중
器 先須善巧調泥 令使不彊不懦 然後可就輪繩 亦如
기 선수선교조니 영사불강불나 연후가취륜승 역여
彈琴 前應調絃 令寬急得所 方可入弄 出諸妙曲 行者
탄금 전응조현 영관급득소 방가입롱 출제묘곡 행자
修心 亦復如是 善調五事 必使和適 則三昧易生 有所
수심 역부여시 선조오사 필사화적 즉삼매이생 유소
不調 多諸妨難 善根難發
부조 다제방난 선근난발

무엇을 조절(調和)한다고 하는가. 여기에서 가까운 비유를 빌려와

한 것이다(又作是念 三界虛妄 但是心作 如來說 所有十二因緣分 是皆依心)."

이 법을 비교하여 보자. 세간의 도공陶工이 많은 질그릇을 만들려 한다면 먼저 반드시 찰흙을 잘 다루어, 너무 굳지도 무르지도 않게 한 다음에야 도기를 만드는 물레에 올릴 수 있는 것과 같다. 또한 거문고를 타는 데도 마땅히 먼저 줄을 조절하되 느슨함과 팽팽함을 적절히 하여야 비로소 연주하여 여러 뛰어난 곡조를 낼 수 있는 것과 같다. 수행자가 마음을 닦는 것도 역시 이와 같다. 다섯 가지 일을 잘 조절하여 반드시 조화롭고 적절하게 해야 바로 삼매가 쉽게 나타난다. 만약 고르지 않게 된 것이 있다면 여러 가지 방해와 곤란이 많아서 선근善根이 일어나기 어렵다.

1. 음식을 조절함(調食)

一 調食者 夫食之爲法 本欲資身進道 食若過飽 則氣
일 조 식 자 부 식 지 위 법 본 욕 자 신 진 도 식 약 과 포 즉 기

急身滿 百脈不通 令心閉塞 坐念不安 若食過少 則身
급 신 만 백 맥 불 통 영 심 폐 새 좌 념 불 안 약 식 과 소 즉 신

羸心懸 意慮不固 此二皆非得定之道
리 심 현 의 려 불 고 차 이 개 비 득 정 지 도

첫째는 음식을 조절하는 것이다. 대저 음식의 법이라는 것은 본래 몸을 도와서 도道에 나아가기 위한 것이다. 만약 과식하여 배가 부르면 곧 숨(氣)이 급하게 몸에 차서 모든 맥脈이 통하지 않게 된다. 또한 마음을 막히게 하여, 좌선을 하여도 생각이 안정되지 않는다. 만약 지나치게 적게 먹으면 바로 몸이 여위게 되고 마음이

(음식 생각에) 매달려서 걱정하느라 굳건하지 않을 것이니, 이 두 가지는 모두 선정을 얻는 길이 아니다.

若食穢觸之物 令人心識昏迷 若食不宜之物 則動宿
약 식 예 촉 지 물   영 인 심 식 혼 미   약 식 불 의 지 물   즉 동 숙
病 使四大違反 此爲修定之初 須深愼之也 故經云 身
병   사 사 대 위 반   차 위 수 정 지 초   수 심 신 지 야   고 경 운   신
安則道隆 飮食知節量 常樂在空閑 心靜樂精進 是名
안 즉 도 륭   음 식 지 절 량   상 락 재 공 한   심 정 요 정 진   시 명
諸佛敎
제 불 교

만약 더럽고 탁한 것을 먹으면 사람의 심식心識을 혼미하게 한다. 만약 몸에 적절하지 않은 것을 먹으면 곧 (잠들어 있는) 병을 움직이고, 바로 몸의 사대四大 구성 요소가 서로 어긋나게 된다. 이런 것들은 선정을 닦는 초기에 반드시 깊이 삼가하여야 하는 것이다. 그러므로 경[4]에서 말씀하셨다.

"몸이 편안하면 곧 수행길이 융성하게 된다.

---

[4] 『미사새오분계본彌沙塞五分戒本』, 『마하승기율摩訶僧祇律』, 『십송비구바라제목차계본十誦比丘波羅提木叉戒本』 등 율장에 관련된 자료에 언급되고 있다. 특히 『사분율비구계四分律比丘戒』(대정장22, p,1022b)에 다음과 같이 나온다. "이것은 시기여래, 무소착, 등정각께서 말씀하신 계경이다. '비방도 질투도 하지 말고 마땅히 계를 봉행하여라. 음식에 만족하여 그칠 줄 알며, 항상 한적한 곳에 있기를 즐기며 마음은 고요하게 정진을 좋아하면, 이것을 모든 부처님의 가르치심이라 한다'(此是尸棄如來無所著等正覺 說是戒經 不謗亦不嫉 當奉行於戒 飮食知止足 常樂在空閑 心定樂精進 是名諸佛教)."

먹는 음식은 적절한 양을 알고

항상 한적한 곳에 있기를 즐기며

마음은 고요하게 정진을 좋아하면

이것을 모든 부처님의 가르치심이라 한다."

2. 수면을 조절함(調睡眠)

二 調睡眠者 夫眠是無明惑覆 不可縱之 若其眠寐過
이 조수면자 부면시무명혹부 불가종지 약기면매과

多 非唯廢修聖法 亦復喪失功夫 而能令心闇昧 善根
다 비유폐수성법 역부상실공부 이능령심암매 선근

沈沒 當覺悟無常 調伏睡眠 令神氣淸白 念心明淨 如
침몰 당각오무상 조복수면 영신기청백 염심명정 여

是乃可棲心聖境 三昧現前 故經云 初夜後夜 亦勿有
시내가서심성경 삼매현전 고경운 초야후야 역물유

廢 無以睡眠因緣 令一生空過 無所得也 當念無常之
폐 무이수면인연 영일생공과 무소득야 당념무상지

火 燒諸世間 早求自度 勿睡眠也
화 소제세간 조구자도 물수면야

둘째는 수면을 조절하는 것이다. 대저 잠이란 것은 무명의 미혹으로 덮이는 것이니, 이것을 제멋대로 두어서는 안 된다. 만약 그 잠자는 것이 지나치게 많아지면 성스러운 법(聖法)을 수행하는 것을 망치게 할 뿐만 아니라, 또한 공부한 것까지도 잃게 된다. 수면은 능히 마음을 어둡게 하고, 선근善根을 가라앉게 한다.

마땅히 세간이 덧없음(無常)을 깨닫고 수면을 조복調伏시켜 정신의 기운을 청백淸白하게 하고, 생각과 마음을 밝고 깨끗하게 하여야 한다. 이와 같이 하면 곧 마음이 거룩한 경지에 머무르게 되어 삼매가 앞에 나타날 수 있다. 그러므로 경[5]에 말씀하셨다.

"초저녁과 새벽에도 정근을 폐하지 말아야 한다. 수면의 인연으로 인하여 일생을 헛되이 보내고 얻는 바가 없게 되어서는 안 된다. 마땅히 무상無常[6]의 불길이 온 세상을 태우고 있음을 생각하여, 빨리 스스로 제도할 것을 희구希求하고, 잠을 자지 말아야 하는 것이다."

3. 몸을 조절함(調身)

三調身四調息五調心此三應合用不得別說但有初
삼 조 신 사 조 식 오 조 심 차 삼 응 합 용 부 득 별 설 단 유 초

---

[5] 『불유교경』(대정장12, p.1111a). "너희들 비구승은 낮에 부지런히 착한 법을 닦아 익히고 잃어버리는 때가 없게 하라. …… 모든 번뇌의 도적이 항상 틈을 살펴서 죽이려 하는 것이 원수보다 더 심하니 어찌 잠을 수 있겠는가(汝等比丘 晝則勤心修習善法無令失時 … 諸煩惱賊常伺殺人甚於怨家 安可睡眠)."

[6] 『마하지관』 제7권(대정장46, p.93c). "무상無常이라는 살귀殺鬼는 호걸이고 현인이고 가리지 않는다. (이 몸은) 연약하고 굳지 않으니 의지하기 어렵다. 어찌 편안하게 백세를 바라보며, 사방을 치달리면서 재물을 구하여 쌓아 올려서 거둬들일 것인가. …… 마치 여우가 앞을 다투어 불타는 집(火宅)을 빠져나가듯이 빨리 벗어나기를 구하여야 한다(無常殺鬼不擇豪賢 危脆不堅難可恃怙 云何安然規望百歲 四方馳求貯積聚斂 … 如野干絶透爭出火宅早求免濟)."

中後方法不同 是則入住出相有異也
중후방법부동 시즉입주출상유이야

셋째는 몸을 조절하는 것, 넷째는 숨을 조절하는 것, 다섯째는 마음을 조절하는 것인데, 이 세 가지는 마땅히 함께 적용해야 하기에 따로따로 설할 수 없다. 다만 처음과 중간과 나중이라는 순서가 있어 방법이 같지 않으니, 이것은 바로 좌선에 들어갈 때와 도중과 나올 때의 양상이 다르기 때문이다.

夫初欲入禪調身者 行人欲入三昧 調身之宜 若在定
부초욕입선조신자 행인욕입삼매 조신지의 약재정
外 行住進止 動靜運爲 悉須詳審
외 행주진지 동정운위 실수상심

대저 처음 좌선에 들어갈 때 몸을 조절하는 것이니, 수행인이 삼매에 들고자 한다면 몸을 적절히 조절하여야 한다. 만약 선정의 밖에 있다고 하더라도 가는 것(行), 머무는 것(住), 나아가는 것(進), 멈추는 것(止) 등의 움직임(動)과 머무는 것(靜)에 모두 모름지기 자세하게 살펴야 한다.

若所作麁獷 則氣息隨麁 以氣麁故 則心散難錄 兼復
약소작추광 즉기식수추 이기추고 즉심산난록 겸부
坐時煩憒 心不恬怡 身雖在定外 亦須用意逆作方便
좌시번궤 심불념이 신수재정외 역수용의역작방편
後入禪時 須善安身得所
후입선시 수선안신득소

만약 몸의 움직임이 거칠고 사나우면 바로 숨이 따라서 거칠어진다. 그리하여 숨이 거칠어지는 까닭에, 마음이 산란하여 거두어들이기 어렵다. 이와 함께 좌선할 때에도 번거롭고 심란하여, 마음이 평온하지 못하게 된다. 몸이 비록 선정 밖에 있다 하더라도, 역시 조심하여 미리 방편을 취하여야 한다. 그런 뒤에야 선에 들어갔을 때 몸이 편안히 될 수 있는 것이다.

初至繩床 即須先安坐處 每令安穩 久久無妨 次當正
초 지 승 상 즉 수 선 안 좌 처 매 령 안 온 구 구 무 방 차 당 정
脚 若半跏坐 以左脚置右脚上 牽來近身 令左脚指與
각 약 반 가 좌 이 좌 각 치 우 각 상 견 래 근 신 영 좌 각 지 여
右髀齊 右脚指與左髀齊 若欲全跏 即正右脚置左脚
우 비 제 우 각 지 여 좌 비 제 약 욕 전 가 즉 정 우 각 치 좌 각
上 次解寬衣帶周正 不令坐時脫落 次當安手 以左手
상 차 해 관 의 대 주 정 불 령 좌 시 탈 락 차 당 안 수 이 좌 수
掌置右手上 重累手相對 頓置左脚上 牽來近身 當心
장 치 우 수 상 중 루 수 상 대 돈 치 좌 각 상 견 래 근 신 당 심
而安
이 안

처음에 선상禪床에 이르면 바로 먼저 앉을 자리에 편안하게 앉아야 한다. 늘 안온하게 하면 오래도록 방해되는 일이 없다. 다음에는 반드시 다리를 바르게 한다. 만약 반가부좌를 한다면 왼쪽 다리를 오른쪽 다리 위에 놓고 끌어당겨서 몸에 가까이 한다. 왼쪽 발가락이 오른쪽 허벅다리와 가지런하게, 또 오른쪽 발가락이 왼쪽 허벅

지와 가지런하게 한다. 만약 완전한 결가부좌를 하려면 곧 아래에 있는 오른쪽 다리를 위로 올려 왼쪽 넓적다리 위에 올려놓는다. 다음에 옷의 띠를 느슨하게 풀어 옷을 바르게 하고, 좌선할 때 벗겨 떨어지는 일이 없게 한다. 그 다음에 반드시 손을 편하게 두되, 왼편 손바닥을 바른편 손 위에 놓고 손을 겹쳐서 서로 대하게 하여, 가지런하게 왼편 다리 위에 놓고 몸 가까이 끌어당겨서 중심에 두어 편안하게 하는 것이다.

次當正身 先當挺動其身 幷諸支節 作七八反 如似按
차 당 정 신 선 당 정 동 기 신 병 제 지 절 작 칠 팔 반 여 사 안
摩法 勿令手足差異 如是已 則端直 令脊骨勿曲勿聳
마 법 물 령 수 족 차 이 여 시 이 즉 단 직 영 척 골 물 곡 물 용
次正頭頸 令鼻與臍相對 不偏不斜 不低不昂 平面正
차 정 두 경 영 비 여 제 상 대 불 편 불 사 부 저 불 앙 평 면 정
住
주

다음에는 마땅히 몸을 바르게 한다. 우선 반드시 그 몸과 함께 모든 사지의 마디를 흔들어 움직이는 일을 7~8회 하고, 스스로가 자기의 몸을 안마하는 것처럼 하되 손과 발이 차이가 없게 한다. 이와 같이 한 연후에 몸을 단정하고도 곧게 하여 등뼈들이 서로 가지런하게 하여 굽지도 않고, 높이 솟게 하지도 않는다. 다음에 머리와 목을 바르게 하고 코와 배꼽을 가지런하게 하되 기울지도 비스듬하지도 않게 하며, 숙이거나 치켜올리지도 말고 반드시

얼굴을 평평하게 바로 세워야 한다.

次當口吐濁氣 吐氣之法 開口放氣 不可令麁急 以之
차 당 구 토 탁 기   토 기 지 법   개 구 방 기   불 가 령 추 급   이 지

綿綿 恣氣而出 想身分中百脈不通處 放息隨氣而出
면 면   자 기 이 출   상 신 분 중 백 맥 불 통 처   방 식 수 기 이 출

閉口 鼻納淸氣 如是至三 若身息調和 但一亦足
폐 구   비 납 청 기   여 시 지 삼   약 신 식 조 화   단 일 역 족

다음에는 입으로 가슴 속에 있는 탁한 공기를 내뱉어야 한다. 공기를 내뱉는 방법은 입을 벌리고 공기를 내보내되, 거칠거나 급하게 하지 말아야 하고, 가늘고 길게 하여 공기가 저절로 나가도록 해야 한다. 몸의 각 부분 속의 모든 맥脈이 불통不通된 곳이 모두 열려서, 그 공기를 따라서 숨을 내보내는 것을 상상하도록 한다. 공기가 모두 나가 버린 다음에는 입을 다물고 콧속으로 맑은 공기를 받아들이도록 한다. 이와 같이[7] 세 번까지 한다. 만약 몸의 호흡이 조화되었다면 단 한 번으로도 역시 족하다.

次當閉口 脣齒纔相拄著 舌向上齶 次當閉眼 纔令斷
차 당 폐 구   순 치 재 상 주 착   설 향 상 악   차 당 폐 안   재 령 단

外光而已 當端身正坐 猶如奠石 無得身首四肢切爾
외 광 이 이   당 단 신 정 좌   유 여 전 석   무 득 신 수 사 지 절 이

搖動 爲初入禪定調身之法 擧要言之 不寬不急 是身
요 동   위 초 입 선 정 조 신 지 법   거 요 언 지   불 관 불 급   시 신

---

[7] 이는 토납식吐納息(또는 토납법吐納法)을 설명하는 것으로 보인다.

調相
조 상

다음에는 입을 다물되 입술과 상하의 치아가 겨우 서로 떠받쳐 닿을 정도로 하고, 혀를 들어서 윗잇몸을 향하게 한다. 다음에는 눈을 감는데, 반 정도 감아서 겨우 바깥의 빛이 차단되게 할 정도로만 감는다. 그렇게 하고 나면 반드시 몸의 단정함과 앉음새의 바름이 마치 배의 닻돌처럼 안정된다. 이후에 몸과 머리, 팔다리를 흔들어 움직이는 일이 없도록 한다. 이것을 처음 선정에 들 때 몸을 고르게 하는 법이라고 한다. 요점을 들어 말하자면 너무 느슨하게도(寬) 하지 말고 너무 조급하지도(急) 말아야 하는 것, 이것이 몸을 조절하는 모양이다.

4. 숨을 조절함(調息)

四 初入禪調息法者 息有四種相 一風 二喘 三氣 四息
사 초입선조식법자 식유사종상 일풍 이천 삼기 사식

前三爲不調相 後一爲調相 云何爲風相 坐時則鼻中
전삼위부조상 후일위조상 운하위풍상 좌시즉비중

息出入覺有聲 是風也 云何喘相 坐時息雖無聲 而出
식출입각유성 시풍야 운하천상 좌시식수무성 이출

入結滯不通 是喘相也
입결체불통 시천상야

넷째, 선정에 처음 들 때 숨을 고르게 하는 것이다. 호흡에는 대체로 네 가지 양상이 있다. 첫째는 풍風이고, 둘째는 천(喘:

헐떡거림)이며, 셋째는 기氣이고, 넷째는 식息이다. 앞의 셋은 조화되지 않는 모양이고 뒤의 하나는 조화된 모양이라고 한다. 무엇을 풍상風相이라고 하는가. 앉았을 때 숨이 콧속을 드나들면서 소리가 나는 것을 느끼는 것이 풍상이다. 무엇을 천상喘相이라고 하는가. 앉았을 때 숨에 소리가 없다 하더라도 드나듦이 맺히고 막혀서 통하지 않는 것이 천상이다.

云何氣相 坐時息雖無聲 亦不結滯 而出入不細 是氣
운 하 기 상 좌 시 식 수 무 성 역 불 결 체 이 출 입 불 세 시 기
相也 云何息相 不聲不結不麁 出入綿綿 若存若亡 資
상 야 운 하 식 상 불 성 불 결 불 추 출 입 면 면 약 존 약 망 자
神安隱 情抱悅豫 此是息相也 守風則散 守喘則結 守
신 안 은 정 포 열 예 차 시 식 상 야 수 풍 즉 산 수 천 즉 결 수
氣則勞 守息即定 坐時有風喘氣三相 是名不調 而用
기 즉 로 수 식 즉 정 좌 시 유 풍 천 기 삼 상 시 명 부 조 이 용
心者 復爲心患 心亦難定
심 자 부 위 심 환 심 역 난 정

무엇을 기상氣相이라고 하는가. 좌선할 때 숨에 비록 소리가 없고 또한 맺히고 막힘이 없다 하더라도 그 숨의 드나듦이 섬세하지 않은 것이 기상이다. 무엇을 식상息相이라고 하는가. 숨에 소리가 없고 맺힘이 없으며, 거칠지 않고 드나듦이 계속되어 끊이지 않으며, 있는 듯 없는 듯 몸이 편안하고도 온화하게 유지되며 마음에 기쁨과 즐거움을 품게 하는 것이 식상이다. 풍風이 계속되면 곧 흩어지고, 천喘이 계속되면 곧 맺히고, 기氣가 계속되면 피로하게

된다. 그러나 식息을 유지하면 바로 안정된다. 좌선할 때 풍風이나 천喘, 기氣의 세 가지가 있으면 이것을 '고르지 못함'이라 하며, 마음을 쓰면 다시 마음에 근심이 생기니, 마음 역시 선정을 얻기 어렵다

若欲調之 當依三法 一者 下著安心 二者 寬放身體
약욕조지 당의삼법 일자 하착안심 이자 관방신체
三者 想氣遍毛孔出入通同無障 若細其心 令息微微
삼자 상기편모공출입통동무장 약세기심 영식미미
然 息調則衆患不生 其心易定 是名行者初入定時調
연 식조즉중환불생 기심이정 시명행자초입정시조
息方法 擧要言之 不澁不滑 是調息相也
식방법 거요언지 불삽불활 시조식상야

만약 이것을 조화롭게 하려면 마땅히 세 가지 법에 의지하여야 한다. 첫째는 숨을 아래로 내려놓고 마음을 편안하게 하는 것이다. 둘째는 몸을 느슨하게 풀어놓는 것이다. 셋째는 숨(氣)이 온몸의 털구멍을 두루 통하며 드나들어 장애되는 것이 없다고 상상하는 것이다. 만약 그 마음을 세밀하게 하면 숨을 고요하고 가늘게 할 수 있다. 숨이 고르게 되면 곧 모든 근심이 생기지 않으며, 그 마음이 선정에 들기 쉽다. 이것을 '수행자가 선정에 처음 들 때 숨을 고르게 하는 방법'이라고 한다. 요점을 들어서 말하자면 껄끄럽지도 않고 미끄럽지도 않는 것, 이것이 숨을 조절하는 모양이다.

5. 마음을 조절함(調心)

五 初入定時調心者 有三義 一入 二住 三出 初入有二
오 초 입 정 시 조 심 자 유 삼 의 일 입 이 주 삼 출 초 입 유 이

義 一者 調伏亂想 不令越逸 二者 當令沈浮寬急得所
의 일 자 조 복 란 상 불 령 월 일 이 자 당 령 침 부 관 급 득 소

何等爲沈相 若坐時心中昏暗 無所記錄 頭好低垂 是
하 등 위 침 상 약 좌 시 심 중 혼 암 무 소 기 록 두 호 저 수 시

爲沈相 爾時當繫念鼻端 令心住在緣中 無分散意 此
위 침 상 이 시 당 계 념 비 단 영 심 주 재 연 중 무 분 산 의 차

可治沈
가 치 침

다섯째, 선정禪定에 처음 들 때 마음을 조절하는 것이다. 여기에는 세 가지 뜻이 있다. 첫째 입정(入定: 정에 들어가는 것), 둘째 주정(住定: 정에 머무는 것), 셋째 출정(出定: 정에서 나오는 것)이다.

처음 입정入定에는 두 가지 뜻이 있다. 첫째는 흐트러진 생각을 조복시켜 날뛰지 않게 하는 것이고, 둘은 마땅히 침(沈: 가라앉음)·부(浮: 들뜸)·관(寬: 느긋함)·급(急: 급함)의 정도를 알맞게 하는 것이다. 어떤 것을 침상(沈相: 가라앉은 모양)이라 하는가. 만약 좌선할 때 마음이 어둡고 깜깜하여 기억되거나 느껴지는 것이 없고 머리를 자주 아래로 숙이면 이것을 침상이라 한다. 이러한 때에는 마땅히 코끝에 생각을 매어 두고 마음을 연(緣: 정신집중의 대상) 가운데 머물러 있게 하여 뜻이 흩어지지 않게 하면 침상을 다스릴 수 있다.

何等爲浮相 若坐時心好飄動 身亦不安 念外異緣 此
하 등 위 부 상 약 좌 시 심 호 표 동 신 역 불 안 염 외 이 연 차

是浮相 爾時宜安心向下 繫緣臍中 制諸亂念 心卽定
시 부 상 이 시 의 안 심 향 하 계 연 제 중 제 제 란 념 심 즉 정

住 則心易安靜 擧要言之 不沈不浮 是心調相
주 즉 심 이 안 정 거 요 언 지 불 침 불 부 시 심 조 상

어떤 것이 부상(浮相: 들뜨는 모양)인가. 좌선할 때 마음이 떠다녀서 몸을 움직이기 좋아하고 안정됨이 없으며, 외부의 다른 연緣을 생각(念)하는 것이 부상浮相이다. 이러한 때에는 편안히 마음을 아래로 내려서 배꼽 가운데에 연을 매어 두고 갖가지 어지러운 마음을 다스린다. 마음이 한곳에 집중(定)하게 되면 곧 마음은 쉽게 안정된다. 요점을 들어 말하자면 가라앉지도 않고 들뜨지도 않게 하는 것, 이것이 마음을 조절하는 모양이다.

其定心亦有寬急之相 定心急病相者 由坐中攝心用
기 정 심 역 유 관 급 지 상 정 심 급 병 상 자 유 좌 중 섭 심 용

念 因此入定 是故上向胸臆急痛 當寬放其心 想氣皆
념 인 차 입 정 시 고 상 향 흉 억 급 통 당 관 방 기 심 상 기 개

流下 患自差矣 若心寬病相者 覺心志散慢 身好逶迤
류 하 환 자 차 의 약 심 관 병 상 자 각 심 지 산 만 신 호 위 이

或口中涎流 或時闇晦
혹 구 중 연 류 혹 시 암 회

그 정定에 드는 마음도 또한 관급寬急의 모양이 있다. 정에 드는 마음이 '급한 병의 모양(急病相)'은 좌선 중에 생각을 사용하여

마음을 거두어서 이것으로 정定에 들려고 애씀으로 말미암아 생긴다. 이 때문에 기운이 위로 향하여 가슴이 갑자기 아파지는데, 반드시 그 마음을 느긋하게 풀어놓고, 기운이 모두 아래로 흘러내린다고 상상하면 병은 저절로 나아질 것이다. 또 마음이 '느긋한 병의 모양(寬病相)'이라는 것은 마음과 뜻이 흐트러지고 오만해져서 몸을 비스듬하게 하거나 게으른 것을 좋아하거나, 혹은 입속에서 침이 흐르고, 어떤 때에는 어둡고 캄캄해지는 것이다.

爾時應當歛身急念 令心住緣中 身體相持 以此爲治
이 시 응 당 렴 신 급 념 영 심 주 연 중 신 체 상 지 이 차 위 치
心有澁滑之相 推之可知 是爲初入定調心方法
심 유 삽 활 지 상 추 지 가 지 시 위 초 입 정 조 심 방 법

이러한 때에는 마땅히 몸을 거두어들이고 생각을 재촉하여 마음으로 하여금 연緣 속에 머물러 있게 하고 마음이 몸과 서로 지지支持하게 하면 이것으로써 마음을 다스릴 수가 있다. 마음에 껄끄럽거나 또는 미끄러운 양상이 있는 것도 이것으로 미루어서 알 수 있다. 이것을 '처음 선정에 들어 마음을 조절하는 방법'이라고 한다.

夫入定本是從麁入細 是以身旣爲麁 息居其中 心最
부 입 정 본 시 종 추 입 세 시 이 신 기 위 추 식 거 기 중 심 최
爲細靜 調麁就細 令心安靜 此則入定初方便也 是名
위 세 정 조 추 취 세 영 심 안 정 차 즉 입 정 초 방 편 야 시 명
初入定時調二事也
초 입 정 시 조 이 사 야

대저 선정에 드는 방법은 본래 이것이 거친 것으로부터 미세한 것으로 들어가는 것이다. 이것으로 보아 몸은 원래 거친 것이고, 숨(息)은 그 중간에 있으며, 마음은 가장 미세하다. 거친 것을 조절하고 미세하게 하여 마음이 안정되게 하는 것, 이것이 바로 선정에 들어가는 첫 번째 방편인 것이다. 이것을 '처음 선정에 들 때 두 가지를 조절하는 일'이라고 한다.

二 住坐中調三事者 行人當於一坐之時 隨時長短 十
이 주좌중조삼사자 행인당어일좌지시 수시장단 십

二時 或經一時 或至二三時 攝念用心 是中應須善識
이시 혹경일시 혹지이삼시 섭념용심 시중응수선식

身息心三事 調不調相
신식심삼사 조부조상

둘째, 주정住定이란 좌선 중에 머물면서 세 가지 일을 조절하는 것이다. 수행자는 마땅히 한 번 좌선에 들 때 그 시간의 장단長短에 따라 12시 중에서 혹은 한 시간을 지내거나 또는 두세 시간[8]에 이르기까지 생각을 거두어 마음을 써야 하는데, 그 속에서 모름지기 몸과 숨과 마음의 세 가지 일이 고른 모양과 고르지 않은 모양을 잘 알아야 한다.

---

[8] 옛날에는 하루가 12지支에 따라 12시(현 24시간)였으므로 한 시간은 지금의 두 시간, 두세 시간은 지금의 4~6시간에 해당한다.

若坐時向雖調身竟 其身或寬或急 或偏或曲 或低或
약 좌 시 향 수 조 신 경 기 신 혹 관 혹 급 혹 편 혹 곡 혹 저 혹

昂身不端直 覺已隨正 令其安隱 中無寬急 平直正住
앙 신 부 단 직 각 이 수 정 영 기 안 은 중 무 관 급 평 직 정 주

만약 좌선할 때에 비록 몸을 조절하는 일이 끝났다고 하더라도 그 몸이 느슨한가, 급한가, 혹은 한 쪽으로 기울었는가, 또는 굽었는가, 머리를 숙이고 있는가, 들고 있는가를 알아야 한다. 만약 몸이 바르지 않은 것을 이미 알아차렸으면 바른 것을 따라야 한다. 편안하고도 온화한 가운데 느슨하거나 급한 것이 없게 하고, 평직平直한 자세를 하는 것이 바르게 정에 머무는 것이다.

復次 一坐之中 身雖調和 而氣不調和 不調和相者 如
부 차 일 좌 지 중 신 수 조 화 이 기 부 조 화 부 조 화 상 자 여

上所說 或風 或喘 或復氣急 身中脹滿 當用前法隨而
상 소 설 혹 풍 혹 천 혹 부 기 급 신 중 창 만 당 용 전 법 수 이

治之 每令息道綿綿 如有如無
치 지 매 령 식 도 면 면 여 유 여 무

또한 다음으로 한 번의 좌선 중에 비록 몸이 조화되었다고 하더라도, 숨이 고르지 않을 수 있다. 그 고르지 않은 모습은 위에서 설명한 것과 같다. 혹은 풍風, 혹은 천喘, 혹은 기氣가 급하여 몸속에 가득 찼다면 마땅히 앞에서 설명한 방법을 써서 그에 따라 다스려, 언제나 숨이 면면히 이어져서 마치 있는 듯 없는 듯 되게 하라.

次一坐中 身息雖調 而心或浮沈寬急不定 爾時若覺
차 일 좌 중　신 식 수 조　이 심 혹 부 침 관 급 부 정　이 시 약 각

當用前法 調令中適 此三事 的無前後 隨不調者而調
당 용 전 법　조 령 중 적　차 삼 사　적 무 전 후　수 부 조 자 이 조

適之 令一坐之中 身息及心三事調適 無相乖越 和融
적 지　영 일 좌 지 중　신 식 급 심 삼 사 조 적　무 상 괴 월　화 융

不二 此則能除宿患 妨障不生 定道可剋
불 이　차 즉 능 제 숙 환　방 장 불 생　정 도 가 극

다음으로 좌선을 하는 가운데 비록 몸과 숨이 고르다고 하더라도 마음이 혹은 가라앉거나 또는 들떴거나 느슨하거나 조급하거나 하여 안정되지 않을 수 있다. 이런 때에 만약 그것을 알아차렸다면 마땅히 앞에서의 방법을 써서 조절하여 알맞게 한다. 이 세 가지를 고르게 하는 데는 앞뒤가 없으니, 고르지 않은 것이 있으면 고르게 조절한다. 한 번의 좌선 중에 몸과 호흡과 마음의 세 가지를 적절히 조절하여 서로 어긋나거나 넘치지 않게 한다. 만약 하나로 조화되고 융화되었다면 이것으로 곧 오랜 병을 제거할 수 있으며, 장애나 방해가 생기지 않아 선정의 길을 잘 닦을 수 있는 것이다.

三 出時調三事者 行人若坐禪將竟 欲出定時 應前放
삼　출 시 조 삼 사 자　행 인 약 좌 선 장 경　욕 출 정 시　응 전 방

心異緣 開口放氣 想從百脈隨意而散 然後微微動身
심 이 연　개 구 방 기　상 종 백 맥 수 의 이 산　연 후 미 미 동 신

次動肩 膊及手頭頸 次動二足 悉令柔軟 次以手遍摩
차 동 견　박 급 수 두 경　차 동 이 족　실 령 유 연　차 이 수 편 마

諸毛孔 次摩手令煖 以揜兩眼 然後開之 待身熱稍歇
제 모 공 차 마 수 령 난 이 엄 량 안 연 후 개 지 대 신 열 초 헐

方可隨意出入
방 가 수 의 출 입

셋째, 출정出定이란 선정에서 나올 때에 세 가지 일을 고르게 하는 것이다. 수행자가 만약 좌선을 거의 끝내고 선정에서 나오려 할 때, 반드시 먼저 마음을 다른 연緣으로 풀고, 입을 열어 숨을 내쉬면서 숨이 모든 맥脈이 있는 곳마다 마음을 따라 흩어진다고 상상하라. 그런 뒤에 조금씩 몸을 움직이고, 다음에 어깨뼈를 움직이고, 손과 머리, 목을 움직이고, 다음에 두 다리를 움직여 모두 부드럽게 한다. 그 다음 손으로 모든 털구멍을 두루 비비고, 다음에 손바닥을 비벼서 따뜻하게 한 후 두 눈을 가린다. 그런 다음에 그 가린 것을 열고 몸의 열이 조금 가시는 것을 기다려 바야흐로 뜻에 따라 출입하여야 한다.

若不爾者 坐或得住心 出旣頓促 則細法未散 住在身
약 불 이 자 좌 혹 득 주 심 출 기 돈 촉 즉 세 법 미 산 주 재 신

中 令人頭痛 百骨節彊 猶如風勞 於後坐中 煩躁不安
중 영 인 두 통 백 골 절 강 유 여 풍 로 어 후 좌 중 번 조 불 안

是故心欲出定 每須在意 此爲出定調身息心方法 以
시 고 심 욕 출 정 매 수 재 의 차 위 출 정 조 신 식 심 방 법 이

從細出麁故 是名善入住出 如偈說
종 세 출 추 고 시 명 선 입 주 출 여 게 설

만약 그렇지 않으면 좌선 가운데 혹 마음이 선정에 머무를 수

있다 하더라도, 선정에서 나오는 일을 갑작스럽게 재촉한다면, 곧 미세한 법이 아직 흩어지지 않고 몸속에 머물러 있게 된다. 이것이 사람으로 하여금 머리가 아프게 하고 모든 뼈의 마디마디가 뻣뻣하게 굳어지게 하여, 마치 바람에 시달린 것과 같게 된다. 그 이후로는 좌선 중에도 마음이 번잡하고 초조하여서 편안하지 않다. 이런 까닭에 마음이 선정에서 나오려고 할 때마다 유의하여야 한다. 이것을 선정에서 나올 때 몸과 숨과 마음을 조절하는 방법이라고 한다. 미세한 것(細)으로부터 거친 것(麤)으로 나오는 까닭에 이것을 '선정에 훌륭하게 들고 머물고 나오는 것'이라 한다. 게송[9]에 설하여진 것과 같다.

進止有次第　麤細不相違
진지유차제　추세불상위

譬如善調馬　欲住而欲去
비여선조마　욕주이욕거

나아가고 머무는 데 순서가 있으며
거침과 미세함이 서로 어긋나지 않으니
마치 말을 잘 조련하여
마음대로 머물거나 가게 하는 것과 같다.

---

[9] 『천태지자대사선문구결天台智者大師禪門口訣』(대정장46, p.581a)에 지자대사의 게송으로 나와 있다.

法華經云 此大衆諸菩薩等 已於無量千萬億劫 爲佛
법 화 경 운 차 대 중 제 보 살 등 이 어 무 량 천 만 억 겁   위 불

道故 勤行精進 善入住出無量百千萬億三昧 得大神
도 고 근 행 정 진 선 입 주 출 무 량 백 천 만 억 삼 매 득 대 신

通 久修梵行 善能次第習諸善法
통 구 수 범 행 선 능 차 제 습 제 선 법

『법화경』[10]에 말씀하셨다.

"이 대중과 모든 보살들이 이미 무량억겁에 걸쳐 불도를 위한 까닭에 부지런히 수행 정진하여 무량백천만억 삼매에 훌륭히 들고 머물고 나와서 큰 신통력을 얻고, 청정한 수행(梵行)을 오래 닦아서 차례로 모든 선법을 훌륭하게 잘 익혔다."

---

10 『법화경』「從地踊出品」(대정장9, p.41c).

제5장 방편을 행함(方便行第五)

夫修止觀 須具方便法門 有其五法
부수지관 수구방편법문 유기오법

대저 지관을 수행하자면 모름지기 방편의 법문을 갖추어야 한다. 여기에는 다섯 가지 법[1]이 있다.

1. 하고자 함(欲)

一者 欲 欲離世間一切妄想顚倒 欲得一切諸禪智慧
일자 욕 욕리세간일체망상전도 욕득일체제선지혜

---

1 『마하지관』 제4권(대정장46, p.48b). "처음부터 여기까지 25방편을 통틀어서 선정과 지혜의 방편이라고 한다. 이 25법을 써서 선정 이외의 방편으로 한다면 역시 먼 방편이라 이름하니, 이 마음을 훌륭히 조화함으로 인하여 활짝 깨우쳐 이법理法을 보게 된다. 만약 이법理法을 보게 되면 누가 안팎을 논할 것이며, 어찌 멀고 가까움이 있다 하겠는가!(今用此二十五法爲定外方便 亦名遠方便 因是調心豁然見理 見理之時誰論內外 豈有遠近)."
『대지도론』(대정장46, p.48b). "욕락은 마구니이니, 모든 착한 공덕을 파괴하고, 항상 중생들을 포박하여 해치기 때문에 다섯 가지 욕락을 꾸짖고, 다섯 가지 덮개를 없애고, 다섯 가지 방편의 법을 행하면 초선初禪에 이르게 되리라."

法門故 亦名爲志 亦名爲願 亦名爲好 亦名爲樂 是人
법문고 역명위지 역명위원 역명위호 역명위락 시인

志願好樂一切諸深法門故 故名爲欲 如佛言曰 一切
지원호락일체제심법문고 고명위욕 여불언왈 일체

善法 欲爲其本
선법 욕위기본

첫째, '하고자 함(欲)'이다. '하고자 함'이란 세간의 일체 모든 허망하고 전도된 상념想念을 떠나고자 하는 것이며, 일체 모든 선정과 지혜의 법문을 얻고자 하는 것이다. 또한 이름을 지志라고도 하며, 또는 원願이라고도 하고, 또한 좋아함(好)이라고도 하며, 또한 즐김(樂)이라고도 한다. 이러한 사람이 모든 깊은 법문에 뜻을 두어(志), 바라고(願), 좋아하고(好), 즐기기(樂) 때문에 '하고자 함'이라고 한다. 부처님께서 말씀하신 것과 같다.[2] "일체 선법善法

---

2 「대지도론」 제26권 「初品中十八不共法」(대정장25, p.249c). "문: 어찌하여 '하고자 함(欲: chanda)'을 정진이라 하는가? 또 법수에 있어서 '하고자 함'과 정진은 다른데 어찌하여 '하고자 함'이 바로 정진이라 하는가? 답: '하고자 함'은 처음에 행하는 것이 되고, 그 하고 싶어 함이 더욱 자라게 되므로 정진이라 하는 것이다. 마치 부처님의 말씀과 같이 '온갖 법은 하고자 함이 근본이 된다'고 하신 것과 같다. '하고자 함'은 마치 목마른 사람이 마실 것을 얻고 싶어 함과 같으며, 정진은 마치 인연과 방편으로 마실 것을 구하는 것과 같다. '하고자 함'은 마음으로 얻고 싶어 하는 것이요, 정진은 그 일을 이루게 하는 것이다. '하고자 함'은 의업意業에 속하고 정진은 삼업三業에 속하며, '하고자 함'은 안(內)이 되고 정진은 밖이 된다. 이와 같은 차별이 있다(問曰 若爾者 無有十八不共法 復次 欲以精進 心數法中各別 云何言 欲卽是精進 答曰 欲爲初行 欲增長名精進 如佛說 一切法欲爲根本 欲如人渴欲得飮 精進如因緣方便求飮 欲爲心欲得 精進爲成其事 欲屬意業 精進屬三業 欲爲內 精進爲

은 '하고자 함'을 그 근본으로 한다."

2. 정진精進

二者 精進 堅持禁戒 棄於五蓋 初夜後夜 專精不廢
이자 정진 견지금계 기어오개 초야후야 전정불폐

譬如鑽火未熱 終不休息 是名精進善道法
비여찬화미열 종불휴식 시명정진선도법

둘째, '정진精進'[3]이다. 부처님께서 금하신 계를 굳게 지키며 다섯

外 如是等差別)."

3 『대지도론』 제16권 「初品中毘梨耶波羅蜜」(대정장25, p.249c). "부처님이 전생에 상인의 우두머리였는데 여러 상인들을 데리고 험난한 길을 경과하게 되었다. 이때 나찰귀신이 나타나 손으로 막으며 말하기를 '너는 꼼짝하지 말라. 네 앞길을 막노라' 하니, 장사 우두머리는 곧 오른손을 들어 귀신을 때렸으나 주먹이 꽉 붙어 떨어지지 않았다. 다시 왼손으로 때렸으나 떨어지지 않았고, 오른발로 찼으나 역시 그러하였고, 왼발로도 안 되자 머리로 받았으나 이제는 머리까지 붙어 버렸다. 이때 나찰귀신이 묻기를 '네가 이렇게 되었는데 어쩌자는 것이냐, 항복하는 것이냐?' 우두머리가 대답하기를 '비록 다섯 활개가 묶였으나 끝내 너에게 항복하지 않겠다. 반드시 정진의 힘으로 너에게 반격하리니, 결코 그만두지 않겠다.' 귀신은 기뻐하면서 마음으로 생각하기를 '이 사람의 담력이 대단하구나' 하고 말하기를 '네 정진의 힘이 커서 반드시 쉬지 않을 것이매 너를 풀어주노라' 하였다. 수행자도 이와 같이 초저녁, 밤중, 새벽에 경을 읽고 좌선하여서 모든 법의 실상을 구하고 번뇌에 얽매이지 않고, 몸과 마음을 게을리 하지 않으면 이를 정진의 모습이라 한다(譬如釋迦车尼佛 先世曾作賈客主 將諸賈人入嶮難處 是中有羅刹鬼 以手遮之言 汝住莫動 不聽汝去 賈客主卽以右拳擊之 拳卽著鬼 挽不可離 復以左拳擊之 亦不可離 以右足蹴之 足復粘著 復以左足蹴之 亦復如是 以頭衝之 頭卽復

가지 덮개를 버리고 초저녁부터 새벽녘에 이르기까지 오로지 정진하여 폐하지 않는 것이다. 비유하자면 나무를 비벼서 불을 지필 때 아직도 뜨거워지지 않았다면 결코 쉬지 않는 것과 같다. 이것을 이름하여 '정진'이라 하며, 이는 뛰어난 도법道法이 된다.

3. 염념

三者 念念世間爲欺誑可賤 念禪定爲尊重可貴 若得
삼자 염념세간위기광가천 염선정위존중가귀 약득

禪定 卽能具足發諸無漏智 一切神通道力 成等正覺
선정 즉능구족발제무루지 일체신통도력 성등정각

廣度衆生 是爲可貴 故名爲念
광도중생 시위가귀 고명위념

셋째, '염념'이다. 세간은 사람을 속이는 것이어서 가히 천賤하다고 생각하고, 선정과 지혜는 존중하여 귀하다고 생각하는 것이다. 만약 선정을 얻었다면 곧 모든 무루의 지혜와 모든 신통한 도력을 발휘하게 된다. 등정각等正覺을 이루어 널리 중생을 제도하는 것이 귀중한 일이 되기 때문에 이것을 '염념'이라고 한다.

著 鬼問言 汝今如是 欲作何等 心休息未 答言 雖復五事被繫 我心終不爲汝息也 當以精進力與汝相擊 要不懈退 鬼時歡喜 心念 此人膽力極大 卽語人言 汝精進力大 必不休息 放汝令去 行者如是 於善法中 初夜 中夜 後夜 誦經 坐禪 求諸法實相 不爲諸結使所覆 身心不懈 是名精進相)."

4. 교묘한 지혜(巧慧)

四者 巧慧 籌量世間樂 禪定智慧樂 得失輕重 所以者
何 世間之樂 樂少苦多 虛誑不實 是失是輕 禪定智慧
之樂 無漏無爲 寂然閑曠 永離生死 與苦長別 是得是
重 如是分別 故名巧慧

넷째, '교묘한 지혜(巧慧)'이다. 세간의 즐거움과 선정, 지혜의 즐거움의 득실과 경중輕重을 헤아리는 것이다. 그 까닭은 무엇인가. 세간의 즐거움이란, 즐거움이 적고 괴로움이 많으며, 거짓되고 허망한 것이며 실다움이 없는 것이니, 이것은 손실이며 경박한 것이다. 선정과 지혜의 즐거움이란 무루이고, 무위이며, 고요하고 한가하여 텅 비어 있어 영원히 나고 죽음을 여읜 것으로, 오래도록 괴로움을 멀리하는 것이니 이것은 이득이며 중한 것이다. 이와 같이 분별하는 까닭에 '교묘한 지혜'라고 한다.

5. 한마음(一心)

五者 一心分明 明見世間可患可惡 善識定慧功德可

尊可貴 爾時應當一心決定修行止觀 心如金剛 天魔
존가귀 이시응당일심결정수행지관 심여금강 천마

外道不能沮壞 設使空無所獲 終不回易 是名一心 譬
외도불능저괴 설사공무소획 종불회역 시명일심 비

如人行 先須知道通塞之相 然後決定一心涉路而進
여인행 선수지도통색지상 연후결정일심섭로이진

故說巧慧一心 經云 非智不禪 非禪不智 義在此也
고설교혜일심 경운 비지불선 비선부지 의재차야

다섯째, '한마음(一心)'이다. (염念과 혜慧가) 분명하여 세간은 근심스러운 것이고 싫어해야 하는 것임을 명백하게 보고, 선정과 지혜의 공덕은 존중하고 귀중히 여겨야 하는 것임을 잘 아는 것이다. 이렇게 알게 된 때에는 반드시 한마음[4]으로 결정하여 지관을 수행해야 한다. 마음은 금강과 같아 천마天魔나 외도라도 막거나 무너뜨리지 못하며, 설사 공하여 잡히는 바가 없다고 하더라도, 끝내 되돌아서거나 바뀌지 않은 것을 '한마음'이라고 한다.

---

[4] 『마하지관』제4권(대정장46, p.48b). "한마음(一心)이라는 것은 이 법을 수행할 때 뜻을 한마음으로 하여 전념하고, 다시 다른 것을 연하지 않는 것이다. …… 일심이란 두려움과 공포를 물리치고 팔성도를 성실히 수행하여 물러나지 않는 것이니, 이것을 방편으로 진실에 들어갈 수 있는 것이라 한다(一心者 修此法時 一心專志更不餘緣 … 一心者決定怖畏修八聖道直去不迴 是爲方便而得入眞)."

『불유교경』(대정장12, p.1112b). "너희들 비구는 항상 한마음(一心)으로 부지런히 도에 나아갈 것을 구하라. 일체 세간의 모든 법은 무너져 불안한 모양이니, 너희들은 그쳐라(汝等比丘 常當一心勤求出道 一切世間動不動法 皆是敗壞不安之相 汝等且止)."

비유한다면 사람이 길을 갈 때 먼저 반드시 길이 통한 곳과 막힌 곳의 양상을 알고, 그런 연후에 한마음을 결정하여 길을 걸어 나아가는 것과 같다. 그러므로 교묘한 지혜와 '한마음(一心)'을 설하는 것이다. 경[5]에서 "지혜가 아니면 선정이 아니고, 선정이 아니면 지혜가 아니다"라고 말씀하신 뜻이 여기에 있는 것이다.

---

5 『법화문구法華文句』제2권(대정장34, p.28a). 『법화경』의 첫머리를 해설한 부분이다. "'부처님이 『무량의경』을 설하시고 나서 무량의처삼매에 드셨다'는 것은 지혜와 선정이 서로 이룬 것이다. 선정이 아니면 지혜가 아니니 모름지기 먼저 선정에 들어야 한다. 지혜가 아니면 선정에 들 수 없는 까닭에 먼저 설법을 하셨으니, 즉 지혜가 선정이고 선정이 지혜이다. 선후와 출입에 간격과 장애가 없다(佛說經已入無量義處三昧者 慧定相成 非禪不智須先入定 非智不禪故先說法 卽智而定卽定而智 先後入出無有隔礙)."

제6장 바른 수행(正修行第六)

1. 좌선 중에 지관을 수행함(於坐中修止觀)

修止觀者 有二種 一者 於坐中修 二者 歷緣對境修
수 지 관 자 유 이 종 일 자 어 좌 중 수 이 자 역 연 대 경 수

一 於坐中修止觀者 於四威儀中 亦乃皆得 然學道者
일 어 좌 중 수 지 관 자 어 사 위 의 중 역 내 개 득 연 학 도 자

坐爲勝 故先約坐以明止觀 略出五意不同
좌 위 승 고 선 약 좌 이 명 지 관 약 출 오 의 부 동

지관을 닦는 데 두 가지가 있다. 첫째는 좌선 중에 닦는 것이고, 둘째는 생활환경(緣)을 겪으면서 경계에 대처하여 닦는 것이다. 첫째는 좌선 중에 지관을 닦는 것이다. 행주좌와行住坐臥의 네 가지 위의 가운데서도 역시 모두 얻을 수 있는 것이지만, 도를 배우는 사람에게 있어 좌선이 가장 뛰어나기 때문에 먼저 좌선과 관련지어 지관을 밝히는 것이다. 간략하게 다섯 가지의 뜻이 서로 다른 것을 드러내 보이겠다.

1) 마음이 거칠고 산란한 것을 다스리기 위하여 지관을 닦음

一 對治初心麤亂修止觀 所謂 行者初坐禪時 心麤亂
일 대치초심추란수지관 소위 행자초좌선시 심추란

故 應當修止以除破之 止若不破 卽應修觀 故云對破
고 응당수지이제파지 지약불파 즉응수관 고운대파

初心麤亂修止觀 今明修止觀有二意
초심추란수지관 금명수지관유이의

첫째는 마음이 거칠고 산란한 것을 다스리기 위하여 지관을 닦는 것이다. 이른바 수행자는 처음으로 좌선할 때 마음이 거칠게 산란하기 때문에 마땅히 지止를 닦아서 이를 깨뜨리고 제거한다. 만약 지止로 깨뜨리지 못하면 곧 관觀을 닦아야 한다. 그런 까닭에 처음에 마음이 거칠고 산란한 것을 깨뜨리기 위하여 지관을 닦는다고 말하는 것이다. 이제 지관을 닦는 데에 두 가지 뜻이 있음을 밝히겠다. (먼저 지를 닦는 것을 밝히고, 다음으로 관을 닦는 것을 밝힌다.)

一者 修止 自有三種 一者 繫緣守境止 所謂繫心鼻端
일자 수지 자유삼종 일자 계연수경지 소위계심비단

臍間等處 令心不散故 經云 繫心不放逸 亦如猿著鎖
제간등처 영심불산고 경운 계심불방일 역여원착쇄

첫째로 지止를 수행함에 다음 세 가지가 있다. 첫째, 연(緣: 몸)에 주의를 묶어 두고 경계를 지키는 그침(繫緣守境止)이다. 이른바 마음을 코와 배꼽 사이의 중간쯤 되는 곳에 묶어 두고 마음이 흩어지지 않게 하는 것이다. 그러므로 『선경』¹에서 말씀하셨다.
"마음을 묶어 두는 데에 게으르지 않도록 하되
또한 원숭이를 자물쇠로 묶어 놓은 것처럼 하라."

二者 制心止 所謂隨心所起即便制之 不令馳散 故經
이 자 제 심 지 소 위 수 심 소 기 즉 편 제 지 불 령 치 산 고 경
云 此五根者 心爲其主 是故汝等 當好制心 此二種皆
운 차 오 근 자 심 위 기 주 시 고 여 등 당 호 제 심 차 이 종 개
是事相 不須分別
시 사 상 불 수 분 별

둘째, 마음을 제지하는 그침(制心止)이다. 이른바 마음이 일어나는 바에 따라서 곧 이것을 제지制止하여 내달려 흩어지지 않게 하는 것이다. 그런 까닭에 경²에서 말씀하셨다.

---

1 『좌선삼매경坐禪三昧經』 상권(대정장15, p.272a). "비유하자면 원숭이가 기둥에 묶여 있으나 매우 편하게 휴식하고 있는 것과 같으니, 소연所緣은 기둥과 같고, 생각은 새끼줄이나 자물쇠와 같으며, 마음은 원숭이에 비유할 수 있다. 또한 유모가 항상 어린아이를 살펴서 떨어지지 않게 하듯이, 수행자가 마음을 관찰하는 것도 이와 같다(譬如彌猴被繫在柱極乃住息. 所緣如柱. 念如繩鎖. 心喩彌猴. 亦如乳母. 常觀嬰兒不令墮落. 行者觀心亦復如是)."

2 『불유교경』(대정장12, p.1111a). "계를 능히 지킬 수 있거든 오근五根을 제어하여 제멋대로 오욕에 들어가지 못하도록 하라. 비유하면 소를 먹이는 사람이 막대기를 잡고 감시하되 남의 밭에 들어가지 않도록 하는 것과 같다. 만약 오근을 놓아 버리면 오욕이 끝이 없어서 제어할 수 없을 뿐만 아니라, 또한 몹쓸 말과 같아서 고삐를 단단히 채워 두지 아니하면 사람을 끌어다 구렁텅이에 떨어뜨리는 것과 같다. 도적에게 해를 입은 것은 일세一世에 끝나지만 오근의 해악은 누대累代에 걸쳐 그 해악이 심하니, 조심하지 않을

"이 다섯 가지 근(五根)이란 마음이 그 주인이 되니 이런 까닭에 그대들은 마땅히 마음을 잘 그치게 해야 한다."

이 두 가지는 모두 사의 모양(事相: 현상적이고 차별적인 모습)이니, 반드시 분별할 필요는 없다.

三者 體眞止 所謂 隨心所念一切諸法 悉知從因緣生
삼자 체진지 소위 수심소념일체제법 실지종인연생

無有自性 則心不取 若心不取 則妄念心息 故名爲止
무유자성 즉심불취 약심불취 즉망념심식 고명위지

如經中說云
여경중설운

一切諸法中　　因緣空無主
일체제법중　　인연공무주

息心達本源　　故號爲沙門
식심달본원　　고호위사문

셋째, 체진지體眞止[3]이다. 이른바 마음이 생각하는 바를 따라서

수 없다(已能住戒當制五根 勿令放逸入於五欲 譬如牧牛之人執杖視之 不令縱逸 犯人苗稼 若縱五根 非唯五欲將無 崖畔不可制也 亦如惡馬不以轡制 將當牽人墜於 坑陷 如被劫害苦止一世 五根賊禍殃及累世 爲害甚重 不可不愼)."

3 체진지體眞止: 일체의 법이 공空이라는 진리를 체득하는 지止 수행법을 말한다. 『마하지관』 제3권(대정장46, p.24a). "체진지라는 것은 모든 법이 연연으로부터 생기는데 그 인연이 공하고 주체가 없다. 마음을 쉬어 그치고 마음의 본원本源을 요달하는 까닭에 이름을 사문沙門이라 한다. 인연이 임시로 합하여 허깨비가 된 것임을 아는 까닭에 이름을 체體라 한다. 망상을 반연

일체 모든 법이 모두가 다 인연으로부터 생기므로 그 자체의 성품이 존재하지 않는 것을 알면 곧 마음에 취할 것이 없다. 만약 마음에 취할 것이 없으면, 곧 허망한 생각이 그치기 때문에 지止라고 한다. 경[4] 가운데서 말씀하신 것과 같다.

"일체 모든 법 가운데
인연은 공하여 주체가 없다.
마음을 쉬면 본래의 근원을 통달하니
이런 까닭에 이름을 사문沙門이라고 한다."

行者於初坐禪時 隨心所念一切諸法 念念不住 雖用
행 자 어 초 좌 선 시 수 심 소 념 일 체 제 법 염 념 부 주 수 용

하여 공을 얻으면 곧 쉬게 된다. 이 공空이 참이기 때문에 참됨(眞)을 체달하는 지(체진지)라고 한다."
　유식종에서는 취하는 대상(所取)과 취하는 주체(能取)가 공함을 체득하고 유식唯識의 진성眞性으로 전의轉依를 얻는 것을 수행 과정으로 제시하고 있다.

[4] 사리불이 길에서 다섯 비구 중의 한 사람인 마승(馬勝: Aśvajit, 圖 Assaji) 비구를 만나서 "당신의 위의가 훌륭하니 누구를 스승으로 모시고 있는가?" 하고 물었다. 마승 비구가 '자신은 배움이 깊지 않아 잘 모른다'고 하면서 게송으로 대답한 구절이다. 여기에서 '사문沙門'이란 부처님을 지칭한다. 『중본기경中本起經』 상권 「舍利弗大目揵連來學品」(대정장4, p.153c)에 다음과 같이 나온다. "나는 연배가 어리고, 날마다 배우지만 아직 초심자로 배움이 얕으니, 여래의 넓고 큰 뜻과 지극한 도리를 어찌 말할 수 있겠는가. 일체 모든 법은 인연으로 생기니 공하며 그 자체 성품이 없다. 마음을 쉬어서 그치면 그 근원을 통달하니 이런 까닭에 이름을 사문이라고 한다(我年旣幼稚學日又初淺 豈能宜至眞如來廣大義 一切諸法本因緣空無主 息心達本源故號爲沙門)."

如上體眞止 而妄念不息 當反觀所起之心 過去已滅
여 상 체 진 지 이 망 념 불 식 당 반 관 소 기 지 심 과 거 이 멸

現在不住 未來未至 三際窮之 了不可得 不可得法 則
현 재 부 주 미 래 미 지 삼 제 궁 지 요 불 가 득 불 가 득 법 즉

無有心
무 유 심

수행자가 처음으로 좌선할 때 마음이 생각하는 바에 따라 일체의 모든 법이 생각 생각에 머무르지 않아서, 비록 위에서와 같은 체진지體眞止를 쓴다고 해도 망념이 그치지 않으면 마땅히 돌이켜서 그 일어나는 마음을 관해야 한다. 과거는 이미 멸하였고 현재는 머무르지 않으며 미래는 아직 이르지 않았으니, 삼세의 끝을 찾아보아도 찾을 수 없다. 찾을 수 없는 법이기에 곧 마음이 있지 않은 것이다.

若無有心 則一切法皆無 行者雖觀心不住 皆無所有
약 무 유 심 즉 일 체 법 개 무 행 자 수 관 심 부 주 개 무 소 유

而非無刹那任運覺知念起 又觀此心念 以內有六根
이 비 무 찰 나 임 운 각 지 념 기 우 관 차 심 념 이 내 유 육 근

外有六塵 根塵相對 故有識生 根塵未對 識本無生 觀
외 유 육 진 근 진 상 대 고 유 식 생 근 진 미 대 식 본 무 생 관

生如是 觀滅亦然 生滅名字 但是假立 生滅心滅 寂滅
생 여 시 관 멸 역 연 생 멸 명 자 단 시 가 립 생 멸 심 멸 적 멸

現前 了無所得 是所謂涅槃空寂之理 其心自止
현 전 요 무 소 득 시 소 위 열 반 공 적 지 리 기 심 자 지

만약 마음이 있지 않다면 일체 모든 법은 없는 것이다. 수행자가

비록 마음을 관하되 모든 것이 없어 머무르지 않지만, 찰나刹那가 없는 것은 아니기에 마음대로 생각이 일어나는 것을 알아차리게 된다. 또 이 마음을 관하면 안으로는 육근六根이 있고 밖으로는 육진六塵이 있다. 육근과 육진이 서로 대하는 까닭에 식識이 생긴다. 그러나 육근과 육진이 상대하지 않으면 식은 본래 생기지 않는다. 이와 같이 생함을 관한다면, 멸함을 관하는 것도 또한 그러하다. 생멸이라는 이름은 단지 임시로 세운 것이다. 생멸하는 마음이 멸하고 적멸寂滅이 앞에 나타나면 얻는 것이 없음을 요달하게 된다. 이것이 이른바 열반의 텅 비고 고요한(空寂) 도리이니, 이때 그 마음은 스스로 그치게 된다.

起信論云 若心馳散 即當攝來住於正念 是正念者 當
기 신 론 운 약 심 치 산 즉 당 섭 래 주 어 정 념 시 정 념 자 당

知唯心 無外境界 即復此心亦無自相 念念不可得 謂
지 유 심 무 외 경 계 즉 부 차 심 역 무 자 상 염 념 불 가 득 위

初心修學 未便得住 抑之令住 往往發狂 如學射法 久
초 심 수 학 미 편 득 주 억 지 령 주 왕 왕 발 광 여 학 사 법 구

習方中矣
습 방 중 의

『기신론起信論』[5]에 이르셨다. "만약 마음이 내달려 흩어지거든

---

[5] 『대승기신론大乘起信論』(대정장32 p.582a): 약칭 『기신론起信論』. 인도의 마명(馬鳴, Aśvaghoṣa)보살이 지은 것을 중국 양梁나라 때 진제(眞諦, 499~569)삼장이 번역하였다. 또 당의 실차난타實叉難陀가 번역한 것은 신역이라 한다. 여래장연기如來藏緣起를 천명하고 있으며, 일심一心, 이문二門(진여문과 생멸

곧 마땅히 거두어 '바른 생각(正念)'에 머물게 하라. 이 '바른 생각'이란 것은 오직 마음뿐이요, 바깥 경계가 없다는 것을 마땅히 알아야 한다. 곧 다시 '이 마음'도 역시 자기 모양이 없어서 생각 생각에 가히 얻지 못한다." 이것은 처음 마음을 닦아 배울 때 아직 머무름을 얻지 못함을 말하는 것이다. 이것을 눌러서 억지로 머물도록 하면 왕왕 광기狂氣를 일으킬 수 있다. 마치 활 쏘는 법을 배워 오래 익혀야 바야흐로 적중시킬 수 있는 것과 같다.

二者 修觀 有二種 一者 對治觀 如不淨觀對治貪欲
이자 수관 유이종 일자 대치관 여부정관대치탐욕

慈心觀對治瞋恚 界分別觀對治著我 數息觀對治多
자심관대치진에 계분별관대치착아 수식관대치다

尋思等 此不分別也 二者 正觀 觀諸法無相 並是因緣
심사등 차불분별야 이자 정관 관제법무상 병시인연

所生 因緣無性 卽是實相 先了所觀之境一切皆空 能
소생 인연무성 즉시실상 선료소관지경일체개공 능

觀之心自然不起 前後之文 多談此理 請自詳之 如經
관지심자연불기 전후지문 다담차리 청자상지 여경

偈中說
게중설

두 번째, 관觀을 닦는 데에는 두 가지가 있다. 첫째는 대치관對治觀[6]

문), 삼대三大(體相用), 사신四信, 오행五行으로 이론과 실천 두 방면에 있어 대승불교의 중심사상을 요약하여 나타낸 주요한 논서이다.

6 『마하지관』 제8권(대정장46, p.102c~103a)에 대치관에 대해 다음과 같이 설한다. "소승의 대치관은 다섯 가지가 있다. ①대치對治란 마치 번뇌라는 도

이니, 다음과 같다. 부정관不淨觀은 탐욕을 대치하고, 자심관慈心觀은 성냄을 대치하고, 계분별관界分別觀은 나에 대한 집착을 대치하고, 수식관數息觀[7]은 생각(尋思)이 많은 것을 대치한다. 여기에

> 적을 막기 위하여 담장을 설치하는 것과 같은 것이다. ② 전치轉治란 단지 탐욕을 돌려 다스리기 위하여 부정관을 하는 것과 같아 마땅한 것이 아니다. 반드시 정관淨觀으로 탐욕을 벗어나서, 자비심을 수행하고 깨끗한 법을 염念하여야 안락한 것이다. 성냄이 많은 사람에게 자비관이 아닌 부정관을 가르친다면 이것은 병을 그대로 두고 약을 준 꼴이지만 전치轉治라고 하고 대치對治라고도 한다. ③ 부전치不轉治라는 것은 병을 전환시켜서 다스린다고 하여도 마침내 전환되지 않는 것이다. 이 법을 적절하게 닦아 쓰면 단지 이 다스림으로 돌려 다스리지만 병은 돌려지지 않는 것이기 때문이다. ④ 겸치兼治란 병과 약을 겸하는 것이다. 마치 탐욕에 대하여 부정관과 더불어 자심관을 함께 하는 것이니, 병이 한두 가지인 경우 약도 한두 가지로 겸하는 것이다. ⑤ 구치具治란 이상과 같은 법들을 함께 사용하여 하나의 병을 다스리는 것이다." "대승에서 다스림(治)은 제일의실단第一義悉檀으로 대치한다. 공空, 무생無生 가운데 누가 이것이 번뇌이며, 능치能治인가. 즉 대치할 것도 없고 전환할 것도 없어, 무생이란 하나의 방편으로 모두를 다스리는 것을 말한다."

7 『좌선삼매경』상권(대정장15, p.273a)에 다음과 같이 수식관을 설한다. "[문] 무엇을 수식(數息: ānāpāna smṛti. 阿那般那觀·安那般那念·安般守意·作念入出息)이라고 하는가? [답] 한마음으로 들숨을 생각하고, 들숨이 끝나게 되면 하나를 헤아린다. 날숨이 끝남에 이르면 둘을 헤아린다. 만일 끝나지 않았는데 헤아린다면, 헤아리는 것이 아니다. 만일 둘로부터 아홉에 이르기까지 헤아렸으나 틀렸으면 다시 하나로부터 헤아려 시작한다. 비유컨대 계산하는 사람이 하나와 하나를 둘로 삼고, 둘과 둘을 넷으로 삼으며, 셋과 셋을 아홉으로 삼는 것과 같다. [문] 무슨 까닭에 헤아리는가? [답] 무상관無常觀을 쉽게 얻기 때문이며, 또한 온갖 정신작용(思覺)을 끊어버리고 한마음을 얻기 때문이다. 몸과 마음이 생멸하여 무상함은 서로 비슷하여 서로 이어

서는 이것들을 따로 분별하지 않는다.

둘째는 정관正觀이다. 일체 모든 법은 모두 자기 고유의 성품(自相)이 없으며 아울러 인연으로 생겨난 것이다. 인연은 성품(自性)이 없는 것이니 이것이 곧 실상實相이다. 먼저 관하는 대상(所觀)의 경계가 모두 공空인 것을 알면, 관하는 주체(能觀)인 마음이 자연히 일어나지 않는다. 앞뒤의 문장이 대개 이러한 이치를 말하고 있으니, 청컨대 스스로 자세히 살펴야 한다. 『반주삼매경』[8]의 게송에

지는 것을 보기 어려우나, 들숨과 날숨이 생멸하여 무상함은 쉽게 알고 쉽게 볼 수 있기 때문이다. 또한 마음이 수를 세는 데 묶여 있어 여러 가지 정신작용(思覺)을 차단한다."

8 『**반주삼매경般舟三昧經**』: 후한後漢 때 지루가참支婁迦讖이 3권으로 번역. 부처님이 발타화(Badrapāla: 賢護보살)의 청請에 의하여 설법하는 형식으로 되어 있다. '반주(般舟, pratyutpanna)'라는 것은 '부처님이 나타남(現前)·불립佛立'의 뜻이다. 염불삼매에 의하여 아미타불과 시방제불을 친견할 수 있다고 한다. 공사상이 포함된 초기 정토경전에 해당한다.

『반주삼매경』 상권 「行品」(대정장13, p.905c~906a)에 위 게송과 관련하여 다음의 법문이 나온다. "부처님께서 말씀하시기를 '착하고 착하도다. 발타화여! 그와 같다. 발타화여! 몸이 청정하면 비추어지는 것도 청정하여 부처님을 친견하고자 하면 곧 친견할 수 있다. 부처님을 친견하였을 때 바로 여쭈면 묻는 즉시 대답하실 것이다. 이와 같은 가르침을 듣고 크게 기뻐하여 생각하기를 「부처님은 어디에서 오셨으며, 나는 어디로 갈 것인가.」 또한 스스로 생각하기를 「부처님께서는 온 바가 없고, 나도 갈 바가 없다.」 또한 스스로 생각하기를 「욕계, 색계, 무색계의 삼계는 뜻으로 만들어졌을 뿐이다. 내가 생각하는 대로 본다. 마음이 부처를 만들고 마음이 스스로 보므로 마음이 부처이고 마음이 여래이며 마음이 나의 몸이다. 마음이 부처를 보지만, 마음은 스스로 그 마음을 알지 못하며 스스로 마음을 보지 못한다.

말씀하신 것과 같다.

諸法不牢固　　常在於念中
제 법 불 뢰 고　　상 재 어 념 중

已解見空者　　一切無想念
이 해 견 공 자　　일 체 무 상 념

모든 법은 견고한 것이 아니며

항상 생각 가운데 있다.

이미 공을 이해하고 본 사람에게는

일체의 상념想念이 없다.

2) 마음의 침부沈浮를 다스리기 위하여 지관을 닦음

二 對治心沈浮病修止觀 行者於坐禪時 其心闇塞 無
이 대 치 심 침 부 병 수 지 관　행 자 어 좌 선 시　기 심 암 새 무

記瞪瞢 或時多睡 爾時應當修觀照了 若於坐中其心
기 징 몽　혹 시 다 수　이 시 응 당 수 관 조 료　약 어 좌 중 기 심

마음에 망상(想)이 있는 것을 어리석음이라 하고, 마음에 망상이 없는 것이 열반이라 한다. 이 법은 즐거워할 것도 없다. 모두 망념이 만들어 내는 것이다. 만일 망념이 없어지면 생각하는 자가 있더라도 또한 없는 것을 분명히 알게 된다.」 이와 같이 발타화여! 삼매 중에 있는 보살이 보는 것도 이와 같다.' 부처님께서 게송으로 말씀하셨다.

　마음이 마음을 알지 못하니 마음으로 마음을 보지 못한다.
　마음에 상념을 일으키면 어리석고 망상이 없으면 열반이라네.
　이 법은 견고함이 없어 언제나 생각 속에 자리하나
　공함을 알고 보는 자는 일체 상념이 없다네."

浮動 輕躁不安 爾時應當修止止之 是則略說對治心
부동 경조불안 이시응당수지지지 시즉략설대치심

沈浮病修止觀相 但須善識藥病相對用之 一一不得
침부병수지관상 단수선식약병상대용지 일일부득

於對治有乖僻之失
어대치유괴벽지실

둘째, 마음의 침부(沈浮: 가라앉고 들뜸)의 병을 대치하기 위하여 지관을 닦는 것이다. 수행자가 좌선을 하고 있을 때에 그 마음이 깜깜하게 막히고 무기無記에 빠져 있거나 흐리멍덩하거나, 어떤 때에는 졸음이 많이 온다면, 이때에는 마땅히 관觀을 닦아서 명료하게 비추어 보아야 한다. 만약 좌선 중에 그 마음이 들떠 움직이고 경솔하게 날뛰어 안정되지 못한다면, 이때에는 반드시 지止를 닦아서 이것을 멈추게 해야 한다. 이것이 바로 마음이 침부沈浮의 병을 다스리기 위하여 지관을 닦는 모양을 간략하게 설한 것이다. 다만 마땅히 약藥과 병病의 양상을 잘 알아서 이것을 사용하되 일일이 대치하지 못한다면, 어긋나서 한편으로 치우친 잘못이 있게 된다.

3) 편의에 따라서 지관을 닦음

三 隨便宜修止觀 行者於坐禪時 雖爲對治心沈故 修
삼 수편의수지관 행자어좌선시 수위대치심침고 수

於觀照 而心不明淨 亦無法利 爾時當試修止止之 若
어관조 이심불명정 역무법리 이시당시수지지지 약

於止時 即覺身心安靜 當知宜止 即應用止安心
어 지 시 즉 각 신 심 안 정 당 지 의 지 즉 응 용 지 안 심

셋째, 편의에 따라서 지관을 닦는 것이다. 수행자는 좌선할 때 비록 마음이 무겁게 내려앉는 것을 다스리기 위하여 비추어 봄(觀照)을 닦는다 하더라도, 마음이 밝지도 깨끗하지도 않거나 또한 법法의 이로움이 없으면, 이때에는 마땅히 지止를 닦아서 이것을 멈추도록 한다. 만약 지를 닦을 때 곧 몸과 마음이 안정되고 고요하게 됨을 알아차린다면, 지가 마땅하다는 것을 알아 바로 지를 응용하여 마음을 안정시켜야 한다.

若於坐禪時 雖爲對治心浮動故修止 而心不住 亦無
약 어 좌 선 시 수 위 대 치 심 부 동 고 수 지 이 심 부 주 역 무
法利 當試修觀 若於觀中 卽覺心神明淨 寂然安隱 當
법 리 당 시 수 관 약 어 관 중 즉 각 심 신 명 정 적 연 안 은 당
知宜觀 卽當用觀安心 是則略說隨便宜修止觀相 但
지 의 관 즉 당 용 관 안 심 시 즉 략 설 수 편 의 수 지 관 상 단
須善約便宜修之 則心神安隱 煩惱患息 證諸法門也
수 선 약 편 의 수 지 즉 심 신 안 은 번 뇌 환 식 증 제 법 문 야

만약 수행자가 좌선을 할 때 마음이 들떠 움직이는 것을 다스리기 위하여 지止를 닦는다고 하더라도 마음이 안정되지 않고 또한 법의 이로움이 없다면 마땅히 관觀을 닦아 본다. 만약 관을 닦는 가운데 곧 정신이 맑고 깨끗하여지고 고요하여 안온하게 됨을 알아차린다면, 마땅히 관이 적절하다는 것을 알고, 바로 관을

사용하여 마음을 안정시키도록 한다. 이것이 곧 편의에 따라서 지관을 닦는 양상을 간략히 설한 것이다. 다만 반드시 편의와 잘 관련시켜서 이것을 닦아야 곧 정신이 안온하게 되어 번뇌의 우환이 쉬게 되어 모든 법문을 증득할 것이다.

4) 선정 중에 미세한 마음을 다스리려고 지관을 닦음

四 對治定中細心修止觀 所謂 行者先用止觀對破麤
사 대치정중세심수지관 소위 행자선용지관대파추

亂 亂心旣息 卽得入定 定心細故 覺身空寂 受於快樂
란 난심기식 즉득입정 정심세고 각신공적 수어쾌락

或利便心發 能以細心取於偏邪之理 若不知定心止
혹 리편심발 능이세심취어편사지리 약부지정심지

息虛誑 必生貪著 若生貪著 執以爲實 若知虛誑不實
식허광 필생탐착 약생탐착 집이위실 약지허광부실

卽愛見二煩惱不起 是爲修止
즉애견이번뇌불기 시위수지

넷째, 선정 중에 미세한 마음을 대치하고자 지관을 닦는 것이다. 이른바 수행자가 먼저 지관을 사용하여 거칠고 산란한 것을 깨뜨린다면, 산란한 마음이 이미 쉬어서 곧 선정에 들 수가 있다. 선정 가운데 마음이 미세한 까닭으로 몸이 공하고 고요하여 쾌락을 받는 느낌을 알아차리게 된다. 그러나 혹 이롭고 편함을 바라는 마음이 일어나서 그 미세한 마음으로써 편벽되고 잘못된 이치를 취할 수도 있다. 만약 선정의 마음이 그 거짓된 속임수임을 모른다면 반드시 탐하여 집착을 일으킬 것이다. 만약 (쾌락을 받는 느낌을)

탐하여 집착하면 그것을 실다운 것이라고 고집하게 된다. 만약 그것이 거짓된 속임수이며 진실하지 않다는 것을 안다면 곧 애착과 삿된 견해라는 두 가지 번뇌가 일어나지 않는다. 이것을 '지를 닦는다'고 한다.

雖復修止 若心猶著愛見 結業不息 爾時應當修觀 觀
수 부 수 지 약 심 유 착 애 견 결 업 불 식 이 시 응 당 수 관 관

於定中細心 若不見定中細心 即不執著定見 若不執
어 정 중 세 심 약 불 견 정 중 세 심 즉 부 집 착 정 견 약 부 집

著定見 則愛見煩惱業悉皆摧滅 是名修觀 此則略說
착 정 견 즉 애 견 번 뇌 업 실 개 최 멸 시 명 수 관 차 즉 략 설

對治定中細心修止觀相 分別止觀方法 並同於前 但
대 치 정 중 세 심 수 지 관 상 분 별 지 관 방 법 병 동 어 전 단

以破定見微細之失爲異也
이 파 정 견 미 세 지 실 위 이 야

또 비록 지를 닦더라도 마음에 오히려 애착과 삿된 견해의 번뇌업(結業)이 그치지 않는다면, 이때에는 마땅히 관을 닦아서 선정 중에 미세한 마음을 관해야 한다. 만약 선정 가운데 미세한 마음이 보이지 않는다면 즉 선정 가운데 삿된 견해에 집착하지 않는 것이다. 만약 선정 가운데 삿된 견해에 집착하지 않는다면 곧 애착과 사견 등의 번뇌 업들이 모두 꺾여서 사라진다. 이것을 '관을 닦는다'고 한다. 이것이 곧 선정 중에 미세한 마음을 다스리기 위하여 지관을 닦는 모양을 간략히 설한 것이다. 이 지관의 방법을 분별하는 것은 모두 앞의 설명과 같다. 다만 선정의 삿된 견해인

미세한 잘못(失)을 깨뜨리는 것이 다를 뿐이다.

5) 선정과 지혜를 균등하고 고르게 하기 위하여 지관을 닦음

五 爲均齊定慧修止觀 行者於坐禪中 因修止故 或因
오 위균제정혜수지관 행자어좌선중 인수지고 혹인

修觀而入禪定 雖得入定 而無觀慧 是爲癡定 不能斷
수 관 이입선정 수득입정 이무관혜 시위치정 불능단

結 或觀慧微少 即不能發起眞慧 斷諸結使 發諸法門
결 혹관혜미소 즉불능발기진혜 단제결사 발제법문

爾時應當修觀破析 則定慧均等 能斷結使 證諸法門
이 시 응 당 수 관 파 석   즉 정 혜 균 등   능 단 결 사   증 제 법 문

다섯째, 선정과 지혜를 균등하고 고르게 하기 위하여 지관을 닦는 것이다. 수행자는 좌선 중에 지를 닦음으로 인하여, 또는 관을 닦음으로 인하여 선정에 들어가는데, 비록 정定에 들어갈 수가 있다 하더라도 '관하는 지혜(觀慧)'가 없을 수도 있다. 만약 '관하는 지혜'가 없다면 이것은 어리석은 정(痴定)⁹이어서 번뇌를 끊을

---

9 『최묘승정경』(속장경, 장외불교문헌 제1책, p.344a). "부처님이 선정의 공덕을 찬양하자, 아난존자와 같이 많이 들음(多聞)을 공부하던 여러 비구들이 많이 들음을 버리고 선정을 닦겠다고 하였다. 부처님이 말씀하시기를 '여러 비구들이여, 그런 말을 하지 말라. 내가 보기에 너희들의 지혜는 모기 날개와 같으면서도 해와 달을 가리려고 하는 것과 같고, 너희들은 장님과 같은데 수미산을 오르려고 하는 것과 같으며, 뛰어난 배가 없이 대해를 건너려고 하는 것과 같고, 날개 부러진 새가 허공을 나르려고 하는 것과 같다. …… 좋은 약이 있으니 관제사입觀除入捨이니라. 첫 번째 마음은 관觀으로 하고, 두 번째 마음은 일어나는 것을 제除하며, 세 번째 마음은 일어나는

수 없다. 혹 '관하는 지혜'가 아주 적다면(微少) 곧 참된 지혜를 일으켜 모든 번뇌의 부림(結使)을 끊고 모든 법문을 일으킬 수가 없다. 이때는 마땅히 관을 닦아서 번뇌를 깨뜨려야 한다. 그러면 곧 선정과 지혜가 균등하게 되어 능히 번뇌의 부림을 끊고 모든 법문을 증득할 수 있다.

行者於坐禪時 因修觀故 而心豁然開悟 智慧分明 而
행 자 어 좌 선 시 인 수 관 고 이 심 활 연 개 오 지 혜 분 명 이
定心微少 心則動散 如風中燈 照物不了 不能出離生
정 심 미 소 심 즉 동 산 여 풍 중 등 조 물 불 료 불 능 출 리 생
死 爾時應當復修於止 以修止故 則得定心 如密室中
사 이 시 응 당 부 수 어 지 이 수 지 고 즉 득 정 심 여 밀 실 중
燈 則能破暗 照物分明 是則略說均齊定慧二法修止
등 즉 능 파 암 조 물 분 명 시 즉 략 설 균 제 정 혜 이 법 수 지
觀也
관 야

만약 수행자가 좌선할 때 관을 닦음으로 인하여, 마음이 활짝 열려 깨달아서 지혜가 분명하여도 선정의 마음이 아주 적으면, 곧 마음이 움직이고 흩어진다. 마치 바람 속에 있는 등불이 물건을 비추되 명료하지 않은 것과 같아서 능히 생사를 벗어날 수 없다. 이때에는 마땅히 다시 지를 닦아야 한다. 지를 닦음으로써 곧

것에 들어가고, 네 번째 마음은 일어나는 것을 버린다고 한다. 초선은 관이 되고 제2선은 제除함이 되며, 제3선은 들어가는(入) 것이고, 제4선은 버리는 (捨) 것이라고 한다.'" 제3장 각주 11, 제7장 각주 4 '선정의 단계' 참조.

선정의 마음을 얻으면 마치 밀실 속의 등불과 같아서 능히 어둠을 깨뜨리고 물건을 분명하게 비출 수가 있다. 이것이 곧 선정과 지혜의 두 가지 법을 균등하고 고르게 하기 위하여 지관을 닦는 모습을 간략히 설한 것이다.

行者若能如是於端身正坐之中 善用此五番修止觀意
행자약능여시어단신정좌지중 선용차오번수지관의
取捨不失其宜 當知是人善修佛法 能善修故 必於一
취사불실기의 당지시인선수불법 능선수고 필어일
生不空過也
생불공과야

수행자가 만약 이와 같이 능히 몸을 단정히 하고 바르게 좌선하는 가운데 다섯 차례의 지관을 닦는 뜻을 잘 사용하여, 취하거나 버리는 것이 그 적절함을 잃지 않는다면, 마땅히 알라. 이 사람은 불법을 훌륭하게 닦는 것이며, 훌륭하게 닦을 수 있기에 기필코 일생을 헛되이 보내지 않을 것이다.

2. 일상생활을 겪으면서 지관을 닦음(歷緣對境修止觀)

復次 第二 明歷緣對境修止觀者 端身常坐 乃爲入道
부차 제이 명력연대경수지관자 단신상좌 내위입도
之勝要 而有累之身 必涉事緣 若隨緣對境而不修習
지승요 이유루지신 필섭사연 약수연대경이불수습

止觀 是則修心有間絶 結業觸處而起 豈得疾與佛法
지관 시즉수심유간절 결업촉처이기 기득질어불법

相應 若於一切時中 常修定慧方便 當知是人必能通
상응 약어일체시중 상수정혜방편 당지시인필능통

達一切佛法
달일체불법

둘째, 연(緣: 일상의 생활환경)을 겪고 경계를 대하면서 지관을 닦는 것을 밝힌다. 몸을 단정히 하여 항상 좌선하는 것이 선정(道)에 들어가는 데 뛰어난 요점이긴 하지만, 여러 가지 얽힌 것이 있는 몸은 반드시 현실적인 생활환경의 연緣을 겪기 마련이다. 만약 연에 따라 (여러 가지) 경계를 대할 때 지관을 닦아 익히지 않는다면 이것은 곧 닦는 마음에 틈이 생겨 번뇌의 업들이 닿는 곳마다 일어날 것이니, 어찌 신속히 불법과 상응할 수 있을 것인가. 만약 어느 때에 있어서나 항상 선정과 지혜의 방편을 닦는다면, 마땅히 알라. 이 사람은 반드시 모든 불법에 능히 통달할 것이다.

1) 여섯 가지 연緣을 겪으면서 지관을 닦음(歷緣修止觀)

云何名歷緣修止觀 所言緣者 謂六種緣 一行 二住 三
운하명력연수지관 소언연자 위육종연 일행 이주 삼

坐 四臥 五作作 六言語 云何名對境修止觀 所言境者
좌 사와 오작작 육언어 운하명대경수지관 소언경자

謂六塵境 一眼對色 二耳對聲 三鼻對香 四舌對味
위육진경 일안대색 이이대성 삼비대향 사설대미

五身對觸 六意對法 行者約此十二事中修止觀故 名
오신대촉 육의대법 행자약차십이사중수지관고 명

爲歷緣對境修止觀也
위 력 연 대 경 수 지 관 야

어떤 것을 연緣을 겪으면서 지관을 닦는다고 하는가. 이른바 연이란 여섯 가지의 연을 말한다. 첫째는 가는 것(行), 둘째는 머무는 것(住), 셋째는 앉는 것(坐), 넷째는 눕는 것(臥), 다섯째는 일하는 것(作作), 여섯째는 말을 하는 것(言語)이다. 어떤 것을 '경계를 대할 때 지관을 닦는다'고 하는가. 이른바 경계라는 것은 육진六塵 경계를 말하는 것이다. 첫째는 눈이 형색을 대하는 것, 둘째는 귀가 소리를 대하는 것, 셋째는 코가 냄새를 대하는 것, 넷째는 혀가 맛을 대하는 것, 다섯째는 몸이 촉감을 대하는 것, 여섯째는 마음(意)이 법을 대하는 것이다. 수행자가 대략 이 열두 가지의 일 가운데에서 지관을 닦는 까닭에 '연을 겪으면서 경계에 대할 때 지관을 닦는다'고 하는 것이다

① 길을 갈 때(行時)

一 行者 若於行時 應作是念 我今爲何等事欲行 爲煩
일 행자 약어행시 응작시념 아금위하등사욕행 위번

惱所使 及不善無記事行 卽不應行 若非煩惱所使 爲
뇌소사 급불선무기사행 즉불응행 약비번뇌소사 위

善利益如法事卽應行 云何行中修止 若於行時 卽知
선리익여법사즉응행 운하행중수지 약어행시 즉지

因於行故 則有一切煩惱善惡等法 了知行心及行中
인어행고 즉유일체번뇌선악등법 요지행심급행중

一切法 皆不可得 則妄念心息 是名修止
일 체 법　개 불 가 득　즉 망 념 심 식　시 명 수 지

첫째, 길을 갈 때 닦는 것이다. 만약 수행자가 길을 가고 있는 때는 마땅히 이러한 생각을 해야 한다. '나는 지금 무슨 일 때문에 가려고 하는가. 번뇌에 부림(使)을 받기 때문이거나, 착하지 않은 일이나, 좋지도 나쁘지도 않은 일 때문이라면 마땅히 가지 말아야 한다. 번뇌의 부림이 아니고 착한 일, 여법하게 이익되는 일이라면 마땅히 가야 한다.'

무엇을 '가는 가운데 지止를 닦는다'고 하는가. 만약 가고 있는 때라면 가는 것으로 인한 까닭에 곧 모든 번뇌와 선악 등의 법이 있다는 것을 곧 안다. 그러나 가는 마음과 가는 행위 가운데 일체 어떤 법도 얻을 것이 없는 것을 분명히 알면 곧 망념의 마음이 쉰다. 이것을 '지를 닦는다'고 한다.

云何行中修觀 應作是念 由心動身 故有進趣 名之爲
운 하 행 중 수 관　응 작 시 념　유 심 동 신　고 유 진 취　명 지 위

行 因此行故 則有一切煩惱善惡等法 即當反觀行心
행　인 차 행 고　즉 유 일 체 번 뇌 선 악 등 법　즉 당 반 관 행 심

不見相貌 當知行者及行中一切法 畢竟空寂 是名修
불 견 상 모　당 지 행 자 급 행 중 일 체 법　필 경 공 적　시 명 수

觀
관

무엇을 '가는 가운데 관觀을 닦는다'고 하는가. 마땅히 이러한

생각을 해야 한다. '마음에 의하여 몸이 움직이는 까닭에 나아감이 있으며 이것을 이름하여 가는 것이라고 한다. 이 가는 것으로 인하여 모든 번뇌와 선악 등의 법이 있다. 그러나 돌이켜서 가는 마음을 관하여도 그 가는 모습이 보이지 않는다. 마땅히 알라. 가는 이와 가는 행위 가운데 모든 법은 필경 공적空寂한 것이다.' 이것을 '관을 닦는다'고 한다.

② 머물 때 (住時)

二 住者 若於住時 應作是念 我今爲何等事欲住 若爲
이 주자 약어주시 응작시념 아금위하등사욕주 약위

諸煩惱及不善無記事住 卽不應住 若爲善利益事 卽
제번뇌급불선무기사주 즉불응주 약위선리익사 즉

應住云何住中修止 若於住時 卽知 因於住故 則有一
응주운하주중수지 약어주시 즉지 인어주고 즉유일

切煩惱善惡等法 了知住心及住中一切法 皆不可得
체번뇌선악등법 요지주심급주중일체법 개불가득

則妄念心息 是名修止
즉망념심식 시명수지

둘째, 머물고 있을 때 닦는 것이다. 머무르고 있을 때 수행자는 마땅히 이러한 생각을 해야 한다. '나는 지금 어떠한 일을 위하여 머물러 있으려고 하는가. 만약 모든 번뇌와 착하지 않은 일, 착하지도 악하지도 않은 일 때문이라면 즉시 머무르지 말아야 한다. 만약 착한 일이거나 이익되는 일을 위한다면 곧 머물러 있어야 한다.'

무엇을 '머무르는 가운데 지止를 닦는다'고 하는가. 만약 머무르고 있을 때라면 머무름으로 인하여 바로 일체 번뇌와 선악 등의 법이 있다. 그러나 마음이 머무름과 머무름 가운데 있어 일체 어떠한 법도 모두 얻을 것이 없음을 분명히 알면 곧 망념의 마음이 쉰다. 이것을 '지를 닦는다'고 한다.

云何住中修觀 應作是念 由心駐身 故名爲住 因此住
운 하 주 중 수 관 응 작 시 념 유 심 주 신 고 명 위 주 인 차 주
故 則有一切煩惱善惡等法 則當反觀住心 不見相貌
고 즉 유 일 체 번 뇌 선 악 등 법 즉 당 반 관 주 심 불 견 상 모
當知住者及住中一切法 畢竟空寂 是名修觀
당 지 주 자 급 주 중 일 체 법 필 경 공 적 시 명 수 관

무엇을 '머무르고 있는 가운데 관觀을 닦는다'고 하는가. 마땅히 이러한 생각을 해야 한다. '마음이 몸에 머무름으로 말미암아 머문다고 하며, 이로 인하여 일체 번뇌와 모든 선악 등의 법이 존재한다. 그러나 돌이켜서 머무르고 있는 마음을 관하면 그 머무르는 모습이 보이지 않는다. 마땅히 알라. 머무는 이와 머무는 가운데의 모든 법은 필경 공적한 것이다.' 이것을 '관을 닦는다'고 한다.

③ 앉아 있을 때(坐時)

三 坐者 若於坐時 應作是念 我今爲何等事欲坐 若爲
삼 좌 자 약 어 좌 시 응 작 시 념 아 금 위 하 등 사 욕 좌 약 위

諸煩惱及不善無記事等 卽不應坐 爲善利益事 則應
제 번뇌 급 불선 무기 사 등   즉 불 응 좌   위 선 리 익 사   즉 응

坐云何坐中修止 若於坐時 則當了知因於坐故 則有
좌 운 하 좌 중 수 지   약 어 좌 시   즉 당 료 지 인 어 좌 고   즉 유

一切煩惱善惡等法 而無一法可得 則妄念不生 是名
일 체 번뇌 선악 등 법   이 무 일 법 가 득   즉 망 념 불 생   시 명

修止
수 지

셋째, 앉아 있을 때 닦는 것이다. 만약 앉아 있을 때에는 마땅히 이러한 생각을 해야 한다. '나는 지금 무슨 일 때문에 앉아 있으려고 하는가. 만약 번뇌에 부림을 받기 때문이거나, 내지 착하지 않은 일이나 착하지도 악하지도 않은 일 때문이라면 마땅히 앉지 말아야 한다. 착한 일, 이익되는 일이라면 마땅히 앉아야 한다.'

무엇을 '앉아 있는 가운데 지止를 닦는다'고 하는가. 만약 앉아 있는 때라면, 앉아 있음으로 인하여 곧 모든 번뇌와 선악 등의 법이 있지만 거기에는 하나의 법도 얻을 것이 없음을 확실히 알면 곧 망념이 일어나지 않는다. 이것을 '지를 닦는다'고 한다.

云何坐中修觀 應作是念 由心所念 疊脚安身 因此則
운 하 좌 중 수 관   응 작 시 념   유 심 소 념   누 각 안 신   인 차 즉

有一切善惡等法 故名爲坐反觀坐心 不見相貌 當知
유 일체 선악 등 법   고 명 위 좌 반 관 좌 심   불 견 상 모   당 지

坐者及坐中一切法 畢竟空寂 是名修觀
좌 자 급 좌 중 일 체 법   필 경 공 적   시 명 수 관

무엇을 '앉아 있는 가운데 관觀을 닦는다'고 하는가. 마땅히 이러한 생각을 해야 한다. '마음에 의하여 생각이 이루어지고 다리를 포개 겹치고 앉아 몸을 안정시킨다. 이로 인하여 일체 선악 등의 법이 있는 까닭에 이것을 앉는 것이라 한다. 그러나 도리어 앉아 있는 마음을 관하여도 그 앉아 있는 모습이 보이지 않는다. 마땅히 알라. 앉는 이와 앉는 행위 가운데 일체 모든 법은 필경 공적한 것이다.' 이것을 '관을 닦는다'고 한다.

④ 누울 때(臥時)

四 臥者 於臥時 應作是念 我今爲何等事欲臥 若爲不
사 와자 어와시 응작시념 아금위하등사욕와 약위불

善放逸等事 則不應臥 若爲調和四大故臥 則應如師
선방일등사 즉불응와 약위조화사대고와 즉응여사

子王臥云何臥中修止 若於寢息 則當了知 因於臥故
자왕와운하와중수지 약어침식 즉당료지 인어와고

則有一切善惡等法 而無一法可得 則妄念不起 是名
즉유일체선악등법 이무일법가득 즉망념불기 시명

修止
수지

넷째, 누울 때 닦는 것이다. 누울 때에 있어서 마땅히 이러한 생각을 해야 한다. '나는 지금 무슨 일 때문에 누우려고 하는가. 만약 착하지 않은 일이나 게으름 등의 일 때문이라면 마땅히 눕지 말아야 한다. 만약 사대四大를 조화하기 위한 것이라면 마땅

히 누워야 한다. 누울 때에는 반드시 짐승의 왕인 사자와 같이 누워라.'

무엇을 '누워 있는 가운데 지止를 닦는다'고 하는가. 만약 누워 쉴 때라면 누워 잠으로 인하여 곧 모든 선이나 악 등의 법이 있다. 그러나 거기에는 하나의 법도 얻을 것이 없음을 확실히 알면 곧 망념이 쉬어 일어나지 않는다. 이것을 '지를 닦는다'고 한다.

云何臥中修觀 應作是念 由於勞乏 卽便昏闇 放縱六
운 하 와 중 수 관 응 작 시 념 유 어 로 핍 즉 변 혼 암 방 종 육
情 因此則有一切煩惱善惡等法 卽當反觀臥心 不見
정 인 차 즉 유 일 체 번 뇌 선 악 등 법 즉 당 반 관 와 심 불 견
相貌 當知臥者及臥中一切法 畢竟空寂 是名修觀
상 모 당 지 와 자 급 와 중 일 체 법 필 경 공 적 시 명 수 관

무엇을 '누워 있는 가운데 관觀을 닦는다'고 하는가. 마땅히 이러한 생각을 해야 한다. '마음이 피로하고 지침으로 말미암아 곧 어둡고 캄캄하여 육근(六情)을 방종하게 하고, 이로 인하여 일체 번뇌와 모든 선악 등의 법이 있다. 그러나 돌이켜서 눕는 마음을 관하여도 그 누운 모습은 보이지 않는다. 마땅히 알라. 눕는 이와 눕는 행위 자체 가운데, 모든 법은 필경 공적한 것이다.' 이것을 '관을 닦는다'고 한다.

⑤ 일을 할 때(作時)

五 作者 若作時 應作是念 我今爲何等事 欲如此作
오 작자 약작시 응작시념 아금위하등사 욕여차작

若爲不善無記等事 卽不應作 若爲善利益事 卽應作
약위불선무기등사 즉불응작 약위선리익사 즉응작

云何名作中修止 若於作時 卽當了知 因於作故 則有
운하명작중수지 약어작시 즉당료지 인어작고 즉유

一切善惡等法 而無一法可得 則妄念不起 是名修止
일체선악등법 이무일법가득 즉망념불기 시명수지

다섯째, 일을 할 때 닦는 것이다. 만약 일을 할 때에 있어서 마땅히 이러한 생각을 해야 한다. '나는 지금 무슨 일 때문에 이 일을 하려고 하는가. 만약 착하지 않은 일이나 착하지도 악하지도 않은 일 때문이라면 마땅히 하지 말아야 한다. 만약 선한 일이나 이익이 되는 일을 위한 것이라면 마땅히 일을 하여야 한다.'

무엇을 '일을 하는 가운데 지止를 닦는다'고 하는가. 만약 일을 할 때라면, 일을 함으로 인하여 곧 모든 선악 등의 법이 있다. 그러나 거기에는 하나의 법도 얻을 것이 없음을 확실히 알면 곧 망념이 쉬어 일어나지 않는다. 이것을 '지를 닦는다'고 한다.

云何名作時修觀 應作是念 由心運於身手 造作諸事
운하명작시수관 응작시념 유심운어신수 조작제사

因此則有一切善惡等法 故名爲作反觀作心 不見相
인차즉유일체선악등법 고명위작반관작심 불견상

貌 當知作者及作中一切法 畢竟空寂 是名修觀
모 당지작자급작중일체법 필경공적 시명수관

무엇을 '일을 하는 가운데 관(觀)을 닦는다'고 하는가. 마땅히 이러한 생각을 해야 한다. '마음이 몸과 손을 움직여서 모든 일을 하는 것이니, 이로 인하여 모든 선악 등의 법이 있으며, 이것을 일을 하는 것이라 한다. 그러나 돌이켜서 일을 하는 마음을 관하여도 그 일하는 모습이 보이지 않는다. 마땅히 알라. 일을 하는 이와 일 자체 가운데 모든 법은 필경 공적한 것이다.' 이것을 '관을 닦는다'고 한다.

⑥ 말을 할 때(語時)

六 語者 若於語時 應作是念 我今爲何等事欲語 若隨
육 어자 약어어시 응작시념 아금위하등사욕어 약수

諸煩惱 爲論說不善無記等事而語 即不應語 若爲善
제번뇌 위론설불선무기등사이어 즉불응어 약위선

利益事 即應語云何名語中修止 若於語時 即知因此
이익사 즉응어운하명어중수지 약어어시 즉지인차

語故 則有一切煩惱善惡等法 了知語心及語中 一切
어고 즉유일체번뇌선악등법 요지어심급어중 일체

煩惱善不善法 皆不可得 則妄念心息 是名修止
번뇌선불선법 개불가득 즉망념심식 시명수지

여섯째, 말을 할 때 닦는 것이다. 만약 말을 하려고 할 때에 있어서 마땅히 이런 생각을 해야 한다. '나는 지금 무슨 일 때문에 말을 하려고 하는가. 모든 번뇌를 따르기 때문이거나, 착하지 않은 일이나 착하지도 나쁘지도 않은 일 등의 논란을 위해서라면 마땅히

말하지 말아야 한다. 만약 착한 일, 이익되는 일을 위한 것이라면 마땅히 말해야 한다.'

무엇을 '말하는 가운데 지止를 닦는다'고 하는가. 만약 말할 때, 이 말을 함으로 인하여 곧 모든 선이나 악 등의 법이 있다. 그러나 말하는 마음과 말 가운데 일체 번뇌와 선악 등의 법이 모두 얻을 것이 없음을 확실히 알면 곧 망념의 마음이 쉬게 된다. 이것을 '지를 닦는다'고 한다.

云何語中修觀 應作是念 由心覺觀 鼓動氣息 衝於咽
운 하 어 중 수 관 응 작 시 념 유 심 각 관 고 동 기 식 충 어 인

喉脣舌齒齶 故出音聲語言 因此語故 則有一切善惡
후 순 설 치 악 고 출 음 성 어 언 인 차 어 고 즉 유 일 체 선 악

等法 故名爲語反觀語心 不見相貌 當知語者及語中
등 법 고 명 위 어 반 관 어 심 불 견 상 모 당 지 어 자 급 어 중

一切法 畢竟空寂 是名修觀
일 체 법 필 경 공 적 시 명 수 관

무엇을 '말하는 가운데 관觀을 닦는다'고 하는가. 말을 하려고 할 때 마땅히 이러한 생각을 해야 한다. '숨을 쉬며 말하는 움직임을 마음으로 자세히 관찰하면, 호흡을 고동시켜 인후咽喉, 입술, 혀, 치아, 잇몸에 공기를 부딪치게 함으로 말미암아 음성을 내어 말을 하게 된다. 이 말함으로 인하여 모든 선악 등의 법이 있으므로 말을 하는 것이라 한다. 그러나 돌이켜서 말하는 마음을 관하여도 그 말하는 모습은 보이지 않는다. 마땅히 알라. 말하는 이와 말

가운데 모든 법은 필경 공적한 것이다.' 이것을 '관을 닦는다'고 한다.

如上六義修習止觀 隨時相應用之 一一皆有前五番
여상육의수습지관 수시상응용지 일일개유전오번
修止觀意 如上所說
수지관의 여상소설

위와 같은 여섯 가지 행위에 지관을 닦아 익혀서 수시로 이것과 상응하여 쓰는 것이다. 하나하나 앞의 다섯 번 지관을 닦는 뜻은 위에 설한 바와 같다.

ㄹ) 육근의 문 가운데 지관을 닦음(六根門中修止觀)

次 六根門中修止觀者
차 육근문중수지관자

다음은 육근의 문 가운데 지관을 닦는 것을 말하겠다.

① 눈이 형색을 볼 때(眼見色時)

一 眼見色時修止者 隨見色時 如水中月 無有定實 若
일 안견색시수지자 수견색시 여수중월 무유정실 약
見順情之色 不起貪愛 若見違情之色 不起瞋惱 若見
견순정지색 불기탐애 약견위정지색 불기진뇌 약견
非違非順之色 不起無明及諸亂想 是名修止
비위비순지색 불기무명급제란상 시명수지

첫째, '눈이 형색(色)을 볼 때에 지止를 닦는다'고 하는 것은, 형색을 보는 때마다 마치 '물속의 달과도 같이 정해진 실체가 없는 것이다. 만약 뜻에 맞는 형색을 보더라도 탐욕과 애착을 일으키지 않고, 뜻에 맞지 않는 형색을 보더라도 성을 내거나 번뇌를 일으키지 않으며, 뜻에 맞지 않는 것도 아니고 뜻에 맞는 것도 아닌 형색을 보더라도 무명과 여러 가지 산란한 생각을 일으키지 않으면 이것을 '지를 닦는다'고 한다.

云何名眼見色時修觀 應作是念 隨有所見 即相空寂
운 하 명 안 견 색 시 수 관 응 작 시 념 수 유 소 견 즉 상 공 적
所以者何 於彼根塵空明之中 各無所見 亦無分別 和
소 이 자 하 어 피 근 진 공 명 지 중 각 무 소 견 역 무 분 별 화
合因緣 出生眼識 次生意識 即能分別種種諸色 因此
합 인 연 출 생 안 식 차 생 의 식 즉 능 분 별 종 종 제 색 인 차
則有一切煩惱善惡等法 即當反觀念色之心 不見相
즉 유 일 체 번 뇌 선 악 등 법 즉 당 반 관 념 색 지 심 불 견 상
貌 當知見者及一切法 畢竟空寂 是名修觀
모 당 지 견 자 급 일 체 법 필 경 공 적 시 명 수 관

무엇을 '눈이 형색을 볼 때에 관觀을 닦는다'고 하는가. 마땅히 이러한 생각을 하여야 한다. '눈에 보이는 것이 있을 때마다 즉 보이는 모양은 텅 비어 공적한 것이다. 무슨 까닭인가. 저 안근眼根과 색진色塵이 텅 비고 밝은 가운데 보이는 것도 없고 또한 분별하는 것도 없다. 인연이 화합하여 안식眼識[10]이 생기고, 안식을 인연으

---

10 『대반열반경』 제35권 「憍陳如品」(대정장12, p.843c). "중생의 의식意識도 그와 같아서, 눈을 인하고 색을 인하고 밝음을 인하고 욕欲을 인한 것을 안식

로 의식이 생기며, 이 의식이 능히 갖가지 형색을 분별한다. 이로 인하여 일체 번뇌와 선악 등의 법이 있으나, 돌이켜서 마땅히 형색을 생각(念)하는 마음을 관하면 그 모양이 보이지 않는다. 마땅히 알라. 본다는 것과 일체 모든 법은 필경 공적한 것이다.' 이것을 '관11을 닦는다'고 한다.

② 귀가 소리를 들을 때(耳聞聲時)
二 耳聞聲時修止者 隨所聞聲 卽知聲如響相 若聞順
이 이문성시수지자 수소문성 즉지성여향상 약문순

眼識이라 한다. 선남자여, 이 안식은 눈에 있지 않고, 내지 욕에 있지 않다. 네 가지가 화합하여서 이 식이 생긴 것이며, 내지 의식도 또한 그와 같다. 만일 이 인연이 화합하여 지혜가 생겼으면, 마땅히 보는 것이 나다, 내지 촉觸하는 것이 나라고 말하지 않을 것이다. 선남자여, 그러므로 내가 말하기를 안식이나 내지 의식이나 모든 법이 모두 환幻이라 한다. 어찌하여 환이라 하는가. 본래 없던 것이 지금 있고, 이미 있다가도 도로 없어지는 까닭이다(衆生意識亦復如是 因眼因色因明因欲名爲眼識 善男子 如是眼識不在眼中乃至欲中 四事和合故生是識 乃至意識亦復如是 若是因緣和合故生智 不應說見卽是我乃至觸卽是我 善男子 是故我說眼識乃至意識一切諸法卽是幻也 云何如幻 本無今有已有還無)."

11 『마하지관』 제8권(대정장46, p.104a). "어떤 때에 탐욕의 본말 인연을 관하되 몇 가지는 이것이 병이고, 몇 가지는 이것이 약이다. (『화엄경』에 나오는) 바수밀다(Vasumitra. 和須密多, 世友라는 뜻) 여인과 같은 이는 이욕離欲의 극한(際)에서 중생을 도탈시켰던 것이니, 이와 같이 관할 때 갑자기 트여서 생사를 떠나게 된다. 이것을 '부조不調에 머무르면서 이익을 얻음'이라고 한다(或時縱心觀此貪欲本末因緣 幾種是病幾種是藥 如和須蜜多入離欲際 度脫衆生 作是觀時豁出生死 是名住不調得益)."

情之聲 不起愛心 違情之聲 不起瞋心 非違非順之聲
정 지 성 불 기 애 심 위 정 지 성 불 기 진 심 비 위 비 순 지 성

不起分別心 是名修止
불 기 분 별 심 시 명 수 지

두 번째, '귀가 소리를 들을 때에 지止를 닦는다'는 것은, 소리가 들릴 때마다 곧 소리는 산울림과 같은 것임을 아는 것이다. 만약 뜻에 맞는 소리를 듣더라도 탐욕과 애착을 일으키지 않고, 뜻에 맞지 않는 소리를 듣더라도 성내는 마음을 일으키지 않으며, 뜻에 맞는 것도 아니고 맞지 않은 것도 아닌 소리를 듣더라도 분별심을 일으키지 않으면 이것을 '지를 닦는다'고 한다.

云何聞聲中修觀 應作是念 隨所聞聲 空無所有 但從
운 하 문 성 중 수 관 응 작 시 념 수 소 문 성 공 무 소 유 단 종

根塵和合 生於耳識 次意識生 强起分別 因此卽有一
근 진 화 합 생 어 이 식 차 의 식 생 강 기 분 별 인 차 즉 유 일

切煩惱善惡等法 故名聞聲 反觀聞聲之心 不見相貌
체 번 뇌 선 악 등 법 고 명 문 성 반 관 문 성 지 심 불 견 상 모

當知聞者及一切法 畢竟空寂 是名爲觀
당 지 문 자 급 일 체 법 필 경 공 적 시 명 위 관

무엇을 '소리를 들을 때에 관觀을 닦는다'고 하는가. 마땅히 이러한 생각을 하여야 한다. '소리를 들을 때마다 그것은 공하며 있는 것이 아니고, 다만 이근耳根과 성진聲塵이 화합하여 이식耳識이 생기고, 그 다음으로 의식이 생겨 강하게 분별이 일어난다. 이로 인하여 일체 번뇌와 모든 선악 등의 법이 있게 되니, 따라서 이름하

여 들음(聞)이라 한다. 그러나 돌이켜서 소리를 듣는 마음을 관하면 그 모양이 보이지 않는다. 마땅히 알라. 듣는다는 것과 모든 법은 필경 공적한 것이다.' 이것을 '관을 닦는다'고 한다.

③ 코가 냄새를 맡을 때(鼻嗅香時)

三 鼻嗅香時修止者 隨所聞香 即知如焰不實 若聞順
삼 비후향시수지자 수소문향 즉지여염부실 약문순

情之香 不起著心 違情之臭 不起瞋心 非違非順之香
정지향 불기착심 위정지취 불기진심 비위비순지향

不生亂念 是名修止
불생난념 시명수지

세 번째, '코가 냄새를 맡을 때에 지止를 닦는다'는 것은, 냄새를 맡을 때마다 곧 냄새는 아지랑이처럼 정한 실체가 없는 것을 아는 것이다. 만약 마음에 드는 좋은 향기를 맡더라도 탐욕과 애착을 일으키지 않으며, 마음에 들지 않는 냄새를 맡더라도 성을 내거나 번뇌를 일으키지 않고, 마음에 드는 것도 아니고 들지 않는 것도 아닌 향기를 맡더라도 어지러운 상념을 일으키지 않으면 이것을 '지를 닦는다'고 한다.

云何名聞香中修觀 應作是念 我今聞香 虛誑無實 所
운하명문향중수관 응작시념 아금문향 허광무실 소

以者何 根塵合故 而生鼻識 次生意識 強取香相 因此
이자하 근진합고 이생비식 차생의식 강취향상 인차

則有一切煩惱善惡等法 故名聞香 反觀聞香之心 不
즉유일체번뇌선악등법 고명문향 반관문향지심 불

見相貌 當知聞香及一切法 畢竟空寂 是名修觀
견상모 당지문향급일체법 필경공적 시명수관

무엇을 '냄새를 맡는 가운데에 관觀을 닦는다'고 하는가. 마땅히 이러한 생각을 하여야 한다. '내가 지금 맡고 있는 냄새는 거짓이며 실다움이 없으니, 그 까닭은 무엇인가. 비근鼻根과 향진香塵이 화합하여 비식鼻識이 생겨나고, 다음에 의식이 생겨나 강하게 냄새의 모양을 취하게 된다. 이로 인하여 일체 번뇌와 모든 선악 등의 법이 있게 되고, 따라서 이름하여 냄새를 맡는다고 한다. 그러나 돌이켜서 냄새 맡는 마음을 관하면 그 모양이 보이지 않는다. 마땅히 알라. 냄새를 맡는다는 것과 모든 법은 필경 공적한 것이다.' 이것을 '관을 닦는다'고 한다.

④ 혀가 맛을 볼 때(舌受味時)

四 舌受味時修止者 隨所受味 即知如於夢幻中得味
사 설수미시수지자 수소수미 즉지여어몽환중득미

若得順情美味 不起貪著 違情惡味 不起瞋心 非違非
약득순정미미 불기탐착 위정악미 불기진심 비위비

順之味 不起分別意想 是名修止
순지미 불기분별의상 시명수지

네 번째, '혀가 맛을 볼 때에 지止를 닦는다'는 것은, 맛을 볼 때마다 곧 꿈속에서 맛을 얻는 것과 같음을 아는 것이다. 만약 입에 맞는 뛰어난 맛이라도 탐욕과 애착을 일으키지 말 것이며, 입에 맞지 않고 나쁘게 느껴지는 맛을 보더라도 성내는 마음을 일으키지 않고, 입에 맞는 것도 아니고 입에 맞지 않는 것도 아닌 맛이라도 분별하거나 기억하여 생각을 일으키지 않으면 이것을 '지를 닦는다'고 한다.

云何名舌受味時修觀 應作是念 今所受味 實不可得
운하명설수미시수관 응작시념 금소수미 실불가득

所以者何 內外六味 性無分別 因內舌根和合 則舌識
소이자하 내외육미 성무분별 인내설근화합 즉설식

生 次生意識 強取味相 因此則有一切煩惱善惡等法
생 차생의식 강취미상 인차즉유일체번뇌선악등법

反觀緣味之識 不見相貌 當知受味者及一切法 畢竟
반관연미지식 불견상모 당지수미자급일체법 필경

空寂 是名修觀
공적 시명수관

무엇을 '혀가 맛을 볼 때 관觀을 닦는다'고 하는가. 마땅히 이러한 생각을 하여야 한다. '지금 느끼고 있는 맛은 그 실체를 얻을 수 없는 것이다. 무슨 까닭인가. 안팎의 여섯 가지 맛(六味: 쓰고, 시고, 달고, 맵고, 짜고, 싱거운 맛)은 그 본성 자체가 분별이 없으며, 내부의 설근舌根과 화합함으로 인하여 곧 설식舌識이 생기고, 다음에 의식이 생겨나 강하게 맛의 모양을 취하게 된다. 이로 인하여 일체 번뇌와 모든 선악 등의 법이 있게 된다. 그러나 돌이켜서 맛을 연하는 식(舌識)을 관하면 그 모양이 보이지 않는다.

마땅히 알라. 맛을 느끼는 것과 모든 법은 필경 공적한 것이다.'
이것을 '관을 닦는다'고 한다.

⑤ **몸이 촉감을 느낄 때**(身受觸時)

五 身受觸時修止者 隨所覺觸 即知如影 幻化不實 若
오 신수촉시수지자 수소각촉 즉지여영 환화부실 약

受順情樂觸 不起貪著 若受違情苦觸 不起瞋惱 受非
수순정락촉 불기탐착 약수위정고촉 불기진뇌 수비

違非順之觸 不起憶想分別 是名修止
위비순지촉 불기억상분별 시명수지

다섯 번째, '몸이 촉감을 느낄 때에 지止를 닦는다'는 것은, 촉감을 느낄 때마다 마치 허깨비와도 같아 실체가 없음을 아는 것이다. 만약 뜻에 맞는 즐거운 촉감을 느끼더라도 탐욕과 애착을 일으키지 않고, 뜻에 맞지 않는 괴로운 촉감을 느끼더라도 성내거나 번뇌를 일으키지 않고, 뜻에 맞는 것도 아니고 맞지 않는 것도 아닌 촉감을 느끼더라도 기억하여 생각을 일으키거나 분별하지 않으면 이것을 '지를 닦는다'고 한다.

云何身受觸時修觀 應作是念 輕重 冷煖 澁滑等法 名
운하신수촉시수관 응작시념 경중 냉난 삽활등법 명

之爲觸 頭等六分 名之爲身 觸性虛假 身亦不實 和合
지위촉 두등육분 명지위신 촉성허가 신역부실 화합

因緣 即生身識 次生意識 憶想分別苦樂等相 故名受
인연 즉생신식 차생의식 억상분별고락등상 고명수

觸 反觀緣觸之心 不見相貌 當知受觸者及一切法 畢
촉 반관연촉지심 불견상모 당지수촉자급일체법 필
竟空寂 是名修觀
경공적 시명수관

무엇을 '몸이 촉감을 받을 때 관觀을 닦는다'고 하는가. 마땅히 이러한 생각을 하여야 한다. '지금 느끼는 가볍고 무겁고, 차고 따뜻하고, 꺼끌꺼끌하고 미끄럽거나 하는 등의 법을 촉감이라고 한다. 머리, 두 손, 두 발, 몸통의 여섯 부분을 몸이라고 하나, 촉감을 받는 성품은 거짓되고 임시적인 것이어서 실답지 않은 것이다. 인연이 화합하여 신식身識이 생기고 다음에 의식이 생겨나서 괴롭고 즐거움 등의 모양을 억념憶念하고 분별하니 이것을 촉감을 받는다고 한다. 그러나 돌이켜서 촉감을 연하는 마음을 관하면 그 모양이 보이지 않는다. 마땅히 알라. 몸이 촉감을 받는다는 것과 모든 법은 필경 공적한 것이다.' 이것을 '관을 닦는다'고 한다.

⑥ 마음이 법을 아는 가운데(意知法中)

六 意知法中修止觀相 如初坐中已明訖 自上依六根
육 의지법중수지관상 여초좌중이명흘 자상의육근
修止觀相 隨所意用而用之 一一具上五番之意 是中
수지관상 수소의용이용지 일일구상오번지의 시중
已廣分別 今不重辨 行者若能於行住坐臥見聞覺知
이광분별 금부중변 행자약능어행주좌와견문각지

等 一切處中修止觀者 當知是人眞修摩訶衍道
등 일 체 처 중 수 지 관 자 당 지 시 인 진 수 마 하 연 도

여섯 번째, '마음(意)이 법을 아는 가운데 지관을 닦는 모양'은, 처음 좌선 가운데에서 지관을 닦는 양상은 이미 밝힌 바와 같으며, (지금은) 스스로 위의 육근에 의지하여 지관을 닦는 모양인데, 뜻(意)하는 바에 따라서 이를 쓰는 것이다. 하나하나 위의 다섯 가지의 뜻(意) 가운데 이미 자세히 분별했으니, 여기서는 거듭 분별하지 않겠다. 수행자가 만약 능히 행주좌와와 견문각지見聞覺知의 모든 상황에서 지관을 닦을 수 있다면,[12] 마땅히 알라. 이 사람은 진실한 대승의 도를 닦는 것이다.

如大品經云 佛告須菩提 若菩薩行時知行 坐時知坐
여 대 품 경 운 불 고 수 보 리 약 보 살 행 시 지 행 좌 시 지 좌

乃至服僧伽梨 視眴一心 出入禪定 當知是人名菩薩
내 지 복 승 가 리 시 현 일 심 출 입 선 정 당 지 시 인 명 보 살

---

12 『불유교경』(대정장12, p.1112a). "너희 비구들이여, 모든 공덕을 항상 한마음으로 대할 것이니, 모든 방일한 마음을 버리되 원한의 적을 여의는 것과 같이 해야 한다. 대비하신 세존께서 설하신 이익을 모두 구경에 이르도록 너희들은 부지런히 수행하여야 한다. 만약 산간이나 빈 못이나 나무 아래에 있더라도 한가로운 곳, 고요한 방에서 가르침을 받은 법을 생각해서 잊지 말고 항상 스스로 힘써 정진해 닦으며 헛되이 죽어서 뒷날 후회를 남기지 말라(汝等比丘 於諸功德常當一心 捨諸放逸如離怨賊 大悲世尊所 欲利益皆以究竟 汝等但當勤而行之 若在山間 若空澤中 若在樹下 閑處靜室 念所受法勿令忘失 常當自勉精進修之 無爲空死後致憂悔)."

摩訶衍 復次 若人能如是一切處中修行大乘 是人則
마 하 연　부 차　약 인 능 여 시 일 체 처 중 수 행 대 승　시 인 즉

於世間最勝 最上 無與等者 釋論偈中說
어 세 간 최 승　최 상　무 여 등 자　석 론 게 중 설

『마하반야바라밀경』에서 말씀하신 것과 같다.[13]

"부처님께서 수보리[14]에게 이르시길 '수보리야, 만약 보살이 갈 때는 감을 알고, 머물 때 머묾을 알고, 앉을 때는 앉음을 알고, 누울 때는 누움을 알고, 내지 승가리[15]를 입고, 의발을 지니고,

---

[13] 『마하반야바라밀경』 제5권 「광승품」(대정장8, p.253b~c). "부처님께서 수보리에게 말씀하셨다. '보살마하살의 대승이란 사념처四念處를 말한다. 보살마하살은 행주좌와 어묵동정의 일상 행위에 있어 어느 때이든 한마음으로서 항상 자신의 몸을 관하고 깨어 있어 세간의 탐욕과 근심을 없앤다.' …… 보살마하살이 반야바라밀을 행할 때 몸의 안에 대하여 몸을 따라서 관찰하나니 이는 얻을 수 없기 때문이다. 보살마하살이 몸의 안에 대하여 몸을 따라서 관찰할 때 한마음으로 생각하며, 숨을 들이쉴 때 들이쉼을 알고, 내쉴 때 내쉼을 알며, 숨을 길게 들이쉴 때 들숨이 긴 것을 알고, 길게 내쉴 때 날숨이 긴 것을 알며, 숨을 짧게 들이쉴 때 들숨이 짧은 것을 알고, 짧게 내쉴 때 날숨이 짧은 것을 안다. 그와 같이 수보리야, 보살마하살은 안의 몸에 대하여 몸에 따라서 생각하고 은근히 정진하여 한마음으로 세간의 탐욕과 근심을 없애나니, 이는 얻을 수 없기 때문이다."

[14] 수보리須菩提: Subhūti. 의역意譯으로는 선현善現, 선견善見. 부처님의 십대 제자 중의 한 사람. 부처님 제자들 중에 공空을 제일 잘 이해하여 반야경에서 부처님께 공을 묻고 답하는 역할을 한다. 지혜가 뛰어났으나 성냄의 버릇이 있어 부처님께서 성냄의 허물을 말씀하시자, 그는 스스로 뉘우치고 죄를 참회하여 나중에 아라한과를 증득하였다.

[15] 승가리僧伽梨: Saṃghāti의 음역. 스님의 정장으로 외출할 때나 또는 왕궁에 출입할 때 입는 옷. 옷에 세로로 된 조각의 이름을 조條라 하는데 9조, 13

먹고 마시고, 누워 쉬고, 앉고 서고, 잠자고 깨고, 말하고 침묵하고, 선정에 들고 깨어남을 한마음으로 한다면, 마땅히 알라. 이 사람을 보살마하연이라고 하느니라.'"

또한 만약 사람이 능히 이와 같이 행한다면 어느 장소에서든 대승을 닦는 것이고, 이 사람은 세간에서 가장 훌륭하고 가장 높아 짝할 이가 없는 것이니, 『대지도론』[16]에서 게송으로 말씀하신 것과 같다.

閑坐林樹間　寂然滅諸惡
한 좌 림 수 간　적 연 멸 제 악
憺怕得一心　斯樂非天樂
담 백 득 일 심　사 락 비 천 락

숲속의 나무 사이 한가로이 앉아
조용하게 모든 악을 멸하며
담박하게 한마음 얻으니
이 즐거움, 천상의 즐거움이 아니다.

人求世間利　名衣好床褥
인 구 세 간 리　명 의 호 상 욕
斯樂非安隱　求利無厭足
사 락 비 안 은　구 리 무 염 족

조, 25조가 있으나 9조가 보편적이라 한다.
16 『대지도론』 제13권 「初品中讚尸羅波羅蜜」(대정장25, p.161a).

사람들은 세간의 이익과 명성
좋은 옷과 좋은 잠자리를 구하지만
이 즐거움은 편안하고 안온한 것이 아니니
이익을 추구하면 만족할 때가 없기 때문이다.

衲衣在空閑　動止心常一
납의재공한　동지심상일
自以智慧明　觀諸法實相
자이지혜명　관제법실상

누더기로 한가로이 머물며
움직이거나 멈춤에 마음이 항상 한결같으며
스스로 지혜의 눈을 밝혀서
모든 법의 실상을 관찰하노라.

種種諸法中　皆以等觀入
종종제법중　개이등관입
解慧心寂然　三界無倫匹
해혜심적연　삼계무륜필

갖가지 법문 가운데
모두가 평등하다는 관으로써 들어가
지혜를 깨달아 마음이 고요하면
삼계에 짝할 사람이 없으리.

제7장 선근을 일으킴(善根發)

行者若能如是 從假入空觀中 善修止觀者 則於坐中
행자약능여시 종가입공관중 선수지관자 즉어좌중

身心明淨 爾時當有種種善根開發 應須識知
신심명정 이시당유종종선근개발 응수식지

수행자가 만약 능히 이와 같이 할 수 있다면 '가假를 좇아서 공으로 들어가는 관(從假入空觀)'[1] 가운데 있게 된다. 지관을 잘 닦는 것이란 곧 앉은 가운데 몸과 마음을 밝고 깨끗하게 하는 것이다. 이때 마땅히 여러 가지의 선근이 개발되는 것이니, 모름지기 알아야 한다.

---

1 종가입공관從假入空觀: 세간의 생멸 법상은 가상(임시적인)의 현상이다. 이런 가假로부터 제법의 실상인 공의 도리로 들어가는 것이 종가입공관이다. 천태의 삼관三觀 중에서 공을 드러내는 공관空觀이며, 이제관二諦觀이라고도 한다. 『마하지관』 제5권(대정장46, p.69c). "가假를 체득하고 공空에 들어가 지관의 뜻을 결성結成한다는 것은, 모든 견혹見惑의 바퀴가 그치고 한 번 불퇴를 받아 영원히 고요해짐(寂然)을 이름하여 지라 하고, 견혹은 무성無性이며 성공性空이고 상공相空임을 체달하는 것을 이름하여 관이라고 한다(體假入空結成止觀義者 諸見輪息一受不退 永寂然 名爲止 達見無性性空相空 名爲觀)."

1. 밖으로 선근이 일어나는 모양(外善根發相)

今略明善根發相 有二種不同 一 外善根發相 所謂布
금략명선근발상 유이종부동 일 외선근발상 소위보

施 持戒 孝順父母尊長 供養三寶 及諸聽學等善根開
시 지계 효순부모존장 공양삼보 급제청학등선근개

發 此是外事 若非正修 與魔境相濫 今不分別
발 차시외사 약비정수 여마경상람 금불분별

이제 선근이 일어나는 모양을 간략히 밝히면 서로 다른 두 가지 모양이 있다. 첫째는 밖으로 선근이 일어나는 모양이다. 이른바 보시布施, 지계持戒, 부모님이나 윗사람들에게 효도하고 순종하는 일, 불법승 삼보에 공양 드리는 일, 불법을 듣거나 배우는 등의 선근을 일으키는 것이다. 이것이 외부에 대한 일이다. 만약 바르게 수행하는 것이 아니라면 마魔의 경계와 더불어 서로 중복되어서 여기에서는 분별하지 않겠다.

2. 안으로 선근이 일어나는 모양(內善根發相)

二 內善根發相 所謂 諸禪定法門善根開發 有三種意
이 내선근발상 소위 제선정법문선근개발 유삼종의

둘째는 안으로 선근이 일어나는 모양이다. 이른바 여러 선정의 법문과 선근이 개발되는 것을 말한다. 여기에는 세 가지 뜻이 있다. (첫째는 선근이 일어나는 모양을 밝힘, 둘째는 참되고 바른 선정의 진위를 분별함. 셋째는 지관으로 모든 선근을 길러냄을 밝힘이다.)

1) 선근이 일어나는 모양을 밝힘(明善根發相)

第一 明善根發相 有五種不同 一 息道善根發相 行者
제일 명선근발상 유오종부동 일 식도선근발상 행자

善修止觀故 身心調適 妄念止息 因是自覺其心漸漸
선 수 지 관 고 신 심 조 적 망 념 지 식 인 시 자 각 기 심 점 점

入定 發於欲界及未到地等定 身心泯然空寂 定心安
입정 발어욕계급미도지등정 신심민연공적 정심안

隱 於此定中 都不見有身心相貌 於後或經一坐 二坐
은 어차정중 도불견유신심상모 어후혹경일좌 이좌

乃至一日 二日 一月 二月 將息不得 不退不失 卽於定
내지일일 이일 일월 이월 장식부득 불퇴불실 즉어정

中 忽覺身心運動
중 홀각신심운동

첫째, 선근善根이 일어나는 모양을 밝히면 다섯 가지 서로 다른 것이 있다. 첫째 호흡(息)의 방법으로 선근을 일으키는 모양이다. 수행자가 훌륭히 지관을 닦는 까닭에 몸과 마음이 고르고 알맞게 되어 허망한 생각을 그치어 쉰다. 이로 인하여 그 마음이 점점 선정에 들어가, 욕계의 정定[2]과 미도지未到地[3] 등의 선정을 일으켜,

---

2 『마하지관』 제9권(대정장46, p.118b). "욕계의 정(欲界定)이란 욕계에 매인 법(欲界繫法)이다. 몸을 단정히 하고 마음을 가다듬어 호흡을 조화시켜 마음의 길을 깨달으면 모든 것이 사라지고 맑고 고요해진다. 이에는 세 가지 단계가 있다. ①추주심麤住心: 마음에 연緣이 있으면서 치달리지 않고 거칠게 머문다. 앞의 숨으로 다스려 여러 방편을 수습하면 마음이 집중되고 생각

몸과 마음이 사라져서 공하고 고요하여, 선정의 마음이 편안하고 사라지는 것을 스스로 알아차린다. 이 선정[4] 속에서는 일체 몸과

> 을 연緣하지 않게 된다. ②세주심細住心: 마음에 거친 생각이 없어지고 세밀하게 머문다. ③증욕계정증욕계정證欲界定: 깨닫는 마음(覺心)이 선법禪法과 상응하여 마음이 움직이지 않으며 청정하게 다스려지고 상쾌하다. 욕계의 정정은 깊지 않아서 안팎으로 장애가 있어 얻기는 힘들고 잃기는 쉽다. 안의 장애는 6가지가 있으니 ①희망심希望心, ②의심疑心, ③놀람(驚怖), ④크게 기뻐함(大喜), ⑤깊이 사랑함(重愛), ⑥걱정과 뉘우침(憂悔)이다. 이런 장애를 버리면 정을 얻기 쉽다."

3 미도지정未到地定(未到定): anāgaṇya-samādhi. 색계色界 사선정四禪定 중에서 욕계를 벗어나 색계의 단계인 초선初禪을 얻기 전인 준비 단계(방편)의 선정을 말한다. 색계 4선정과 무색계 4무색정의 각각에 해당하는 근본정根本定이 있고, 각각의 근본정에 도달하기 이전에 준비 단계인 근분정近分定이 있는데, 색계 초선을 얻기 전의 근분정을 특별히 미도(지)정이라 한다. 뒤의 각주 **5** 참조. 여기에서 더 나아가면 초선에 들어가게 된다. 초선은 욕계를 떠난 지 얼마 안 되어 경계의 어지러움이 많다. 즉 삿된 정(邪定)이 많고 삿된 신통神通이 일어나는 등 방해와 곤란이 많다는 것이다.(但初禪去欲界近 如疆界多難應須略知)(대정장46, p.118c)

4 선정의 단계: 선정은 색계의 사선정四禪定과 무색계의 사무색정四無色定으로 나누어지고, 마지막 아홉 번째 단계로는 모든 지각, 감각, 마음작용 등이 완전히 소멸한 멸진정滅盡定이 있다. 『잡아함경』제17권 「雜因誦」474(대정장 2, p.121b)에서 선정의 단계를 설하고 있다. "초선정初禪定에 들어갈 때에 말이 그치고 쉬며, 제2선정에 들어갈 때에 각관覺觀이 쉬고 그치며, 제3선정에 들어갈 때에 기쁜 마음이 그치고 쉬며, 제4선정에 들어갈 때에 드나드는 숨이 그치고 쉰다. 공무변처에 들어갈 때 색이라는 생각(色想)이 그치며, 식무변천에 들어갈 때에 공입처라는 생각(空入處想)이 그치며, 무소유처에 들어갈 때 식입처라는 생각(識入處想)이 그치고, 비상비비상처에 들어갈 때 무소유처에 들어가는 생각(無所有入處想)이 쉬며, 상수멸을 올바르게 느낄 때

마음의 모양이 보이지 않는다. 후에 혹은 한 번 좌선이나 두 번 좌선 내지 하루, 이틀, 한 달, 두 달을 지나도록 호흡하는 것이 적절하게 되어 물러나지 않고 잘못되지도 않으면 곧 선정 가운데 홀연히 즉시 몸과 마음의 움직임[팔촉八觸이 발생함]을 알아차린다.[5]

에는 상수想受라는 생각이 쉬나니, 이것을 점차로 모든 지어감(行)을 쉬는 것이라 하느니라(初禪正受時 言語寂滅 第二禪正受時 覺觀寂滅 第三禪正受時 喜心寂滅 第四禪正受時 出入息寂滅 空入處正受時 色想寂滅 識入處正受時 空入處想寂滅 無所有入處正受時 識入處想寂滅 非想非非想入處正受時 無所有入處想寂滅 想受滅正受時 想受寂滅 是名漸次諸行寂滅)."

『대반열반경』 제11권 「聖行品」(대정장12, p.678c). "초선천의 우환은 안으로 각관覺觀이 있으므로 밖으로 화재火災가 있고, 2선천의 우환은 안으로 환희함이 있으므로 수재水災가 있고, 3선천의 우환은 안으로 헐떡이는 숨이 있으므로 밖으로 풍재風災가 있다. 선남자여, 저 4선천은 안팎의 모든 걱정이 없으므로 모든 재앙이 미치지 못한다. 보살마하살도 이와 같아서 대승의 대반열반에 머물면 안팎의 모든 걱정이 없나니, 그러므로 죽음의 왕이 미치지 못한다(初禪過患內有覺觀外有火災 二禪過患內有歡喜外有水災 三禪過患內有喘息外有風災 善男子 彼第四禪內外過患一切俱無 是故諸災不能及之 善男子 菩薩摩訶薩亦復如是 安住大乘大般涅槃 內外過患一切皆盡 是故死王不能及之)."

[5] 『석선바라밀차제법문釋禪波羅蜜次第法門』「釋禪波羅蜜修證」(대정장46, p510a). "(초선에 들어가는 모양은) 만약 행자가 미도지정에서 점차 정定에 깊이 들어가 몸과 마음이 공적해지고 안팎을 보지 않게 된다. 혹은 하루에서 7일, 혹은 한 달 내지 일 년에 이르기까지, 만약 선정의 마음이 무너지지 않고 수호하여 기르면, 선정 중에서 홀연히 몸과 마음이 한쪽에 집중되어 움직이지 않고 돌고 돌며 움직임을 느낄 것이니, 이렇게 막 움직일 때에는 곧 그 몸에서 구름 같고 그림자 같은 움직임이 일어나고 있음을 점점 깨닫게 된다. …… (이와 함께 10가지 좋은 징험이 있으니) 10가지가 무엇인가? ① 선정(定), ② 공함(空), ③ 맑고 깨끗함(明淨), ④ 기쁘고 즐거움(喜樂), ⑤ 즐거움(樂), ⑥

八觸而發者 所謂 覺身痛痒冷煖輕重澁滑等 當觸發
팔촉이발자 소위 각신통양냉난경중삽활등 당촉발

時 身心安定 虛微悅豫 快樂淸淨 不可爲喩 是爲知息
시 신심안정 허미열예 쾌락청정 불가위유 시위지식

道根本禪定善根發相
도근본선정선근발상

여덟 가지 촉(八觸)⁶이 발생한다는 것은, 이른바 몸의 움직임에 아픔(痛), 가려움(痒), 차가움(冷), 따뜻함(煖), 가벼움(輕), 무거

착한 마음이 생김(善心生), ⑦보고 아는 것이 명료해짐(知見明了), ⑧얽힘 없이 해탈함(無累解脫), ⑨경계가 현전함(境界現前), ⑩마음이 부드러워짐(心調柔軟)이다(若行者於未到地中 入定漸深 身心虛寂 不見內外 或經一日乃至七日 或一月乃至一年 若定心不壞 守護增長 於此定中 忽覺身心凝然 運運而動 當動之時 還覺漸漸有身如雲如影動發 … 其十者何 一定 二空 三明淨 四喜悅 五樂 六善心生 七知見明了 八無累解脫 九境界現前 十心調柔軟 如是十法)."

6 팔촉八觸: 처음으로 선정을 얻으려고 할 때 몸에서 생기는 8가지의 감촉을 말한다. ①동촉動觸; 좌선 시 몸을 일으키려는 움직임과 흔들림의 모습이 생김. ②양촉癢觸; 몸이 가려워 몸을 가누지 못함. ③경촉輕觸; 몸이 구름이나 티끌같이 가벼워 날아갈 듯한 느낌. ④중촉重觸; 몸이 돌같이 무거워 움직일 수 없음. ⑤냉촉冷觸; 몸이 물같이 차가워지는 것. ⑥난촉暖觸; 몸이 불처럼 뜨거워지는 것. ⑦삽촉澁觸; 몸이 나무껍질과 같은 것. ⑧활촉滑觸; 몸이 매끄럽기가 젖과 같음. 이 8촉이 발생하는 원인은 초선정을 얻으려고 할 때 상계上界의 극미極微가 욕계의 극미에 들어와 둘이 서로 바뀌면서 지수화풍이 광란해지므로 나타난다. 이러한 법의 진상(法相)에 밝지 못한 사람은 화들짝 일어나 놀랍고 두려워하고 병이 생긴다고 여겨 내달리다가 마침내 혈도血道를 어지럽혀 진짜로 미쳐버린다.(『마하지관』 제8권·제9권; 『불광대사전』, p320上 참조.)

극미極微란 물질을 구성하고 있는 최소 단위를 말함.

움(重), 꺼끌꺼끌함(澁), 매끄러움(滑) 등을 느끼는 것이다. 이런 촉감이 일어날 때 몸과 마음이 편안하고 텅 비어 있으면서 미묘하여 생기는 기쁨이 쾌락하고 청정하기가 비유할 수 없을 정도이다. 이것을 호흡의 방법(數息觀)을 알아서 근본적인 선정(根本定)의 선근이 일어난 모양이라고 한다.

行者或於欲界未到地中　忽然覺息出入長短　遍身毛
행 자 혹 어 욕 계 미 도 지 중　홀 연 각 식 출 입 장 단　편 신 모
孔皆悉虛疎　卽以心眼見身內三十六物　猶如開倉見
공 개 실 허 소　즉 이 심 안 견 신 내 삼 십 륙 물　유 여 개 창 견
諸麻豆等　心大驚喜　寂靜安快　是爲隨息特勝善根發
제 마 두 등　심 대 경 희　적 정 안 쾌　시 위 수 식 특 승 선 근 발
相
상

수행자가 혹 욕계와 미도지未到地의 선정 가운데 홀연히 호흡의 드나듦이 길고 짧음과, 몸 전체의 털구멍들이 모두가 다 확 열려 소통됨을 알아차리고, 곧 마음의 눈으로 몸 안에 있는 36가지의 물질을 보는 것[7]이 마치 창고를 열어 삼(麻)이나 콩 등을 보는

---

7 『마하반야바라밀경』 제5권 「광승품」(대정장8, p.253c). "수보리야, 보살마하살은 몸의 안을 관찰하여 발에서부터 정수리까지 얇은 가죽으로 둘러싸여 있고, 여러 가지 더러운 것이 몸에 가득하다고 보아 이와 같이 생각한다. '몸에는 머리카락과 털과 손톱, 치아, 피부, 가죽, 근육, 골수, 비장, 신장, 심장, 담, 간장, 폐, 소장, 대장, 위, 방광, 똥, 오줌, 때, 눈물, 콧물, 침, 피고름, 붉고 흰 가래, 지방과 뇌막이 있다. 비유하면 농부가 창고에 잡곡을 분리하여 쌓아 둘 때, 여러 가지 벼와 참깨와 수수와 조와 콩과 보리가 가득

것과 같게 되면 마음이 대단히 놀라고 기쁘며, 고요하고 안락하게 된다. 이것을 호흡을 따라서(隨息觀) 특승特勝[8]의 선근이 일어난

하지만, 눈 밝은 사람이 창고를 열면 바로 이것은 벼이고, 이것은 참깨이고, 이것은 수수이고, 이것은 조이고, 이것은 콩이고, 이것은 보리라고 분별하여 아는 것과 같다. 보살마하살도 이와 마찬가지로 몸을 관찰하여 발에서부터 정수리까지 얇은 가죽으로 둘러싸여 있고, 여러 가지 더러운 것이 몸에 가득하여, 머리카락과 털과 손톱과 치아와 내지 뇌막이 있는 것을 안다(須菩提菩薩摩訶薩觀內身 從足至頂周匝薄皮 種種不淨充滿身中 作是念 身中有髮毛爪齒 薄皮厚皮 筋肉骨髓 脾腎心膽 肝肺小腸大腸胃膀 屎尿垢汗淚涕涎唾膿血黃白淡癊肪(月冊)腦膜 譬如田夫倉中隔盛雜穀 種種充滿稻麻黍粟豆麥 明眼之人開倉卽知是麻是黍 是稻是粟 是麥是豆 分別悉知 菩薩摩訶薩亦如是 觀是身從足至頂周匝薄皮 種種不淨充滿身中 髮毛爪齒乃至腦膜)."

8 특승特勝: 좌선 중에 호흡을 관찰 수행하는 과정을 16가지로 나눈 것. 16특승이라고도 한다. 수식관隨息觀의 수행법을 더욱 세분하여 제시한 것으로 다음의 16가지이다. ① 들숨을 알아차림(知息入·念息短), ② 날숨을 알아차림(知息出·念息長), ③ 숨의 길고 짧음을 알아차림(知息長短), ④ 숨이 온몸에 두루 퍼짐을 알아차림(知息遍身), ⑤ 모든 몸의 행을 제거함(除諸身行). ⑥ 기쁨을 느낌(受喜), ⑦ 즐거움을 느낌(受樂), ⑧ 모든 마음의 행을 느낌(受諸心行), ⑨ 마음이 기쁨을 지어냄(心作喜), ⑩ 마음을 거두어들임(心作攝), ⑪ 마음이 해탈함(心作解脫), ⑫ 무상을 관함(觀無常), ⑬ 마음이 나고 흩어짐을 관함(觀出散), ⑭ 욕을 관함(觀欲), ⑮ 멸을 관함(觀滅), ⑯ 버림을 관함(觀棄捨).
특승이 일어나면 관하는 지혜가 있어 숨이 온몸에 두루 다 미치는 것을 보고 또한 선정의 마음이 청정하여 안온해진다. 또한 몸속의 36가지 물질을 보는 것이 마치 곳간을 열어 곡식을 보는 것과 같으니, 간장은 초록 콩과 같고, 심장은 붉은 콩과 같으며, 신장은 까만 콩과 같고, 비장은 조와 같으며, 대장과 소장이 서로 응하고 통하며, 혈맥이 흐르는 것이 강물과 같다. 이와 같이 12가지가 있으며, 12가지의 막膜, 살갗, 비계, 기름이 있으며, 12가지의 머리카락, 털 등이 있다. 출입하는 식(息: 호흡)이 그 사이를 다스리

모양이라고 한다.

二 不淨觀善根發相 行者若於欲界未到地定 於此定
이 부정관선근발상 행자약어욕계미도지정 어차정

中 身心虛寂 忽然見他男女身死 死已膖脹 爛壞 蟲膿
중 신심허적 홀연견타남녀신사 사이방창 난괴 충농

流出 見白骨狼藉 其心悲喜 厭患所愛 此爲九想善根
류출 견백골랑자 기심비희 염환소애 차위구상선근

發相 或於靜定之中 忽然見內身不淨 外身膖脹狼藉
발상 혹어정정지중 홀연견내신부정 외신방창랑자

自身白骨從頭至足節節相拄 見是事已 定心安隱 驚
자신백골종두지족절절상주 견시사이 정심안은 경

悟無常 厭患五欲 不著我人 此是背捨善根發相
오무상 염환오욕 불착아인 차시배사선근발상

둘째, 부정관不淨觀의 선근이 일어나는 모양이다. 수행자가 만약 욕계의 선정에서나 미도지未到地의 선정 중에서 몸과 마음이 텅 비고 고요해진다면, 문득 어떤 남녀의 몸이 죽는 것을 보게 된다. 이미 죽어서 시체가 부풀어 오르고, 썩어 무너지며, 벌레와 고름이 나오는 것을 보고, 또한 백골이 낭자한 것을 본다면 그 마음이 슬프거나 기쁘거나 그가 애착해 오던 것을 싫어하고 근심하게 된다. 이것을 구상九想[9]의 선근이 일어난 모양이라고 한다.

고 있다. 이것은 부정不淨한 것이고 무상無常, 고苦, 무아無我이다. 일체의 신행身行이 다 쉬고 마침내 몸으로 여러 악업을 짓지 않으니 이것을 모든 몸의 행을 제거함(除諸身行)이라고 한다.

9 **구상九想**: 음욕 등의 탐욕을 제거하기 위하여 시신의 추악한 모습을 9가지로

혹은 고요한 선정(靜定, 初禪) 속에서 문득 몸의 내부에서 부정한 것을 보거나, 또는 몸의 외부가 더럽거나 부풀어 낭자한 것이나, 또는 자기 자신의 백골이 머리부터 발끝까지 마디마디가 서로 받치고 있는 것을 보게 된다. 이런 것들을 다 보고 난 뒤에는 선정의 마음이 편안하고 고요하며, 무상無常을 문득 깨달아 오욕五欲을 싫어하고 근심하며, 아상我相이나 인상人相에 집착하지 않을 것이니, 이것을 배사背捨[10]의 선근이 일어난 모양이라고 한다.

관하는 부정관不淨觀을 말한다. 다음과 같은 구상관九相觀으로 삼매에 들어간다. ①창상脹相; 시체가 팽팽하게 부어오르는 모습. ②괴상壞相; 시체가 썩어가는 모습. ③담상噉相; 시체가 새나 짐승에게 뜯어 먹히거나 벌레들에 파 먹히는 모습. ④산상散相; 백골과 뼈가 흩어지는 모습. ⑤혈도상血塗相; 시체가 고름과 피로 더러워진 모습. ⑥청어상靑瘀相; 오래된 시신이 검푸르게 변하는 모습. ⑦농란상膿爛相; 냄새 나는 썩은 물이 나오고 무너지는 모습. ⑧골상骨相; 가죽과 살이 없어지고 백골만 남아 있는 모습. ⑨소상燒相; 시신이 불태워져 재나 흙으로 돌아가는 모습.

10 배사背捨: 배사는 버리고(捨) 등진다(背)는 뜻. 곧 8가지 선정의 힘으로 탐욕 등의 모든 번뇌를 버리는 것을 말한다. 팔배사八背捨라고 하며, 팔해탈八解脫과 같은 뜻이다. ①안으로 색의 생각이 있기에 밖으로 색의 형색을 (부정하다고) 관하여 해탈함(內有色想觀外色解脫). ②안에 색욕의 생각이 없으나 밖으로 색의 형상을 관하여 해탈함(內無色想觀外色解脫). ③깨끗한 해탈에 구족하게 머무름(淨解脫身作證具足). ④욕계와 색계의 모든 색법을 싫어하고 무색정無色定을 닦되 공空이 무변하다는 이치를 닦아 해탈함(空無邊處解脫). ⑤공무변처에서 한 걸음 더 나아가 식이 무변하다는 이치를 알고 닦아 해탈함(識無邊處解脫). ⑥식무변처에서 한 걸음 더 나아가 공도 식도 모두 소유가 없다는 무색정을 닦아 해탈함(無所有處解脫). ⑦상도 아니고 비상도 아닌, 아주 미세하게 남아 있는 경계에서 정을 닦아 해탈함(非想非

或於定心中 見於內身及外身 一切飛禽走獸 衣服飲
食 屋舍山林 皆悉不淨 此爲大不淨善根發相

또 선정의 마음 가운데 내부의 몸 또는 외부의 몸, 모든 하늘을 나는 조류, 달리는 짐승, 옷, 음식, 가옥, 산림 등이 모두 다 깨끗하지 않은 것으로 본다면, 이것을 큰 부정관不淨觀의 선근이 일어난 모양이라고 한다.

三 慈心善根發相 行者因修止觀故 若得欲界未到地
定 於此定中 忽然發心慈念眾生 或緣親人得樂之相
即發深定 內心悅樂淸淨 不可爲喻 中人 怨人 乃至十
方五道眾生 亦復如是 從禪定起 其心悅樂 隨所見人
顏色常和 是爲慈心善根發相 悲喜捨心發相 類此可
知也

셋째, 자심慈心[11]의 선근이 일어나는 모양이다. 수행자가 지관을

非想處解脫). ⑧느낌(受)과 생각(想)의 작용이 없어진 경계의 해탈(滅受想定解脫).

11 자심慈心: 자심정慈心定을 말한다. 일체의 중생에게 자비로운 마음(慈心)을

수행함으로 인하여, 만약 욕계나 미도지未到地의 선정을 얻었다면, 이 선정 속에서 문득 마음으로 중생을 자애慈愛롭게 할 생각을 일으키거나, 혹은 친한 사람이 즐거움을 얻는 모양을 연緣하여

> 품고 그 상념에 주住하여 오로지 수행하는 선정이다. 『마하지관』 제9권하 (대정장46 p.124c). "자심慈心이 일어난 것을 밝힌다면, 자심은 근본선정의 전후에 의지한다. 홀연히 일체중생을 연하여 그 즐거운 모습(樂相)을 취하여 원한도 없고, 번뇌도 없고, 마음을 기쁘게 하여 뜻에 맞게 한다. 혹은 사람들 속에 낙을 얻고 있음을 보거나, 혹은 천상의 낙을 얻고 있음을 보며 잘 수행하여 깨달음을 얻으면 선정의 마음이 분명해져서 하나도 중생이 낙을 얻지 않음이 없게 된다. 처음은 차분하게 한 걸음씩 세밀하고도 조용하게 하고 나중에는 점점 더 깊이 선정한다. …… 만약 먼저 이 선정을 얻고 나중에 오지五支의 공덕을 일으킨다면, 처음에 중생 모두가 낙을 얻음을 느끼고 마음과 선정이 합쳐져서 스스로의 마음 역시 즐거워 잘 수행하여 얻으면 각지覺支라고 한다. 만약 먼저 근본선을 얻고 나중에 자심정을 더한다면 근본선정은 더욱 더 깊어진다(若先得根本後加慈定 根本益深也)."
> 다음은 『좌선삼매경』(대정장15, p.282b~c)에 나오는 자심慈心삼매에 관한 이야기이다. 우전왕優塡王에게 두 명의 부인이 있었다. 첫째는 무비無比였고, 둘째는 사미파제舍迷婆帝였다. 무비가 사미파제를 비방하였다. 사미파제에게는 5백 명의 시종들이 있었다. 왕은 5백 대의 화살로 한 명 한 명 쏘아 죽이고자 했다. 사미파제가 여러 시종들에게 말했다. "내 뒤에 서라." 이때 사미파제는 자삼매慈三昧에 들어갔다. 왕이 활시위를 당겨 쏘았으나 화살은 왕의 발아래 떨어졌으며, 두 번째 화살은 도리어 왕의 다리 아래로 향했다. 왕이 크게 놀랐으나 다시 화살을 쏘려고 했다. 사미파제가 왕에게 아뢰었다. "그만두십시오, 그만두십시오. 부부의 도리는 서로 애기하는 것입니다. 만일 이 화살을 쏜다면 곧바로 당신의 심장을 부술 것입니다." 왕이 그때 두려워하며 활과 화살을 버리고 물었다. "그대는 어떠한 술법을 지니고 있는가?" 사미파제가 대답하였다. "저는 다른 술법이 없습니다. 부처님의 제자로서 자삼매에 들어갔기 때문입니다."

곧 깊은 선정을 일으키면, 내심으로 얻는 그 기쁘고 즐거움(悅樂)과 청정함이란 달리 비유할 수가 없다. 친하지도 원망스럽지도 않은 사람(中人)이나, 원한을 느끼는 사람이나, 내지 시방의 오도五道 중생들에게도 역시 이와 같아서, 선정으로부터 일어났어도 그 마음은 기쁘고 즐거워, 보는 사람마다 그 안색이 항상 온화하다. 이것을 자심慈心의 선근이 일어나는 모양이라고 한다. 비심悲心, 희심喜心, 사심捨心 등[12]의 선근이 일어나는 모양도 이와 유사하므로 가히 알 수 있다.

四 因緣觀善根發相 行者因修止觀故 若得欲界未到
사 인연관선근발상 행자인수지관고 약득욕계미도

地 身心靜定 忽然覺悟心生 推尋三世無明 行等諸因
지 신심정정 홀연각오심생 추심삼세무명 행등제인

---

[12] 사무량심(四無量心, catvāry apramāṇāni)을 말한다. 불보살이 널리 한량없는 중생들을 제도하기 위하여 갖추는 자慈·비悲·희喜·사捨의 네 가지 마음을 말한다. ①자무량심, 앞의 각주 11 '자심정慈心定'을 참조할 것. ②비무량심(悲無量心, karuṇā apramāṇa cittāni); '비悲'는 항상 일체중생에게 가엾이 여기는 마음을 품고, 중생들의 한량없는 괴로움을 뽑아 구제하여 해탈케 하고자 하는 마음. ③희무량심(喜無量心, muditāpramāṇa); 한량없는 중생들이 고통을 벗어나서 즐거움(樂)을 얻는 것으로 보고 기뻐 즐거운 마음을 내는 것. ④사무량심(捨無量心, upekṣāpramāṇa); 한량없는 중생들에게 애증愛憎의 마음이 없이 평등한 마음에 머무는 것. 탐·진·치 삼독이 없으며, 원망함과 친함, 기쁨과 즐거움, 고뇌, 걱정이 없다. 성소작지成所作智의 지체智體가 된다.

緣中 不見人我 卽離斷常 破諸執見 得定安隱 解慧開
연중 불견인아 즉리단상 파제집견 득정안은 해혜개

發心生法喜 不念世間之事 乃至五陰 十二處 十八界
발심생법희 불념세간지사 내지오음 십이처 십팔계

中分別亦如是 是爲因緣觀善根發相
중분별역여시 시위인연관선근발상

넷째, 인연관의 선근이 일어나는 모양이다. 수행자가 지관을 수행함으로 인하여 만약 욕계나 미도지未到地의 선정을 얻으면 몸과 마음은 고요하고 편안하며, 문득 깨닫는 마음이 생겨나, 과거·현재·미래의 무명, 행行 등의 여러 인연 가운데에서 인아(人我: 자아가 있다는 고집, 我見)가 보이지 않는다. 그러면 곧 단견斷見[13]과 상견常見[14]을 떠나 모든 삿된 고집과 견해를 깨뜨리고 선정을 얻어 안온하여 해혜(解慧: 바른 이해의 지혜)가 개발된다. 마음에는 법희法喜가 생겨나서 세간의 일들을 생각하지 않게 되고, 나아가 오음五陰[15], 십이처十二處[16], 십팔계十八界[17] 속에서 분별[18]하는 것도

---

[13] 단견斷見: 상견常見에 대응되는 말로, 단견에 치우친 것. 즉 무견無見 또는 단견斷見이란, 만유는 무상한 것이어서 실재하지 않는 것과 같이 사람도 죽으면 몸과 마음이 모두 없어져 공무空無로 돌아간다고 고집하는 그릇된 소견.

[14] 상견常見: 단견斷見에 대응되는 말로, 상견에 치우친 것. 즉 유견有見, 상견常見이란 사람은 죽으나 자아는 없어지지 않으며, 오온은 과거나 미래에 상주불변하여 간단間斷하는 일이 없다고 고집하는 그릇된 소견. 외도 중에 일체법이 공한 것을 깨닫지 못하고 세간의 모든 존재에 집착하여 법으로 삼는데 이것을 상견외도라고 한다.

[15] 오음五陰: 정신과 물질의 모든 유위법을 말하는데, 색色·수受·상想·행行·식

이와 같다. 이것을 인연관의 선근이 일어나는 모양이라고 한다.

識의 다섯이 그것이다. 陰陰이란 '그늘 陰蔭'을 말하며, 선법善法을 어둡게 덮어 가린다는 뜻이다. 이것은 인因으로 얻은 이름이다. 또 음(陰: skandha)이란 쌓이고 모인 것이니, 이로써 생사가 거듭하여 겹치게 한다. 이것은 과果로 얻은 이름이다. 오음은 일체 유위법을 총칭하는 말로 오온五蘊이라고도 하며 선善·악惡·무기無記에 모두 통한다.

16 **십이처十二處:** 육근(六根: 안·이·비·설·신·의)과 육진(六塵: 색·성·향·미·촉·법)을 말한다. 처(處: āyatana)라는 것은 입入이라고도 하는데, 육근에 걸쳐 육진이 들어온다(涉入)는 뜻이다. 또 수문(輸門: 진로塵勞를 나르는 문)이라고도 한다.

17 **18계(界, aṣṭādaśa dhātavaḥ):** 육근과 육진과 육식을 합한 것이다. 계(界, dhātu)란 경계가 다름(界別)을 말하고 갖가지 성품을 분류(性分)한 것을 말한다.

18 『마하지관』 제8권(대정장46, p.102a). "음계입(陰界入: 5온·12처·18계)은 번뇌의 대명사이다. 번뇌의 경계를 관하는 것으로 5음, 12입, 18계를 깨닫지 않는다면 그것이 적절한 것이 아니다. 또한 관찰을 마치지 않는다면 번뇌를 격동시켜 탐욕과 진에가 발생한다. 이것은 평소 생활에서 음계입을 관하고 버리는 것이다. 번뇌의 미혹은 내면에서 일어나며 힘이 강력하고 치열하게 치밀어 오른다. 만일 외경을 보면 마음이 비치고 눈이 어두워지니, 비유하면, 흘러가는 물도 그 급한 것을 생각하지 못하고 잔물결이 일어난다고 하는 것과 같고, 또한 건장한 사람이 힘을 지니고 있음을 잘 모르지만 노하면 힘이 세지는 것과 같다. 번뇌는 누워 있거나 엎드려 있는 것 같기도 하고 없는 것 같기도 하지만, 도량에서 참회하면서 음계입을 관하면 마치 잠자는 사자를 건드리면 포효하고 땅을 진동하는 것과 같다. 만일 알지 못하면 바로 능히 사람을 이끌어서 무거운 죄를 이루게 할 수 있으니, 다만 지관을 증장시키지 못할 뿐만 아니라 더욱 악업을 증장시켜서 검고 어두운 구렁텅이에 떨어뜨리니 능히 애써도 나올 수 없게 한다."

五 念佛善根發相 行者因修止觀故 若得欲界未到地
오 염불선근발상 행자인수지관고 약득욕계미도지

定 身心空寂 忽然憶念諸佛功德相好不可思議 所有
정 신심공적 홀연억념제불공덕상호불가사의 소유

十力 無畏 不共 三昧 解脫等法不可思議 神通變化
십력 무외 불공 삼매 해탈등법불가사의 신통변화

無礙說法 廣利衆生 不可思議 如是等無量功德不可
무애설법 광리중생 불가사의 여시등무량공덕불가

思議 作是念時 卽發愛敬心生 三昧開發 身心快樂 淸
사의 작시념시 즉발애경심생 삼매개발 신심쾌락 청

淨安隱 無諸惡相 從禪定起 身體輕利 自覺功德巍巍
정안은 무제악상 종선정기 신체경리 자각공덕외외

人所愛敬 是爲念佛三昧善根發相
인소애경 시위염불삼매선근발상

다섯째, 염불念佛의 선근이 일어나는 모양이다. 수행자가 지관을 수행함으로 인하여 만약 욕계나 미도지未到地의 선정을 얻으면, 몸과 마음이 공적하여 문득 모든 부처님의 공덕과 상호相好[19]의 불가사의함과, 지니고 계시는 십력十力[20]·사무외四無畏[21]·십팔불

---

[19] 상호相好: 부처님이 갖추고 계신 32가지 대인상大人相과 80가지의 뛰어난 모습(八十種好).

[20] 십력十力: 부처님이 일체 법의 실상을 증득하고 요달하여 갖추게 된 10가지 지혜의 힘. ①처비처지력處非處智力, ②업이숙지력業異熟智力, ③정려해탈등지등지력靜慮解脫等持等至智力, ④근상하지력根上下智力, ⑤종종승해지력種種勝解智力, ⑥종종계지력種種界智力, ⑦변취행지력遍趣行智力, ⑧숙주수념지력宿住隨念智力, ⑨사생지력死生智力, ⑩누진지력漏盡智力.

[21] 사무외(四無畏, catvāri vaiśāradyāni): 사무소외四無所畏라고도 한다. 불보살

공十八不共[22]·삼매三昧·해탈 등의 불가사함과, 신통·변화[23]·걸림 없는 설법(四無礙)으로 널리 중생을 이롭게 하신 불가사의 등, 이와 같은 한량없는 공덕의 불가사의함을 떠올려 생각한다. 이렇게 염할 때 바로 경애하는 마음이 생겨나 삼매가 개발되고 몸과 마음이 즐거우며 청정하고 안온하여 모든 나쁜 생각이 없어진다. 선정에서 일어나도 몸이 경쾌하여 스스로 공덕이 높아져 사람들의 사랑과 존경을 받는 것을 알게 된다. 이것을 염불삼매[24]의 선근이

이 설법할 때 아무런 두려움 없이 자신 있게 법을 설하는 네 가지 두려움 없음을 말한다. 부처님의 사무외와 보살의 사무외가 각각 다르다. 여기서는 『구사론』의 내용을 소개한다. ① 정등각무외正等覺無畏(정각을 성취했다는 두려움 없음), ② 누영진무외漏永盡無畏(영원히 번뇌를 끊었다는 두려움 없음), ③ 설장법무외說障法無畏(수행에 장애되는 것은 다 설했다는 두려움 없음), ④ 설출도무외說出道無畏(해탈하는 길을 설했다는 두려움 없음).

22 불공법(不共法, āveṇika buddha dharma): 범부와 성문은 가지지 못하고 부처님과 보살들만이 갖추고 있는 특수한 능력. 불공불법不共佛法이라고도 한다. 대승·소승경론에 같고 다른 여러 가지 설이 있으나 일반적으로 부처님의 십력·사무소외·삼념주三念住와 부처님의 대자비를 합하여 '십팔불공법十八不共法'이라 한다.

23 신통(神通, abhijñā): 신통력, 즉 선정을 닦아서 얻는 걸림 없이 자재한 초인적인 불가사의한 능력. 신족神足·천안天眼·천이天耳·타심他心·숙명宿命의 다섯 가지 신통(五神通)에 번뇌가 다한 누진통漏盡通을 넣어서 육신통六神通이라고 한다. 누진통은 삼계의 견혹과 사혹을 끊고 생사를 받지 않으며, 번뇌가 다한 불교만의 신통이다. 자세한 내용은 제7장 각주 37 '육신통'을 참조.

24 『좌선삼매경』 상권 「治等分法門」(대정장15, p.276a~c). "염불삼매에는 세 가지 종류의 사람이 있으니, 초습행初習行·이습행已習行·구습행久習行이

일어난 모양이라고 한다.

復次 行者因修止觀故 若得身心澄淨 或發無常苦空
부차 행자인수지관고 약득신심징정 혹발무상고공

無我 不淨 世間可厭 食不淨相 死離盡想 念佛法僧
무아 부정 세간가염 식부정상 사리진상 염불법승

戒 捨 天 念處 正勤 如意 根 力 覺 道 空 無相 無作
계 사 천 염처 정근 여의 근 력 각 도 공 무상 무작

다. 만일 초습행의 사람이라면 불상이 있는 곳에 데리고 가거나, 혹은 스스로 가게 하여 불상의 상호를 잘 보게 한다. 모습 모습이 명료해지면 한마음으로 지니고 조용한 곳으로 돌아가 마음의 눈(心眼)으로 불상을 관조하여 마음이 돌아다니지 않게 하고, 생각을 묶어 불상에 두고 다른 생각을 하지 않게 하며, 다른 생각을 거두어서 항상 불상에 머물게 한다. …… 이때 문득 마음의 눈을 얻어 불상의 모습과 광명을 보리니, '눈에 보인 그대로여서 다름이 없다'라고 해야 한다. 이와 같이 마음이 머물면, 이것을 '처음으로 익혀서 행하는(初習行) 이의 사유思惟'라고 한다. 이때 마땅히 다시 생각해서 '이것은 누구의 모습인가? 바로 과거 석가모니부처님의 모습이다. 내가 이제 부처님의 형상을 보았듯이 형상이 온 것도 아니고, 나 역시 가지 않았다'라고 말해야 한다. 이와 같은 심상心想으로 과거의 부처님을 본다. …… 이와 같이 어지럽지 않으면, 이때 문득 한 분의 부처님, 두 분의 부처님, 나아가 시방의 헤아릴 수 없는 세계의 모든 부처님의 색신色身을 볼 수 있으니, 심상 때문에 모두 그것을 볼 수 있다. 이미 부처님을 볼 수 있게 되었고 또한 설법의 말씀을 들었으나 혹 스스로 묻기를 청한다면, 부처님께서 설법하시어 여러 가지 의심의 그물을 풀어 주시리라. …… 그때 수행자가 비록 한마음을 얻었다고 하더라도 아직 선정의 힘을 완성하지 못했으면 오히려 욕계의 번뇌 때문에 혼란하게 되니, 마땅히 방편을 만들어 나아가 초선初禪을 배우고 애욕을 꾸짖어서 버려야 한다."

제7장 선근을 일으킴

六度諸波羅蜜 神通變化等 一切法門發相 是中應廣
육도제바라밀 신통변화등 일체법문발상 시중응광

分別 故經云 制心一處 無事不辦
분별 고경운 제심일처 무사불판

또한 다음으로 수행자가 지관을 수행함으로 인하여 만약 몸과 마음이 맑고 깨끗함을 얻으면 혹 무상無常·고苦·무아無我·부정不淨·세간의 싫은 것·음식의 부정한 모양·죽음·떠남(離)·다함(盡)에 대한 생각[25]을 일으킬 수 있다. 염불念佛·염법念法·염승念僧·염

---

25 십상十想을 말한다. 다음의 10가지를 관상觀想하는 것이다. ①내 몸과 세간이 끊임없이 생멸 변화하여 잠시도 멈추는 일이 없어 무상하다고 생각하는 것(無常想), ②이러한 무상無常으로 인하여 생로병사를 겪으니 괴롭다고 생각하는 것(苦想), ③모든 법은 인연으로 생기며 자기 성품이 없으므로 나도 없다고 생각하는 것(無我想), ④음식을 탐한다면 어떻게 이 몸을 버릴 수 있겠는가 하고 음식에 대해 부정하다고 생각하는 것(食不淨想), ⑤전륜성왕도 복이 다하면 타락하게 되니 일체 세간은 즐거워할 것이 없다고 생각하는 것(一切世間不可樂想), ⑥목숨은 위태로워 한번 숨을 내쉬지 못하면 곧 죽는다고 생각하는 것(死想), ⑦인체는 안으로 36가지가 있으며 항상 더러운 것이 흘러나와 부정하다고 생각하는 것(不淨想), ⑧열반의 인연을 맺고자 번뇌를 끊겠다고 생각하는 것(斷想), ⑨번뇌를 끊어 버리고 벗어나겠다고 생각하는 것(離想), ⑩상념을 벗어나는 것조차 없어진다고 생각하는 것(盡想). 이상 10상想에 대해서는 『대반열반경』 34권 「가섭보살품」(대정장12, p.835c~837c)에 자세히 설해져 있다. 이 십상에 대한 계위階位를 밝히면 ①무상상無常想, ②고상苦想, ③무아상無我想은 견도見道에 들어갈 때의 총상관總相觀이다. 다음 ④식부정상食不淨想~⑦부정상不淨想 등의 사상四想은 수다원須陀洹, 사다함인斯陀含人이 수도修道 가운데 들어가는 단계이다. ⑧단상斷想, ⑨이욕상離欲想, ⑩진상盡想의 세 단계는 아나함인阿那含人이 아라한향阿羅漢向으로 들어가는 무학도無學道를 닦는 단

계念戒・염사念捨・염천念天의 육념六念[26]과 사념처四念處[27]・사정

계이다.

[26] 육념(六念, ṣaḍ anusmṛtayaḥ)은 다음 여섯 가지 대상에 마음을 집중하는 법을 말한다. ①염불念佛; 부처님의 대자대비와 무량공덕을 염함. ②염법念法; 여래께서 말씀하신 삼장 십이부경이 능히 많은 중생을 이익케 함을 염함. ③염승念僧; 승가가 계・정・혜 삼학을 갖추어 능히 세간의 좋은 복전이 되는 것을 염함. ④염계念戒; 계행戒行이 큰 세력이 있어 능히 중생들의 모든 악한 번뇌를 없앨 수 있음을 염함. ⑤염시念施; 보시가 큰 공덕이 있어 능히 중생들의 간탐慳貪하는 마음을 없앨 수 있음을 염함. ⑥염천念天; 삼계의 모든 천상계가 과거에 계를 깨끗이 잘 지키고, 보시를 하며, 법문을 잘 듣고 지혜를 개발한 선근으로 이러한 즐거운 과보를 받고 있다고 염함. 염불로 육념을 통달할 수 있으니, 부처님의 공덕을 염하는 법문이 염법念法이고, 제자가 가르침을 받아 상相의 업체과業體果를 염하고 삼사가 화합하는 것을 염승念僧이라 하고, 염불로써 악한 마음을 빼앗는 것을 염사念捨=施)라고 하고, 이와 같이 염할 때 믿고 존경하고 참회하는 것이 염계念戒이다. 선정 속에서 지림支林의 공덕이 천계와 같다고 생각하는 것이 염천念天이다.

[27] 사념처四念處: 37도품道品 중의 제1과. 마음을 어떤 한 가지에 집중하여 잡념과 망상이 일어나는 것을 방지하여 진리를 얻는 네 가지 방법. 초기경전에 설해진 수행방법으로 사념처四念處・사의지四意止・사지념四止念・사념四念・신수심법身受心法이라고도 한다. 외도의 상락아정淨樂常我 등의 네 가지 전도顚倒를 다스리기 위하여 몸(身)은 깨끗한 것이 아니라 부정不淨한 것이고, 느낌(受)은 이것이 즐거운 것이 아니라 고苦이며, 마음(心)은 항상한 것이 아니라 찰나에 변화하여 무상無常한 것이며, 일체의 법法에는 나가 없어 무아無我인 것이라고 지혜로 관하여 머무른다. ①신념처身念處: 몸을 관함에 있어 부정관을 닦음이니, '깨끗하다'는 전도된 생각을 다스린다. ②수념처受念處: 즐거움을 구하는 가운데 도리어 고가 생기는 원인이니, '즐겁다'는 전도를 다스린다. ③심념처心念處: 마음의 생멸을 관하여 무상한

근四正勤[28]·사여의족四如意足[29]·오근五根[30]·오력五力[31]·칠각지七

것을 구하는 것이니, '항상하다'는 전도를 다스린다. ④법념처法念處: 일체 법을 관하되 모두 인연에 의하여 생하는 성품이 없는 것이니, '내가 있다'는 전도를 다스린다.

이러한 사념처에 대해 『유가사지론』 제28권(대정장30, p.442a)에 다음과 같이 설명하고 있다. "염주念住라 함은 무슨 뜻인가? 여기에 생각을 머무르게 하며, 이것으로 말미암아 생각이 머무르게 함을 모두 염주라고 한다. 여기에 생각을 머무르게 한다고 함은 반연할 바의 염주(所緣念住)이며, 이것으로 말미암아 생각을 머무르게 한다고 함은 지혜 또는 생각의 선정을 껴잡아 지님이니 이것은 자기 성품의 염주(自性念住)이다. 그밖에 서로 응함의 모든 심심법心心法은 바로 서로 뒤섞임의 염주(相雜念住)이다. 또 신수심법身受心法의 왕성함으로 말미암아 생기는 착함의 유루有漏와 무루無漏의 도를 모두 염주라고 한다. 여기에 또 세 가지가 있다. 첫째는 들어서 이루는 바(聞所成)요, 둘째는 생각하여 이루는 바(思所成)요, 셋째는 닦아서 이루는 바(修所成)이다. 듣거나 생각하여 이루는 바는 바로 유루有漏요, 닦아서 이루는 바는 유루와 무루無漏에 다 통한다."

28 사정근四正勤: 37도품道品 중의 제2과이다. 근勤이란 '게으르지 않다'는 뜻이고, 단斷이란 '장애를 끊는다'는 뜻으로, 네 가지 정근심精勤心의 방편으로 게으름을 끊어 없애고 선이 생하도록 하는 수행 덕목이다. 네 가지는 다음과 같다. ①단단斷斷; 이미 생긴 나쁜 업을 꾸준히 힘써 끊고(已生惡令永斷), ②율의단律儀斷; 아직 나지 않은 나쁜 업은 생기지 않도록 하고(未生令不生), ③수호단隨護斷; 아직 나지 않은 착한 법은 꾸준히 힘써 나도록 하고(未生善令生), ④수단修斷; 이미 생긴 착한 법을 더욱 늘도록 열심히 닦는 것(已生善令增長).

『십주비바사론十住毘婆沙論』(대정장26, p.106c)에 "이미 생긴 악법을 단절함은 독사를 제거하는 것과 같이 하고, 아직 생기지 않은 악법을 끊는 것은 흐르는 물을 미리 막는 것과 같이 하라. 이미 생긴 선을 증장시킴은 감과甘果를 재배하는 데 물 대는 것과 같이 하고, 아직 생기지 않은 선을 생하게 하는 것은 나무를 비벼서 불을 내는 것 같이 하라(斷已生惡法 猶如除毒蛇 斷未生惡法 如預斷流水 增長於善法 如漑甘果栽 未生善爲生 如攢木出火)"라고 나온다.

29 사신족四神足: 37도품 중에서 사념처·사정근의 다음에 닦는 제3과. 사념처에서 참된 지혜를 닦고, 사정근에서 바른 정진과 지혜가 많으므로 정력定力이 다소 약하나, 이제 네 가지 정定을 얻어 마음을 다잡았기 때문에 정혜定慧가 균등해짐에 따라 원하는 바를 다 얻게 되므로 신족神足 또는 사여의족四如意足이라 한다. ①욕정欲定 여의족; 가행加行 정진이 하고자 하는 대로 만족하다는 것. ②정진정精進定 여의족; 선정을 닦으려 함에 또한 여의한 것. ③심정心定 여의족; 일념으로 적정 부동한 경지에 이르는 것. ④사유정思惟定 여의족; 선정으로부터 지혜가 여의하게 만족한 것.

■ 『대지도론』 제19권(대정장25, p.202c). "사정근을 행할 때에 마음이 조금 산란하여 선정으로 마음을 거두기 때문에 여의족이라 한다. 비유하건대 좋은 음식에 소금이 적으면 맛이 없다가 소금을 넣으면 맛이 구족해지는 것과 같다. 여의如意라 함은 또 사람이 두 발을 가지고 있는데 곁들여 좋은 말이나 좋은 수레를 얻으면 마음대로 갈 곳에 이르게 되는 것 같이, 수행자도 사념처의 진실한 지혜를 얻고서 사정근 가운데서 바르게 정진하면 정진하기 때문에 지혜가 더욱 많아진다. 선정의 힘이 조금 약해졌을 때에 네 가지 선정을 얻어 마음을 거두기 때문에 지혜와 선정의 힘이 균등해져서 원하는 일을 모두 이루기 때문에 여의족이라 한다."

■ 『유가사지론』(대정장30, p.444a~b)에서는 사신족을 다음과 같이 설명한다. "발이 있는 자는 능히 가기도 하고 오기도 하고 뛰기도 하며 용맹스러워서 세간의 수승한 법을 얻기 때문에 신神이라 하였으며, 저쪽에서 능히 이쪽에 이르기 때문에 신족神足이라 하였다. 이와 같이 욕欲 등(勤·心·觀)의 모든 법에 삼마지를 원만히 성취하여 능히 부동의 자리를 얻게 되면 능히 가고 오며 뛰고 용건勇健하여, 능히 출세간의 뛰어난 법을 증득하여 가장 자재롭게 된다. 이것이 가장 뛰어난 신력이니 저(行者)가 능히 이것을 증득하였으므로 신족이라고 한다."

覺支³²·팔정도八正道³³ 등의 37조도품助道品³⁴과 공空·무상無相·무

---

30 오근五根: 37도품 중의 제4과. 다섯 가지의 번뇌를 항복시키기 위하여 성스러운 도에 이끌어 들여서 더욱 증장하게 하는 다섯 가지 작용을 가리킨다. 수행 계위로는 가행위 가운데 난위煖位와 정위頂位가 오근에 해당한다. ① 신근信根; 불법승 삼보와 사성제의 이치를 믿음. ②정진근精進根; 용맹하게 착한 법을 닦음. ③염근念根; 바른 법을 억념함. ④정근定根; 마음을 쉬어서 한 가지 경계에 머물러서 흩어지거나 잃지 않게 함. ⑤혜근慧根; 정 가운데 관지觀智를 일으킴으로 말미암아 여실한 진리를 요지了知하는 것. 이 다섯 가지가 일체 착한 법의 근본을 능히 일으키므로 오근이라 한다.

31 오력五力: 37도품 중의 제5과. 오근五根이 증장하여 발생하는 5종의 수행과 해탈에 도달하기 위한 역용力用을 가리키는 말. 수행 계위로는 가행위加行位 가운데 인위忍位, 세제일위世第一法位가 오력에 해당한다. 역력이라는 것은 세간(人, 天, 阿修羅)이 그 힘을 여법하게 빼앗을 수 없다는 것과 모든 번뇌마가 능히 굽히지 못하므로 항복받기 어렵다고 한 의미이다. 이런 힘으로 말미암아 큰 위세를 갖추어서 일체 마군의 세력을 꺾으며 능히 일체 번뇌가 영원히 다한 자리를 증득한다. 그러므로 역이라고 한 것이다(『대지도론』제19권). ①신력信力; 불법승 삼보를 경건하게 성실히 믿고 삿된 믿음을 타파함. ②정진력精進力; 사정근을 닦아서 모든 악을 끊어 없애는 힘. ③염력念力; 사념처를 닦아서 정념을 얻는 힘. ④정력定力; 전심으로 선정을 닦아 번뇌를 끊어 없애는 힘. ⑤혜력慧力; 사제四諦를 관하고 깨달아 지혜를 성취하도록 하는 힘.

32 칠각지七覺支: 37도품 중의 제6과. 각覺이란 보살의 지혜를 말하는 것으로 7가지의 법으로 보리지혜의 개전開展을 능히 돕는 것. 수행 계위는 견도見道에 해당한다. ①염각지念覺支; 마음 가운데 밝히 선정과 지혜를 항상 염함. ②택법각지擇法覺支; 지혜에 의지하여 참된 법을 선택함. ③정진각지精進覺支; 바른 법에 정진하여 게으름이 없음. ④희각지喜覺支; 바른 법을 얻어 마음이 즐거움. ⑤경안각지輕安覺支; 심신이 안온하여 가벼운 것. ⑥정각지定覺支; 선정에 들어 산란함이 없음. ⑦사각지捨覺支; 마음에 치우침

과 집착이 없어 평온을 유지하는 것.

■ 원효대사의 『중변분별론소中邊分別論疏』 제3권(한불전1, p.842c~825a)에는 칠각지를 다음과 같이 설명하고 있다. "『대지도론』의 설과 같이 일체 법에 억념憶念하지 않는 것을 염念각분이라고 하며, 일체법 가운데 선법善法과 불선법不善法과 무기법無記法을 찾더라도 다 얻을 수 없는 것을 택법각분擇法覺分이라 한다. 삼계에 들어가지 않아도 모든 경계의 상을 파괴하는 것, 이것을 정진각분精進覺分이라 한다. 일체 작법作法에 즐거움과 근심에 집착하지 않으면서 기쁜 상이 증상增上하므로 이것을 희각분喜覺分이라고 한다. 일체법 가운데 심연心緣을 제하여 얻을 것이 없는 것을 제각분除覺分이라고 한다. 일체법이 항상 정의 모양임을 알고, 어지러움도 정定도 아님을 정각분定覺分이라고 한다. 일체 법에 집착하지도 않고 의지하지도 않으며 또한 이것을 사심捨心이라고 보지도 않는 것을 사각분捨覺分이라고 한다. 실상을 관하는 지혜 가운데 기쁨을 내는 것이 참 기쁨이다. 이 참 기쁨은 먼저 몸의 기쁨을 제하고 다음에 마음의 기쁨을 얻은 뒤에, 일체법상을 제하여 쾌락이 신심 가운데 편만遍滿함을 얻나니 이것이 사捨각분이다. 이미 희喜, 제除, 사捨의 모든 관행이 이른바 무상, 고, 공 등의 관이며, 유무, 비유비무 등의 관을 얻게 된다. …… 이와 같은 희, 제, 사를 얻으면 칠각분七覺分이 구족하게 차게 된다. 이 가운데 제除는 곧 경안輕安이다. 능히 추중麤重한 번뇌를 제하기 때문에 제除라고 이름하였다. 이것이 대략 각분을 닦는 모습을 설한 것이다."

33 팔정도八正道: 열반의 바른 도를 구하기 위한 여덟 가지의 성스러운 도. 수행 계위 중에 수도修道에 해당한다. 37도품 중에 가장 대표적인 불교의 실천 법문. ①정견正見; 부처님의 교설인 사제와 인연, 선악과 과보를 바로 보아서 스스로 성도의 증득을 성취한다. ②정사유正思惟; 바른 의지로 바르게 분별하고 혹은 사제를 염하여 생각에 탐욕과 성냄이 없고 남에게 해악을 끼칠 생각이 없다. ③정어正語; 바른 말로 진리만을 말하고 입으로 짓는 망언·양설·악구·기어 등의 구업을 떠난다. ④정업正業; 바른 업으로써 몸으로 짓는 음행·살생·주지 않는 것을 취함(不與取等) 등을 행하지 않

는다. ⑤정명正命; 바른 생활로 주술 등의 삿된 생활을 버리고, 여법하게 수행에 필요한 의복·음식·와구·탕약 등의 모든 생활용구를 구한다. ⑥정정진正精進; 바른 노력이니, 이미 생긴 악을 없애고 아직 생기지 않은 악은 나지 않게 하고, 아직 생기지 않은 선은 생기게 하고 이미 생긴 선은 더욱 증장하니 능히 방편으로 정진한다. ⑦정념正念; 바른 기억이니 스스로 신·수·심·법 등의 사념주를 수행한다. ⑧정정正定; 바른 선정이니 악하여 선하지 않은 법을 떠나서 초선 내지 사선四禪을 성취한다.

■『대승아비달마잡집론』제10권(대정장31, p.741a)에서는 팔정도를 다음과 같이 설명한다. "팔정도의 소연경所緣境은 사제四諦이다. 첫 번째인 정견은 분별지分別支에 해당하는 것으로, 앞서 증득한 것에 따라 진실하게 간택하기 때문이다. 정사유는 남에게 보여 가르치는 지분(誨示他支)에 해당하는 것이니, 그 증득한 방편이 안정되게 세워진 대로 언행을 발하기 때문이다. 정어·정업·정명은 남으로 하여금 믿게 하는 지분(令他信支)인데, 그것은 그 차례에 따라 다른 이로 하여금 그 이치의 증득을 믿게끔 하여 견見, 계율, 정명을 결정하는 청정한 성품이기 때문이다. 왜냐하면 정어로 말미암는 까닭에 스스로 증득하는 바에 따라 문답과 논의를 잘 결택하게 된다. 이와 같은 것으로 인하여 그 견의 청정함을 알게 된다. 정업으로 말미암는 까닭에 떠나가거나 돌아오거나 나아가고 그치는 바른 행(正行)이 구족된다. 이것에 연유해서 그 계율의 청정함을 알게 된다. 정명으로 말미암아 법다이 부처님이 허락하신 바의 법의, 발우, 자구(資具: 와구. 의약 등)를 걸구乞求한다. 이로 말미암아 청정한 정명이 있는 줄을 분명하게 알게 된다. 정정진은 번뇌를 깨끗이 하는 지분(淨煩惱障支)에 해당하는 것이니 이로 말미암아 영원히 일체의 결(結: 번뇌)을 끊기 때문이다. 정념은 수번뇌의 장애를 깨끗이 하는 지분(淨隨煩惱障支)에 해당하는 것이니, 이로 말미암아 올바르게 머무르고 일어나는 모양 따위를 잊지 않아 혼침, 도거 등의 수번뇌隨煩惱를 용납하지 않기 때문이다. 정정은 가장 뛰어난 공덕으로 장애를 능히 깨끗이 하는 지분(能淨最勝功德障)에 해당하나니, 이로 말미암아 신통 등 한량없는 뛰어난 공덕(勝功德)을 이끌어 발하기 때문이다."

작無作 등의 삼해탈문[35], 육바라밀[36]·신통변화[37] 등의 일체 모든

■『제법무행경諸法無行經』상권(대정장15, p.754b)에는 팔정도를 다음과 같이 설명하고 있다. "부처님께서 문수사리에게 말씀하셨다. '만약 행자가 일체 법은 평등하며 둘이 없고 분별함이 없다면 이를 보는 까닭으로 정견正見이라 하고, 일체 법이 생각이 없고 분별함이 없음을 보면 이를 보는 까닭으로 해서 정사유正思惟라 한다. 모든 법이 언설이 없는 모양을 보면 언어가 평등한 모양을 잘 닦는 까닭에 이를 정어正語라 하고, 일체 법의 짓지 아니하는 모양을 보면 짓는 자가 불가득不可得이기 때문에 정업正業이라 한다. 정명正命과 사명邪命을 분별하지 아니하고 평등한 생활을 잘 수습하는 까닭에 이를 정명正命이라 한다. 일체의 법을 내지 아니하고 일으키지 않아 행하는 바가 없는 까닭으로 해서 이를 정정진正精進이라 한다. 일체의 법에 대하여 기억하고 생각(憶念)하는 바가 없어 모든 기억과 생각의 성품을 떠나는 까닭에 이를 정념正念이라고 하고, 일체 법의 성품이 항상 적정함을 보아 흩어지지 아니하고 반연하지 아니하고 불가득인 까닭으로 해서 이를 정정正定이라고 한다. 문수사리야, 행자는 마땅히 이와 같이 팔성도분을 관하여야 한다.'" 또는 이역본『제법본무경諸法本無經』중권(대정장15, p.766a~b)을 참조.

34 삼십칠조도품三十七助道品: 조도품은 불도를 닦는 데 요긴한 보과목補科目으로서, 37이란 사념처四念處, 사정근四正勤, 사신족四神足, 오근五根, 오력五力, 칠각지七覺支, 팔정도八正道의 숫자를 합친 것이다.

35 삼해탈문(三解脫門, trīṇi vimokṣa mukhāni): 해탈을 얻기 위한 세 가지 수행문. ① 공문(空門, śūnyatā)은 일체법이 성품이 없으며, 인연의 화합으로 생겨난 것을 관함. ② 무상문(無相門, animitta)은 일체법이 공한 것을 알고 남녀, 같고 다름 등의 실상을 얻을 수 없음을 관하는 것. ③ 무원문(無願門, apraṇihita)은 일체 법의 모양이 없는 것을 알면 삼계에서 원하여 구할 것이 없음을 관하는 것.

36 육바라밀(六波羅蜜, ṣaḍ pāramitā, 四 ṣaṭ pāramitā): 바라밀이란 열반의 저 언덕에 이르는 것. 대승불교에서 보살도를 완성하기 위한 여섯 가지 실천 덕

목. ① 보시布施바라밀은 중생들에게 베풀어 주는 일. 재물을 베풀면 재財보시, 법을 베풀면 법法보시, 두려움을 없애 주면 무외無畏보시라고 한다. ② 지계持戒바라밀은 모든 나쁜 업을 버리고 불교의 도리에 맞는 착한 계율을 지니는 것. ③ 인욕忍辱바라밀은 모든 어려움과 욕된 일을 참으며, 성내는 마음을 내지 않는 것. ④ 정진精進바라밀은 꾸준히 수행하여 힘쓰고 게으르거나 쉼이 없는 것. ⑤ 선정禪定바라밀은 마음을 고요하고 바르게 하고 모아서 정定에 드는 것. ⑥ 지혜智慧바라밀은 삿된 소견을 버리고 진실한 지혜를 얻는 것. 즉 반야般若바라밀을 말함.

■ 중관학파인 청변(淸辯, Bhāvaviveka) 논사는 『대승장진론大乘掌珍論』 하권 (대정장30, p.278a)에서 육바라밀을 다음과 같이 설명한다. "일체종상一切種相을 버리고 또한 번뇌를 버리면 이것을 이름하여 보시바라밀다라 하고, 일체의 소연所緣과 작의作意가 그치어 얻는 것이 없으면 이것을 지계바라밀다라고 한다. 모든 소연에 대하여 능히 참아내면 인욕바라밀다라고 하고, 취하지도 않고 버리지도 않으며 일체 행을 여의면 정진바라밀다라고 한다. 일체 작의는 다 현행하지 않아 모두 짓는 것이 없으면 이것을 정려(정진)바라밀다라고 하고, 일체 법에 희론을 일으키지 않고 두 모습을 여의는 것을 반야바라밀다라고 한다."

37 육신통(六神通, ṣaḍ abhijñāḥ)을 말한다. 신통은 선정을 닦아 얻어지는 초인간적인 불가사의한 능력이다. ① 신족통神足通; 능히 대지를 움직이며, 산과 절벽, 나무를 걸림 없이 통과하며, 한 몸을 변화하여 무수한 몸이 되고 무수한 몸이 도리어 한 몸이 되며, 물위를 마치 땅처럼 걸으며 허공을 새처럼 날고, 땅 속으로 들어갔다 나오는 것을 마치 물처럼 하며, 몸에서 연기나 물이나 꽃을 내기도 하고, 태양이나 달보다 밝은 빛을 내기도 하며, 범천에 이르기까지 원하는 곳을 자유롭게 왕래할 수 있는 능력. ② 천안통天眼通; 인간과 천상계를 포함하여 밀고 가까운 세간 일체에 있는 중생들의 형색을 보며, 중생들이 짓는 업과 그 과보로 여기에 죽어 저기에 태어나는 것을 볼 수 있는 능력. ③ 천이통天耳通; 일체 세간 중생들의 갖가지 소리를 듣고 아는 능력. ④ 타심통他心通; 일체 세간 중생들의 마음을 있는

법문을 일으키는 모양도 이 염불삼매의 선근 가운데 널리 분별되는 것이다. 따라서『불유교경』[38]에서 말씀하셨다. "마음을 한 곳으로 제어하면 밝혀지지 않는 일이 없다."

그대로 아는 능력. ⑤숙명통宿命通; 중생들의 과거 생을 아는 능력. 일겁, 십겁, 백겁, 천겁의 과거세에 어떤 중생이 어느 곳에 어떤 몸으로 태어나 어떤 업을 짓고, 또 그 과보로 어떤 세계에 어떤 모습으로 태어나 어떤 업을 지었는지 아는 능력. ⑥누진통漏盡通; 번뇌를 끊음이 자재하여 사제의 이치를 증證하고 다시 삼계에 미迷하지 않는 불가사의한 능력.
■신족통에서 숙명통까지를 오신통이라 하고, 여기에 누진통을 더하여 육신통이라 한다.

38 본문 인용과 관련된『불유교경』(대정장12, p.1111a)의 내용은 다음과 같다. "이 오근五根이라는 것은 마음이 그 주인이 된다. 이런 까닭에 너희들은 마땅히 마음을 잘 제어하라. 마음의 두려움이 독사나 사나운 짐승과 원한이 있는 도적보다 심해서 큰 불이 번지는 것으로도 비유가 되지 아니한다. 꿀이 담긴 그릇을 든 사람이 경박하게 다만 꿀만 보고 낭떠러지를 보지 못하고 구르는 것과 같다. 비유하자면 미친 코끼리를 갈고리로 제어하지 못함과 같고, 원숭이가 나무 사이에서 뛰어 놀듯이 올라가고 매달리고 달리고 팔짝 건너뛰고 하지만 이를 제어할 수 없는 것과 같다. 급히 날뛰려는 마음을 단속해서 방일하지 않도록 하라. 이러한 마음을 놓아 버리면 인간의 좋은 일을 망치게 되고 한 곳에 잡아서 가두어 두면 분별하지 못하는 일이 없다(此五根者心爲其主 是故汝等當好制心 心之可畏甚於毒蛇惡獸怨賊大火越逸 未足喩也 動轉輕躁但觀於蜜不見深坑 譬如狂象無鉤 猿猴得樹騰躍跳躑 難可禁制 當急挫之無令放逸 縱此心者喪人善事 制之一處無事不辦 是故比丘當勤精進折伏其心)."

2) 바른 선정의 모양을 분별함(分別眞僞)

二 分別眞偽者 有二 一者 辨邪偽禪發相 行者若發如
上諸禪時 隨因所發之法 或身搔動 或時身重如物鎭
壓 或時身輕欲飛 或時如縛 或時逶迤垂熟 或時煎寒
或時壯熱 或見種種諸異境界 或時其心闇蔽 或時起
諸惡覺 或時念外散亂諸雜善事 或時歡喜躁動 或時
憂愁悲思 或時惡觸身毛驚竪 或時大樂昏醉 如是種
種邪法 與禪俱發 名爲邪偽

둘째, 참되고 바른 선정과 거짓된 선정을 분별한다는 것은 두 가지 뜻이 있다. 첫째는 삿되고 거짓된 선정이 일어나는 모양을 판별하는 것이다. 수행자가 만약 위와 같이 여러 선정을 일으킬 때 일어나는 법에 따라서 혹은 몸이 가려워 움직이거나, 때로는 몸이 무겁기가 무거운 물건으로 짓누르는 것 같고, 때로는 몸이 가벼워서 날아갈 것만 같거나, 혹은 몸이 묶인 것 같거나, 때로는 어정거려 느려지거나, 때로는 몹시 춥고 때로는 대단히 덥거나, 때로는 갖가지 기이한 경계를 보게 된다. 때로는 그 마음이 어둡게 가려지거나, 때로는 여러 잘못된 생각(覺)을 일으키거나, 때로는 외부의 산란하고 잡다한 좋은 일을 생각하거나, 때로는 기뻐하면서 날뛰거나, 때로는 걱정 근심의 슬픈 생각을 떠올린다. 때로는 기분 나쁜 촉감에 놀라서 몸에 소름이 끼쳐 모발이 곤두서기도 하고, 때로는 크게 기뻐 혼미하게 취하기도 한다. 이와 같은 여러 가지 삿된 법이 선정과 함께 일어나는 것을 이름하여 삿되고 거짓된 모양이라고 한다.

此之邪定 若人愛著 卽與九十五種鬼神法相應 多好
차 지 사 정 약 인 애 착 즉 여 구 십 오 종 귀 신 법 상 응 다 호
失心顚狂 或時諸鬼神等 知人念著其法 卽加勢力 令
실 심 전 광 혹 시 제 귀 신 등 지 인 념 착 기 법 즉 가 세 력 영
發諸邪定邪智 辯才神通 惑動世人 凡愚見者 謂得道
발 제 사 정 사 지 변 재 신 통 혹 동 세 인 범 우 견 자 위 득 도
果 皆悉信伏 而其內心顚倒 專行鬼法 惑亂世間 是人
과 개 실 신 복 이 기 내 심 전 도 전 행 귀 법 혹 란 세 간 시 인
命終 永不値佛 還墮鬼神道中 若坐時多行惡法 卽墮
명 종 영 불 치 불 환 타 귀 신 도 중 약 좌 시 다 행 악 법 즉 타
地獄
지 옥

이 삿된 선정에 만약 사람이 애착을 느끼면 바로 95종의 귀신법과 상응하여 흔히 정신을 잃거나 미치게 되는 경우가 많다. 때로는 여러 귀신들은 사람이 그 법을 생각하고 집착하고 있는 것을 알고, 그 세력을 더하여 여러 삿된 선정과 삿된 지혜를 일으켜 말재주와 신통력으로 세상 사람들을 미혹하게 하여 감동시키고, 어리석은 사람들에게는 도(道果)를 얻었다고 말하여 모두 믿어

의심하지 않게 한다. 그러나 그 내심은 뒤바뀌어 있으니, 오로지 귀신법을 행하여 세간을 미혹시키고 어지럽게 하는 것이다. 이 사람은 목숨이 다한 뒤에 오랫동안 부처님을 만나 뵙지 못할 뿐더러 도리어 귀신의 세계에 떨어진다. 만약 좌선할 때 많은 악법을 행한다면 곧 지옥에 떨어진다.

行者修止觀時 若證如是等禪 有此諸邪僞相 當卽却
행 자 수 지 관 시 약 증 여 시 등 선 유 차 제 사 위 상 당 즉 각

之 云何却之 若知虛誑 正心不受不著 卽當謝滅 應用
지 운 하 각 지 약 지 허 광 정 심 불 수 불 착 즉 당 사 멸 응 용

正觀破之 卽當滅矣
정 관 파 지 즉 당 멸 의

수행자가 지관을 수행할 때 만약 이와 같은 선정을 증득하게 되는 경우, 이러한 여러 가지 삿된 모양이 있으니 마땅히 이것을 물리쳐야 한다. 어떻게 이것을 물리칠 것인가. 만약 거짓된 속임수임을 알고 마음을 바로 하여 받지도 않고 집착하지도 않으면 반드시 바로 없어진다. (만약 사라지지 않으면) 마땅히 바른 관觀을 써서 이것을 깨뜨리면 곧 없어질 것이다.

二者 辨眞正禪發相 行者若於坐中發諸禪時 無有如
이 자 변 진 정 선 발 상 행 자 약 어 좌 중 발 제 선 시 무 유 여

上所說諸邪法等 隨一一禪發時 卽覺與定相應 空明
상 소 설 제 사 법 등 수 일 일 선 발 시 즉 각 여 정 상 응 공 명

淸淨 內心喜悅 憺然快樂 無有覆蓋 善心開發 信敬增
청정 내심희열 담연쾌락 무유복개 선심개발 신경증
長 智鑒分明 身心柔軟 微妙虛寂 厭患世間 無爲無欲
장 지감분명 신심유연 미묘허적 염환세간 무위무욕
出入自在 是爲正禪發相
출입자재 시위정선발상

두 번째, 참되고 바른 선정이 일어나는 모양을 판별하는 것이다. 수행자가 만약 좌선하여 여러 선정이 일어날 때 위에서 말한 것과 같은 여러 삿된 법이 없으며, 하나하나의 선정이 일어남에 따라 정定과 상응하여 텅 빈 가운데 밝고 청정하게 되며, 내심으로 기쁘고 즐거우며 편안하고 쾌적함을 느끼게 된다. 마음에 덮고 가리는 것이 없이 착한 마음이 개발되어 믿음과 공경하는 마음이 점점 늘어난다. 지혜의 비춤이 분명하여서 몸과 마음이 유연하고 미묘하며 텅 빈 가운데 고요하게 된다. 세간을 싫어하여 근심이라 생각하고, 함이 없고(無爲) 욕심이 없어 선정에 드나듦이 자유자재하게 되면, 이것을 바른 선정이 일어난 모양이라고 한다.

譬如與惡人共事 恒相觸惱 若與善人共事 久見其美
비여여악인공사 항상촉뇌 약여선인공사 구견기미
分別邪正二種禪發之相 亦復如是
분별사정이종선발지상 역부여시

비유하면 마치 악한 사람과 함께 일을 도모하면 늘 번뇌와 부딪치는 꼴이 되고, 착한 사람과 함께 일을 하면 오래될수록 점점 더 그 아름다움을 보게 되는 것과 같다. 삿된 것과 바른 것의 두 가지 선정이 일어나는 모양을 분별하는 것도 또한 이와 같다.

3) 지관으로 모든 선근을 길러냄(止觀長養諸善根)

三 明用止觀長養諸善根者 若於坐中諸善根發時 應
삼 명용지관장양제선근자 약어좌중제선근발시 응

用止觀二法修令增進 若宜用止 則以止修之 若宜用
용지관이법수령증진 약의용지 즉이지수지 약의용

觀 則以觀修之 具如前說略示大意矣
관 즉이관수지 구여전설략시대의의

셋째, 지관을 사용하여 모든 선근을 길러 내는 것을 밝힌다. 만약 좌선 중에 여러 선근이 일어날 때에는 반드시 지止와 관觀의 두 법을 사용하여 닦으면서 증진시켜 나아가야 한다. 만약 지止를 사용하는 것이 적절하면 곧 지止로써 닦고, 만약 관觀을 사용하는 것이 적절하면 바로 관觀으로써 닦아야 한다. 큰 뜻을 간략히 보이면 앞에서 말한 것과 같다.

제8장 마사를 알고 물리침(覺知魔事第八)

梵音魔羅 秦言殺者 奪行人功德之財 殺行人智慧之
범음마라 진언살자 탈행인공덕지재 살행인지혜지

命 是故名之爲惡 魔事者 如佛以功德智慧度脫衆生
명 시고명지위악 마사자 여불이공덕지혜도탈중생

入涅槃爲事　魔常以破壞衆生善根令流轉生死爲事
입열반위사　마상이파괴중생선근령류전생사위사

若能安心正道 是故道高方知魔盛 仍須善識魔事
약능안심정도 시고도고방지마성 잉수선식마사

범어인 '마라魔羅'는 중국말로는 '죽이는 자'이다. 수행자의 공덕 재물을 약탈하고 지혜의 목숨을 죽이기 때문이다. 이런 까닭에 이름을 악마惡魔라고 한다. 일(事)이란 측면에서 부처님은 공덕과 지혜로써 중생을 제도하고 해탈시켜 열반에 들게 하는 것으로 일을 삼고 계시는 데 반하여, 마魔가 하는 짓이란 항상 중생들의 선근을 파괴하여 생사의 윤회세계에 유전流轉시키는 것을 일삼고 있다. 만약 능히 마음을 바른 불도에 안정시켜도, 도가 높으면 높을수록 마는 점점 더 성하는 것을 바야흐로 알게 된다. 따라서 반드시 마의 일을 잘 알아야 한다.

但有四種 一 煩惱魔 二 陰入界魔 三 死魔 四 鬼神魔
단 유 사 종 일 번 뇌 마 이 음 입 계 마 삼 사 마 사 귀 신 마

三種皆是世間之常事 及隨人自心所生 當須自心正
삼 종 개 시 세 간 지 상 사 급 수 인 자 심 소 생 당 수 자 심 정

除遣之 今不分別 鬼神魔相 此事須知 今當略說 鬼神
제 견 지 금 불 분 별 귀 신 마 상 차 사 수 지 금 당 략 설 귀 신

魔有三種
마 유 삼 종

다만 네 가지의 마가 있다. 첫째 번뇌마煩惱魔, 둘째 음입계마陰入界魔[1], 셋째 사마死魔[2], 넷째 귀신마鬼神魔[3]이다. 앞의 세 가지는 세상에서 흔한 일들이고 사람의 마음을 따라서 저절로 생기는 것이니, 마땅히 스스로 마음을 바르게 하면 없앨 수 있어 여기서는

---

1 음입계마陰入界魔: 오음五陰, 십이입十二入, 십팔계十八界를 말한다. 『마하지관』 제5권(대정장46, p.52a)에 "일체 명색名色이 중생들을 얽어매어 놓는다. 또 수행자의 선근 공덕 지혜를 덮어씌워서 자라지 못하게 하므로 마魔라고 한다. 오음五陰은 『화엄경』에서 '마음은 교묘한 화가가 갖가지 오음을 그리는 것과 같다(心如工畵師 畵種種五陰)'고 한 것처럼 일체 세간의 모든 것을 지어내지 않은 것이 없다"라고 나온다.

2 사마死魔: 일체 생사에서 업보의 윤회가 쉬지 않으니 모두 마魔라고 한다. 수행인이 도를 닦으려고 발심을 하고자 하여도 병을 얻어 명이 다하여 죽거나, 성스러운 도를 닦아도 후세에 인연이 바뀌어 본심을 잃어버리기 때문에 이것을 마라고 한다.

3 귀신마의 으뜸으로는 천마天魔가 있다. 욕계 제6천의 타화자재천왕인 악마 파순波旬이 천마가 되어 불법을 원수로 여기고 수행자가 욕계에서 벗어나는 것을 두려워하여 수행자의 선근을 파괴한다. 여러 귀신들은 그의 권속들이 갖가지로 수행자들을 괴롭히므로 '무리'라는 뜻에서 마군魔軍이라 한다.

분별하지 않는다. 그러나 귀신마의 양상에 대하여서 반드시 알아야 하기 때문에 이제 간략히 설명하겠다. 귀신마에는 세 가지가 있다.

1. 정매귀(精魅)

一者 精魅 十二時獸 變化作種種形色 或作少女 老宿
일 자 정 매 십 이 시 수 변 화 작 종 종 형 색 혹 작 소 녀 노 숙

之形 乃至可畏身等非一 惱惑行人 此諸精魅 欲惱行
지 형 내 지 가 외 신 등 비 일 뇌 혹 행 인 차 제 정 매 욕 뇌 행

人 各當其時而來 善須別識
인   각 당 기 시 이 래   선 수 별 식

첫째, 정매精魅란 것은 십이시十二時의 짐승이 변화하여 갖가지 형색을 만드는 것이다. 혹 어린 남녀의 모양이나 늙은이(덕이 높은 스님)의 형상이나 두려워할 만한 몸 등을 만드는데, 하나가 아닌 여러 모양으로 수행자를 괴롭히고 현혹시킨다. 이 정매가 수행인을 괴롭히고자 함에 각각 그 때를 맞추어 오는 것이니 잘 식별하여야 한다.

若於寅時來者 必是虎獸等 若於卯時來者 必是兎 鹿
약 어 인 시 래 자 필 시 호 수 등 약 어 묘 시 래 자 필 시 토 녹

等 若於辰時來者 必是龍鼈等 若於巳時來者 必是蛇
등 약 어 진 시 래 자 필 시 용 별 등 약 어 사 시 래 자 필 시 사

蟒等 若於午時來者 必是馬 驢 駝等 若於未時來者
망등　약어오시래자　필시마　려　타등　약어미시래자

必是羊等 若於申時來者 必是猿猴等 若於酉時來者
필시양등　약어신시래자　필시원후등　약어유시래자

必是鷄 烏等 若於戌時來者 必是狗 狼等 若於亥時來
필시계 오등　약어술시래자　필시구 랑등　약어해시래

者 必是猪等 子時來者 必是鼠等 丑時來者 必是牛等
자　필시저등　자시래자　필시서등　축시래자　필시우등

行者若見常用此時來 卽知其獸精 說其名字訶責 卽
행자약견상용차시래　즉지기수정　설기명자가책　즉

當謝滅
당사멸

만약 인시寅時에 온다면 필시 호랑이, 짐승 등이고, 묘시卯時에 온다면 필시 토끼와 사슴 등이며, 진시辰時에 온다면 필시 용과 자라 등이고, 사시巳時에 온다면 필시 뱀과 구렁이며, 오시午時에 온다면 필시 말, 당나귀, 낙타이고, 미시未時에 온다면 필시 양 등이며, 신시申時에 온다면 필시 원숭이와 성성이고, 유시酉時에 온다면 필시 닭, 까마귀 조류이며, 술시戌時에 온다면 필시 개, 늑대 등이고, 해시亥時에 온다면 필시 멧돼지 등이며, 자시子時에 온다면 필시 쥐 등이고, 축시丑時에 온다면 필시 소 등이다. 수행자가 이들이 오는 때를 알아서 그 짐승의 정매精魅라는 것을 알고, 그 이름을 불러서 매우 꾸짖으면 바로 물러나 사라질 것이다.

2. 퇴척귀(堆剔)

二者 堆剔鬼 亦作種種惱觸行人 或如蟲蝎緣人頭面
이자 퇴척귀 역작종종뇌촉행인 혹여충갈연인두면

鑽刺熠熠 或擊櫟人兩腋下 或乍抱持於人 或言說音
찬자습습 혹격력인량액하 혹사포지어인 혹언설음

聲喧鬧 及作諸獸之形 異相非一 來惱行人 應卽覺知
성훤료 급작제수지형 이상비일 내뇌행인 응즉각지

一心閉目 陰而罵之 作是言
일심폐목 음이매지 작시언

둘째, 퇴척귀堆剔鬼란 것도 역시 여러 가지로 수행자에게 접촉하여 괴롭힌다. 혹은 벌레와 전갈 같은 것이 사람의 머리와 얼굴에 파고들어 찌르는 것이 아프게 하며, 혹은 사람의 양쪽 겨드랑이 아래를 치고 때리거나 하며, 혹 잠깐 사이에 사람을 껴안기도 하며, 혹 말하는 소리가 떠들썩하고 시끌시끌하며, 여러 짐승의 형상을 만드는데, 그 이상한 모습이 하나같지 않다. 이런 것들이 와서 수행하는 이를 괴롭힌다면 마땅히 바로 알아차리고 한마음으로 눈을 감고서 이와 같은 말로 은근히 꾸짖어야 한다.

我今識汝 汝是閻浮提中食火臭香偸臘吉支 邪見 喜
아금식여 여시염부제중식화취향투랍길지 사견 희

破戒種 我今持戒 終不畏汝 若出家人 應誦戒本 若在
파계종 아금지계 종불외여 약출가인 응송계본 약재

家人 應誦三歸五戒等 鬼便却行 匍匐而去 如是若作
가인 응송삼귀오계등 귀변각행 포복이거 여시약작

種種留難惱人相貌 及餘斷除之法 並如禪經中廣說
종종류난뇌인상모 급여단제지법 병여선경중광설

"내가 지금 너를 아나니, 너는 여기 염부제 가운데 불을 먹고 향기를 맡으며 납향을 훔치는 악귀(偸臘吉支)[4]이다. 삿된 견해로 네가 지계의 종자를 깨뜨리는 것을 기뻐하지만, 나는 지금 계를 호지護持하므로 끝내 너를 두려워하지 않는다." 만약 출가인이라면 마땅히 보살계본[5]을 외우고, 만약 재가 신자라면 마땅히 삼귀의와 오계 등을 외우면, 귀신은 곧바로 물러나 기어 나갈 것이다. 이와 같은 갖가지 곤란을 만들어 사람을 괴롭히는 모양과, 또 그것을 끊어 없애는 방법은 선경禪經[6] 가운데 자세히 설한 것과 같다.

3. 마라(魔)

三者 魔惱 是魔多化作三種五塵境界相來破善心 一
삼자 마뇌 시마다화작삼종오진경계상래파선심 일

---

4 투랍길지偸臘吉支: '납臘를 훔치는 끼이챠(Kicca: 악귀의 이름)'란 뜻. 납臘이란 납일(섣달그믐)에 지내는 제사를 말한다.

5 보살계본菩薩戒本에는 『보살영락본업경菩薩瓔珞本業經』·『범망경보살계본梵網經菩薩戒本』 등이 있다.

6 『치선병비요법경』(대정상15)을 말한다. 처음 좌선을 배우는 이가 귀신들에 의하여 갖가지로 불안하고 선정을 얻지 못하는 것을 다스리는 법을 설하고 있다. 제2장의 각주 **11** 참조.

作違情事 則可畏五塵令人恐懼 二 作順情事 則可愛
작위정사 즉가외오진령인공구 이 작순정사 즉가애

五塵令人心著 三 非違非順事 則平等五塵動亂行者
오진령인심착 삼 비위비순사 즉평등오진동란행자

是故魔名殺者 亦名華箭 亦名五箭 射人五情故 名色
시고마명살자 역명화전 역명오전 사인오정고 명색

中作種種境界 惑亂行人
중작종종경계 혹란행인

셋째, 마라는 수행자를 괴롭힌다.[7] 이 마(魔)는 흔히 세 가지 오진(五塵: 色聲香味觸) 경계의 모양을 지어 나타나서 사람의 착한 마음을 파괴한다. 첫째는 뜻(情)에 거슬리는 일을 짓는 것이니, 즉 이것은 두려워하는 오진을 만들어 사람으로 하여금 공포를 느끼게 하는 것이다. 둘째는 뜻에 순응하는 일을 짓는 것이니, 즉 즐겨 좋아할 만한 오진을 만들어 사람의 마음으로 하여금 애착하게 만든다. 셋째는 거슬리지도 순응하지도 않는 일을 짓는 것이니, 즉 평등한 오진을 만들어 수행자의 마음을 움직이고 흐트러지게 한다. 이런 까닭으로 마[8]는 '죽이는 자'라고 하고, 또 '꽃 화살'이라고도 하고,

---

[7] 『마하지관』 제8권(대정장46, p.115c)에 마(魔: māra)의 방란妨亂에 대해 서술하고 있다. "첫째는 사람을 병들게 하는 것이고, 둘째는 관하는 마음을 잃게 하는 것이고, 셋째는 그릇된 법을 얻게 하는 것이다. 귀신은 몸에 병을 일으키고 몸을 죽이지만, 마는 공덕을 빼앗아 버리는 것이 귀신과 다르다."

[8] 『대지도론』 제5권(대정장25, p.99b). "마魔에는 네 가지가 있으니 첫째는 번뇌마煩惱魔요, 둘째는 음마陰魔요, 셋째는 사마死魔요, 넷째는 타화자재천마他化自在天魔이다. …… 어째서 마魔라 하는가. 혜명慧命을 빼앗고, 도법道法의 공덕과 선善의 근본을 무너뜨리기 때문에 마라 한다. 모든 외도들은

또 '다섯 화살'이라고도 한다. 이는 사람의 오정(五情: 眼耳鼻舌身의 五根)을 쏘기 때문이다. 명색名色 가운데 갖가지의 경계를 지어서 수행자를 미혹시키고 어지럽게 한다.

作順情境者 或作父母兄弟 諸佛形像 端正男女可愛
작 순 정 경 자 혹 작 부 모 형 제 제 불 형 상 단 정 남 녀 가 애
之境 令人心著 作違情境界者 或作虎狼師子羅刹之
지 경 영 인 심 착 작 위 정 경 계 자 혹 작 호 랑 사 자 라 찰 지
形 種種可畏之像 來怖行人 作非違非順境者 則平常
형 종 종 가 외 지 상 내 포 행 인 작 비 위 비 순 경 자 즉 평 상
之事 動亂人心 令失禪定 故名爲魔
지 사 동 란 인 심 영 실 선 정 고 명 위 마

'뜻(情)에 순응하는 경계를 짓는다'는 것은 혹 부모형제나 여러 부처님의 형상, 아름다운 남녀 등의 사랑스러운 경계를 나타내어 사람의 마음으로 하여금 애착하게 하는 것이다. '뜻에 거슬리는 경계를 짓는다'는 것은 호랑이, 늑대, 사자, 나찰의 모습 등 갖가지의 무서운 형상을 나타내어 수행인을 두렵게 하는 것이다. '거슬리지도 않고 순응하지도 않는 경계를 짓는다'는 것은 일상의 일들로 사람의 마음을 어지럽게 움직여 선정을 잃게 한다. 이런 까닭에

이를 욕주(欲主, 욕심의 주인)라 하고 또 화전(華箭, 사랑스러운 화살)이라 하고 오전(五箭, 五欲의 화살)이라 하니, 갖가지 착한 일을 깨뜨리기 때문이다."
■ 무서운 것을 보는 것을 독화살(毒箭) 또는 강적强賊이라 하고, 보기 좋은 것을 꽃 화살(華箭) 또는 연적軟賊이라고 말하지만 두 가지 모두 선근을 무너뜨린다.

이름을 '마魔'라고 한다.

或作種種好惡之音聲 作種種香臭之氣 作種種好惡
之味 作種種苦樂境界來觸人身 皆是魔事 其相衆多
今不具說 擧要言之 若作種種五塵 惱亂於人 令失善
法 起諸煩惱 皆是魔軍 以能破壞平等佛法 令起貪欲
憂愁 瞋恚 睡眠等諸障道法 如經偈中說

혹 마魔는 여러 가지로 듣기 좋거나 듣기 싫은 소리를 내거나, 또는 갖가지의 향기와 냄새를 풍기거나, 여러 가지 좋고 나쁜 맛을 만들기도 하고, 여러 가지 괴롭거나 즐거운 경계를 짓기도 한다. 그렇게 와서 사람의 몸에 접촉하는 것은 모두 마의 일이다. 그 모양들은 매우 많아서 여기에서 모두 자세히 설명할 수 없다. 요점을 들어 말하자면, 갖가지 오진五塵를 만들어 수행자를 괴롭히고 산란하게 하여 착한 법을 잃게 하며, 여러 번뇌를 일으키면, 이것이 모두 마군의 짓이다. 능히 평등한 불법을 파괴하여 탐욕, 근심, 성냄, 수면 등 불도에 장애가 되는 모든 법을 일으키기 때문이다. 경 가운데 게송[9]으로 설해진 것과 같다.

---

[9] 『대지도론』 제15권(대정장25, p.169a). "보살은 찬제(인욕)바라밀을 닦는 가운데 이렇게 생각한다. '주림, 갈증, 추위, 더위 등은 밖의 마요, 번뇌의 매

欲是汝初軍　　憂愁爲第二
욕시여초군　　우수위제이

飢渴第三軍　　渴愛爲第四
기갈제삼군　　갈애위제사

睡眠第五軍　　怖畏爲第六
수면제오군　　포외위제륙

疑悔第七軍　　瞋恚爲第八
의회제칠군　　진에위제팔

욕망은 너의 첫째 군대, 우수는 둘째

주림과 갈증은 셋째 군대, 애욕은 넷째

졸음은 다섯째 군대, 두려움은 여섯째

의심과 뉘우침은 일곱째 군대, 성냄은 여덟째

利養虛稱九　　自高慢人十
이양허칭구　　자고만인십

如是等衆軍　　壓沒出家人
여시등중군　　압몰출가인

我以禪智力　　破汝此諸軍
아이선지력　　파여차제군

得成佛道已　　度脫一切人
득성불도이　　도탈일체인

이양과 헛된 명성은 아홉째

듭은 안의 마군인데 나는 이 두 가지 마군을 깨뜨려야 불도를 이룰 것이다. 만약 그렇지 못하면 불도를 이루지 못하리라' 한다. 마군이 묻기를 '어떤 것이 안의 마군인가?' 보살이 게송으로 답하였다."(이하 본문 게송)

스스로 교만하여 남을 업신여김은 열째 군대라.

이와 같은 마군의 무리들이 출가 수행인을 눌러서 빠뜨린다.

나는 이제 선정과 지혜의 힘으로 너희 이 마군들을 격파하고

불도를 다 이룬 뒤에, 일체 모든 사람을 제도하리라.

4. 마사를 물리침(卻魔事)

行者旣覺知魔事 卽當却之 却法有二 一者 修止却之
행자기각지마사 즉당각지 각법유이 일자 수지각지

凡見一切外諸惡魔境 悉知虛誑 不憂不怖 亦不取不
범견일체외제악마경 실지허광 불우불포 역불취불

捨 妄計分別 息心寂然 彼自當滅
사 망계분별 식심적연 피자당멸

수행자가 이미 마사를 알아차렸다면, 곧 반드시 이것을 물리쳐야 한다. 물리치는 방법은 지와 관의 두 가지가 있다. 첫째는 지를 수행하여 물리치는 것이다. 무릇 모든 외부의 좋고 나쁜 마의 경계를 보고서, 모두가 다 거짓이고 속이는 것임을 알고 근심하지도 않고 두려워하지 않고, 또 취하지도 않고 버리지도 않으며, 허망하게 헤아리는 분별을 쉬면 마음이 고요하게 되어 반드시 저절로 없어져 버릴 것이다.

二者 修觀却之 若見如上所說種種魔境 用止不去 卽
이자 수관각지 약견여상소설종종마경 용지불거 즉

當反觀能見之心 不見處所 彼何所惱 如是觀時 尋當
당 반 관 능 견 지 심 　불 견 처 소 　피 하 소 뇌 　여 시 관 시 　심 당

滅謝 若遲遲不去 但當正心 勿生懼想 不惜軀命 正念
멸 사 　약 지 지 불 거 　단 당 정 심 　물 생 구 상 　불 석 구 명 　정 념

不動 知魔界如即佛界如 若魔界如 佛界如 一如無二
부 동 　지 마 계 여 즉 불 계 여 　약 마 계 여 　불 계 여 　일 여 무 이

如 如是了知 則魔界無所捨 佛界無所取 佛法自當現
여 　여 시 료 지 　즉 마 계 무 소 사 　불 계 무 소 취 　불 법 자 당 현

前 魔境自然消滅
전 　마 경 자 연 소 멸

둘째는 관을 수행하여 이것을 물리치는 것이다. 만약 위에서 설하여진 것과 같은 여러 가지 마의 경계를 보고서 지를 사용하였는데도 물러나지 않는다면, 곧 마땅히 돌이켜 능히 보는 마음(能見心)을 관한다.[10] 능히 보는 마음이 처하고 있는 곳이 보이지 않는다면, 그것에 어찌 괴롭힘을 당하게 되겠는가. 이와 같이 관할 때 마음을

---

10 『마하지관』 제8권(대정장46, p.116a~b)에 마를 다스리는 방법 세 가지가 나온다. "첫째는 마魔를 깨닫고는 꾸짖어서 받지 않는 방법이다. 마치 문을 지키는 사람이 악인은 들어오지 못하게 하는 것과 같다. 부처님이 비구들에게 '일체 남의 물건은 받지 않는다'고 하신 것과 같다. '받지 않는다'는 것은 능히 자타의 마사를 대치할 수 있다. 둘째는 이미 받았다면 머리부터 발끝까지 하나하나 자세히 관하며 '마를 찾아보아도 찾을 수 없고 마음을 구하여도 구할 수 없으니, 마는 어디에서 오는 것이며 어떤 것들을 괴롭히려 한단 말인가'라고 해야 한다. 마치 악인이 집에 들어오면 곳곳을 다 비추어 머물지 못하도록 하는 것과 같다. 셋째는 관하여도 떠나지 않는다면 마음을 강하게 하여 '죽음을 기하더라도 너와 함께 머물지 않는다'고 하며 저항하여야 한다."

찾으면 이윽고 사라져 버릴 것이다. 만약 느릿느릿하여 없어지지 않는다면 반드시 마음을 바로 하여 두려운 생각을 내지 말고, 신명身命을 아끼지 말고 정념正念하여 움직이지 말라. 마魔 경계의 진여眞如가 곧 부처님 경계의 진여임을 알라. 마 경계의 진여가 부처님 경계의 진여와 같은 진여이고 다른 것이 아니다. 이와 같이 알면 바로 마의 경계에서도 버릴 것이 없으며 부처님의 경계에서도 취할 것이 없다. 그러면 불법이 스스로 마땅히 앞에 나타나서 마의 경계가 자연히 소멸할 것이다.

復次 若見魔境不謝 不須生憂 若見滅謝 亦勿生喜 所
부 차 약 견 마 경 불 사 불 수 생 우 약 견 멸 사 역 물 생 희 소
以者何 未曾見有人坐禪見魔化作虎狼來食人 亦未
이 자 하 미 증 견 유 인 좌 선 견 마 화 작 호 랑 래 식 인 역 미
曾見魔化作男女來爲夫婦 當其幻化 愚人不了 心生
증 견 마 화 작 남 녀 래 위 부 부 당 기 환 화 우 인 불 료 심 생
驚怖及起貪著 因是心亂 失定發狂 自致其患 皆是行
경 포 급 기 탐 저 인 시 심 란 실 정 발 광 자 치 기 환 개 시 행
人無智受患 非魔所爲
인 무 지 수 환 비 마 소 위

또한 다음으로 만약 마의 경계가 사라지지 않음을 보더라도 모름지기 근심을 내지 말고, 만약 사라짐을 보더라도 기뻐하지 말라. 무슨 까닭인가. 좌선할 때 나타난 마가 변하여 범이나 이리가 되어서 수행자를 잡아먹는 것을 본 적이 없으며, 또 마가 변하여 남녀가 되어서 더욱 부부가 된 것을 본 적이 없으니 마땅히 알라.

이것이 모두 허깨비의 변화인 것을. 어리석은 사람은 이를 알지 못하여 마음에 놀라고 두려워하며 탐착심을 일으킨다. 이로 인하여 마음이 산란하게 되어 선정을 잃고 광기를 일으켜서 스스로 병을 불러들인다. 이것은 모두 수행인이 지혜가 없어 병이 생긴 것이지 마가 한 짓이 아니다.

若諸魔境惱亂行人 或經年月不去 但當端心正念堅
약 제 마 경 뇌 란 행 인　혹 경 년 월 불 거　단 당 단 심 정 념 견

固 不惜身命 莫懷憂懼 當誦大乘方等諸經治魔呪 默
고　불 석 신 명　막 회 우 구　당 송 대 승 방 등 제 경 치 마 주　묵

念誦之 存念三寶 若出禪定 亦當誦呪自防 懺悔慚愧
념 송 지　존 념 삼 보　약 출 선 정　역 당 송 주 자 방　참 회 참 괴

及誦波羅提木叉 邪不干正 久久自滅 魔事衆多 說不
급 송 바 라 제 목 차　사 불 간 정　구 구 자 멸　마 사 중 다　설 불

可盡 善須識之
가 진　선 수 식 지

만약 모든 마의 경계가 수행인을 괴롭히고 어지럽히며, 혹 세월이 지났는데도 떠나가지 않는다면, 다만 반드시 마음을 단정히 하고 정념正念을 굳게 지켜야 한다. 몸과 목숨(身命)을 아끼지 말고, 걱정과 두려움을 끌어안지 말며, 반드시 대승 방등경전에 있는 여러 가지 마를 다스리는 주문을 외우되 묵념으로 이것을 외우면서 삼보를 염송하도록 한다. 만약 선정에서 나올 때에도 역시 반드시 주를 외워 스스로를 지키고 참회하여 부끄러워하면서 바라제목차[11]를 독송한다. 사邪는 정正을 오래 막지 못하니, 오래되면 스스

로 없어지는 것이다. 마의 일은 매우 많아서 다 진술할 수 없으니 모름지기 이것을 잘 식별해야 한다.

是故 初心行人 必須親近善知識 爲有如此等難事 是
시고 초심행인 필수친근선지식 위유여차등난사 시
魔入人心 能令行者心神狂亂 或喜 或憂 因是成患致
마입인심 능령행자심신광란 혹희 혹우 인시성환치
死 或時令得諸邪禪定智慧神通陀羅尼 說法敎化 人
사 혹시령득제사선정지혜신통다라니 설법교화 인
皆信伏 後即壞人出世善事 及破壞正法
개신복 후즉괴인출세선사 급파괴정법

이런 까닭에 초심의 수행자는 반드시 선지식[12]을 친근하여야 할

---

11 바라제목차(波羅提木叉, prātimokṣa): 몸으로 짓는 허물과 언어로 짓는 허물을 수계 작법에 의지하여 따로따로 해탈하는 계법. 여러 근을 잘 보호하여 착한 법을 증장하며, 만약 계를 잘 지키면 능히 혹업의 계박을 멀리하고, 무루의 청정한 지혜를 얻을 수 있다. 의역으로 수순해탈隨順解脫·처처해탈處處解脫·별해탈別解脫·최승最勝·무등학無等學 등으로 옮긴다.
『불유교경』(대정장12, p.1110c). "너희들 비구는 내가 입멸한 후에 바라제목차를 존중하여 진심으로 공경하여야 한다. 이는 마치 어두운 곳에 있는 사람이 광명을 만난 것과 같고, 가난한 사람이 보배를 얻은 것과 같은 것이다. 마땅히 알라. 이 바라제목차는 너희들의 큰 스승이 되는 것이니, 만약 내가 이 세상에 더 머문다고 해도 이와 다를 것이 없다(汝等比丘 於我滅後當尊 重珍敬波羅提木叉 如闇遇明貧人得寶 當知此則是汝大師 若我住世無異此也)."

12 『마하지관』 제4권(대정장46, p.43b)에 다음과 같이 나온다. "『선경禪經』에서 말씀하셨다. '다섯 가지 연緣이 갖추어졌다 하더라도 열어서 인도하는 것은 좋은 스승으로 말미암는다.' 또한 『마하반야바라밀경』「幻學品」(대정장 8 p.240a~241c)에서는 다음과 같이 나온다. "'세존이시여, 무슨 까닭으로 선

것이니, 이와 같은 곤란한 일들이 있기 때문이다. 이 마가 사람의 마음에 들어올 때 능히 수행자로 하여금 정신을 광란케 하니, 혹은 기뻐하고 혹은 근심하며 이로 인하여 병을 만들어 죽음에까지 이르게 한다. 때로는 여러 삿된 선정과 지혜, 신통, 다라니를 얻게 하여 사람들을 설법으로 교화하면 여러 사람이 믿고 복종하지만, 나중에는 사람들이 세속을 벗어나게 하는 선한 일을 무너뜨리고 나아가 바른 법까지 파괴한다.

如是等 諸異非一 說不可盡 今略示其要 爲令行人於
여 시 등 제 이 비 일 설 불 가 진 금 략 시 기 요 위 령 행 인 어

> 지식의 보호를 받고 있는 보살마하살은 반야바라밀다를 설하는 것을 듣고 놀라지 않고 무서워하지 않고 두려워하지 않습니까?' '보살마하살의 선지식은 색을 비롯한 오온이 덧없어 얻을 수 없는 것이라 설하고, 오온의 괴로움도 얻을 수 없는 것이라 하고, 공성, 무상, 무작, 고요함도 없을 수 없는 것이라 하고, 내지 사념처를 닦는 것과 나아가 떠남을 얻을 수 없는 것이라 설하며, 이 선한 뿌리를 가지고 성문이나 벽지불의 길로 향하지 않고 오직 살바야(一切智)에 나아간다. 이것이 보살마하살의 선지식이다. ……
> 보살마하살의 악지식은 반야바라밀다를 떠나도록 가르치고 선정·정진·인욕·지계·보시 바라밀다를 떠나도록 가르친다. 다시 악지식이 있으니, 그는 마의 하는 일을 말하지 않고 마의 죄를 말하지 않는 것이다. 마는 부처님의 형상, 벽지불의 형상, 화상이나 아사리의 형상을 하고 와서 반야바라밀을 떠나도록 가르치고 모두가 공성이기 때문에 아뇩다라삼먁삼보리를 얻을 수 없다고 가르치며, 눈의 덧없음을 얻을 수 있으며, 내지 뜻의 덧없음도 얻을 수 있으며, 내지 얻을 수 있는 법으로 사념처를 설하고 18불공법을 설한다. 바로 이것이 보살의 악지식이니, 알았으면 마땅히 멀리 떠나야 한다.'"

坐禪中 不妄受諸境界 取要言之 若欲遣邪歸正 當觀
좌선중 불망수제경계 취요언지 약욕견사귀정 당관

諸法實相 善修止觀 無邪不破
제법실상 선수지관 무사불파

이와 같은 등의 일들이 여러 가지로 많아서 모두 다 설명할 수가 없다. 여기에서 간략하게 그 요점을 제시한 것은 수행자로 하여금 좌선하는 도중에 망령되이 여러 마의 경계를 받지 않게 하기 위한 것이다. 요점을 취해 말하자면 만약 사邪를 버리고 정正에 돌아가고자 한다면 마땅히 모든 법의 실상實相를 관해야 한다. 지관을 잘 수행하면 깨뜨리지 못하는 사邪란 없다.

故釋論云 除諸法實相 其餘一切皆是魔事 如偈中說
고석론운 제제법실상 기여일체개시마사 여게중설

若分別憶想　即是魔羅網
약분별억상　즉시마라망

不動不分別　是則爲法印
부동불분별　시즉위법인

그러므로 『대지도론』[13]에서 이르셨다. "모든 법의 실상을 제외하

---

[13] 『대지도론』 제5권 「初品中摩訶薩埵釋論」(대정장25, p.99b). "마에는 네 가지가 있으니 첫째는 번뇌마煩惱魔요, 둘째는 오음마五陰魔요, 셋째는 사마死魔요, 넷째는 타화자재천마他化自在天王魔이다. 이 보살들은 보살도를 얻었기 때문에 번뇌마를 깨뜨리고, 법신을 얻었기 때문에 음마를 깨뜨리고, 도道와 법성신法性身를 얻었기 때문에 사마를 깨뜨리고, 항상 한마음이고, 온갖 곳에 마음이 집착되지 않고, 부동삼매不動三昧에 들었기 때문에 타화자재천마를 깨뜨린다. 이런 까닭에 모든 마사魔事를 초월했다고 하였다.

고 그 나머지는 모두 마의 일이다." 또 게송[14]에 설한 것과 같다.

"만약 분별하거나 기억하여 생각한다면

이것이 바로 악마의 그물에 걸림이니

마음을 움직이지 않고, 분별하지 않는 것

이것이 바로 법인法印이라."

또 『반야바라밀경』의 「각마품覺魔品」에 부처님께서 마업魔業와 마사를 설명하셨는데, 이 마업와 마사를 초월하였으므로 '초월했다'고 한다. 또 모든 법의 실상을 제외한 나머지 온갖 법을 다 마라 하나니, 모든 번뇌, 결사結使, 욕欲, 박縛, 취取, 전纏, 5음陰, 18계界, 12입入, 마왕魔王, 마민魔民, 마인魔人 이와 같은 것들을 모두 마라 한다.

[14] 『대지도론』 제20권 「初品中四無量義」,(대정장25, p.211a)에 나온다.
"내가 도량에 앉았을 때 지혜로운 이를 볼 수 없었다.
빈주먹으로 어린 아이를 속이듯 모든 중생들을 구제하였다.
모든 법의 진실한 모습은 그대로가 중생의 모습이니
만약 중생의 모습에 집착한다면 이는 진실로 도에서 멀어지는 것이다.
영원히 공하다고 생각하면 이 사람은 도를 행하는 것이 아니니
생멸하지 않는 법 가운데서 분별의 모습을 짓는 자이다.
만약 분별하거나 기억하여 생각한다면 이것은 곧 마의 그물이니
움직이지 않고 의지함도 없는 이것이 법인法印이다."

我坐道場時　智慧不可得　空拳誑小兒　以度於一切
諸法之實相　則是衆生相　若取衆生相　則遠離實道
常念常空相　是人非行道　不生滅法中　而作分別相
若分別憶想　則是魔羅網　不動不依止　是則爲法印

제9장 병을 치유함(治病第九)

行者安心修道 或四大有病 因今用觀 心息鼓擊 發動
행자안심수도 혹사대유병 인금용관 심식고격 발동

本病 或時不能善調適身心息三事 內外有所違犯 故
본병 혹시불능선조적신심식삼사 내외유소위범 고

有病患 夫坐禪之法 若能善用心者 則四百四病自然
유병환 부좌선지법 약능선용심자 즉사백사병자연

除差
제차

수행자는 마음을 안정시키고 불도를 수행하는 것인데, 혹시 사대 四大에 병이 있다면 지금 관하는 것으로 인해 마음과 숨이 고동쳐 본래의 병이 발동하게 된다. 혹은 몸과 마음과 숨의 이 세 가지를 잘 조절할 수 없게 되어 안팎으로 적절함을 벗어나는 것들이 생기는 까닭에 병환이 있게 된다. 대저 좌선의 법은, 만약 마음을 잘 쓴다면 곧 404가지 병은 자연히 치유되어 없어진다.

若用心失所 則四百四病因之發生 是故若自行化他
약용심실소 즉사백사병인지발생 시고약자행화타

應當善識病源 善知坐中內心治病方法 一旦動病 非
응당선식병원 선지좌중내심치병방법 일단동병 비

唯行道有障 則大命慮失
유행도유장 즉대명려실

만약 마음의 쓰임이 적절함을 잃으면 바로 404가지 병이 발생한다. 이런 까닭에 만약 스스로 수행하고 다른 사람을 제도하려면, 마땅히 병의 근원을 잘 알고, 좌선하는 가운데 내심內心의 병을 다스리는 방법을 잘 알아야 한다. (만약 병을 다스리는 방법을 모르는 경우) 일단 발병發病하였다면 불도에 장애가 있을 뿐만 아니라 또한 목숨을 잃을 우려도 있는 것이다.

1. 병이 발생하는 모양(明病發相)

今明治病法中有二意 一 明病發相 二 明治病方法 一
금명치병법중유이의 일 명병발상 이 명치병방법 일

明病發相者 病發雖復多途 略出不過二種
명병발상자 병발수부다도 약출불과이종

여기에서 병을 치료하는 법을 밝히면 두 가지가 있다. 첫째는 병이 발생하는 모양을 밝히고, 둘째는 병을 치료하는 방법을 밝힌다. 병이 발생하는 모양을 밝히면 비록 여러 가지가 있으나 간추리면 두 가지[1]에 불과하다.

---

[1] 천태대사는 『차제선문』 제4권(대정장46, p.505b~c)에서 다음과 같이 '오근중병五根中病' 한 가지를 추가하여 '세 가지'로 하였다. "오근 가운데 병의 모양(五根中相)을 밝힌다. 몸의 병이라는 것은 몸이 갑자기 아프거나 100개의 마디가 쑤시고 아프며 종기가 나서 가려운 것이다. 혀의 병은 종기나 상처

一者 四大增損病相 若地大增者 則腫結沈重 身體枯
일자 사대증손병상 약지대증자 즉종결침중 신체고

瘠 如是等百一患生 若水大增者 則痰陰脹滿 食飮不
척 여시등백일환생 약수대증자 즉담음창만 식음불

消 腹痛下痢等百一患生
소 복통하리등백일환생

첫째는 사대의 증감增減에 따른 병의 모양이다. 만약 지대地大가 증가하면 종기가 생기거나 무겁게 가라앉거나, 몸이 마르고 야위는 등 이러한 101가지 병이 생긴다. 만약 수대水大가 증가되면 곧 담이 끓거나 배가 불러 오르거나, 먹은 음식이 소화불량이 되거나 복통이나 설사 등의 101가지 병이 생긴다.

若火大增者 卽煎寒壯熱 支節皆痛 口氣 大小便痢不
약화대증자 즉전한장열 지절개통 구기 대소변리불

通等百一患生 若風大增者 則身體虛懸 戰掉疼痛 肺
통등백일환생 약풍대증자 즉신체허현 전도동통 폐

悶脹急 嘔逆氣急 如是等百一患生
민창급 구역기급 여시등백일환생

만약 화대火大가 증가하면 곧 오한이나 고열이 나고, 사지의 마디가 모두 아프며, 입에서 단내가 나고, 설사가 나거나 대소변이

로 급히 입맛을 잃는 것 등이다. 코의 병이란 코가 막히고 고름이나 콧물이 흐르는 것이다. 귀의 병이란 귀가 아프며 꽉 막혀 들리지 않고 때로는 왱왱 소리가 나는 것 등이다. 눈의 병이란 눈이 매달려 보는 것이 침침하여 어둡고 아픈 것 등이다."

통하지 못하는 등 101가지의 병이 생긴다. 만약 풍대風大가 증가하면 몸이 허하여 매달리며 달달 떨리거나 욱신거리고 아프며 또 가슴이 답답하거나 갑자기 부어서 구토가 나거나 숨이 급해지는 등의 이와 같은 101가지의 병이 생긴다.

故經云 一大不調 百一病起 四大不調 四百四病一時
고 경 운　일 대 부 조　백 일 병 기　사 대 부 조　사 백 사 병 일 시
俱動 四大病發 各有相貌 當於坐時及夢中察之
구 동　사 대 병 발　각 유 상 모　당 어 좌 시 급 몽 중 찰 지

그러므로 경經2에 말씀하셨다. "일대一大가 고르지 않으면 101가지의 병이 일어나고, 사대四大3가 고르지 않으면 404가지의 병이 일시에 함께 움직인다." 사대의 병이 일어나는 때는 각각 그 모습이 있으니, 좌선할 때와 꿈속에서도 마땅히 이것을 살펴야 한다.

---

2 『불설오왕경佛說五王經』(대정장14, p.796b).
3 『좌선삼매경』 상권(대정장15, p.274b). "이 몸은 일체의 근심과 번뇌의 갖가지 인연의 근본인데, 스스로 일찍 죽거나 오래 사는 것을 보고서 만일 안온함을 얻는다면, 이는 어리석은 사람이다. 왜냐하면 이것은 근심과 번뇌의 원인이 이 사대(四大: 地水火風)에 의지하기 때문이다. 사대가 물질을 만드나 마치 네 마리의 독사와 같아서 함께 상응하지 않으니, 누가 안온함을 얻을 수 있는가? 나간 숨이 들어올 것을 기대하지만 이것을 믿을 수 없으며, 또한 사람이 잠잘 때 반드시 깨어나기를 기대하지만 이 일은 믿을 수 없다(是身是一切憂惱諸因緣 因自見少多壽若得安隱 是爲癡人 何以故 是謂憂惱因依是四大 四大造色如四毒蛇 共不相應 誰得安隱者 出息期入是不可信 復次人睡時欲期必覺 是事難信)."

二者 五藏生患之相 從心生患者 身體寒熱 及 頭痛口
이자 오장생환지상 종심생환자 신체한열 급두통구
燥等 心主口故 從肺生患者 身體脹滿 四支煩疼 心悶
조등 심주구고 종폐생환자 신체창만 사지번동 심민
鼻塞等 肺主鼻故
비새등   폐주비고

둘째는 오장五藏으로부터 병이 발생하는 모양이다. 심장으로부터 병환이 생긴다는 것은 대체로 신체가 차거나 뜨거우며, 또 머리가 아프며 입이 마르는 증세 등이니, 이것은 심장이 입을 주관하기 때문이다. 허파로부터 병환이 생긴다는 것은 몸이 부어오르고 사지가 괴롭고 쑤시며, 가슴이 답답하고 코가 막히는 증세 등이니, 이것은 허파가 코를 주관하기 때문이다.

從肝生患者 多無喜心 憂愁不樂 悲思瞋恚 頭痛眼闇
종간생환자 다무희심 우수불락 비사진에 두통안암
昏悶等 肝主眼故 從脾生患者 身體面上 遊風遍身瘖
혼민등 간주안고 종비생환자 신체면상 유풍편신습
痒疼痛 飮食失味等 脾主舌故 從腎生患者 咽喉噎塞
양동통 음식실미등 비주설고 종신생환자 인후에새
腹脹耳聾等 腎主耳故
복창이롱등   신주이고

간肝으로부터 병이 생긴다는 것은 대체로 기쁜 마음이 없고, 근심 걱정이 많아 즐겁지 아니하며, 슬픈 생각을 하며 화를 내 머리가 아프고 눈이 어둡게 되는 증세 등이니, 이것은 간이 눈을 주관하기 때문이다. 비장脾臟으로부터 병이 생긴다는 것은 몸과 머리나 얼굴 위에 풍병이 일어나서 온몸에 마비 증세가 있거나 또는 통증을 느끼거나, 가려워 답답하고 또는 쑤시고 아프며 음식의 맛을 잃는 증세 등이니, 이것은 비장이 혀를 주관하기 때문이다. 신장腎臟으로부터 병이 생긴다는 것은 때로는 인후咽喉가 잠기거나 막히고 배가 부어오르거나 귀가 잘 들리지 않는 증세 등이니, 이것은 신장이 귀를 주관하기 때문이다.

五藏生病衆多 各有其相 當於坐時及夢中察之可知
오 장 생 병 중 다　각 유 기 상　당 어 좌 시 급 몽 중 찰 지 가 지

如是四大五藏病患 因起非一 病相衆多 不可具說 行
여 시 사 대 오 장 병 환　인 기 비 일　병 상 중 다　불 가 구 설　행

者若欲修止觀法門 脫有患生 應當善知因起
자 약 욕 수 지 관 법 문　탈 유 환 생　응 당 선 지 인 기

오장五臟으로부터 병이 생기는 것은 매우 많지만 각각 그 양상이 있는 것이니, 좌선하고 있거나 꿈속에서도 반드시 이를 잘 살피면 마땅히 알아낼 수 있다. 이와 같이 사대四大, 오장五臟의 병이 생기는 원인은 하나가 아니며, 병의 모양은 매우 많아서 자세히 모두 설할 수가 없다. 수행자가 만약 지관의 법문을 닦아서 병이 생기는 것으로부터 벗어나고자 한다면 마땅히 병이 일어나는 원인을 잘 알아야 한다.

此二種病 通因內外發動 若外傷寒冷風熱 飲食不消
차 이 종 병 통 인 내 외 발 동   약 외 상 한 랭 풍 열   음 식 불 소
而病從二處發者 當知因外發動 若由用心不調 觀行
이 병 종 이 처 발 자 당 지 인 외 발 동   약 유 용 심 부 조   관 행
違僻 或因定法發時 不知取與 而致此二處患生 此因
위 벽   혹 인 정 법 발 시   부 지 취 여   이 치 차 이 처 환 생   차 인
內發病相
내 발 병 상

이 두 가지의 병은 모두 안팎으로 원인되어 발병하는 것으로,
만약 외부 상처, 한랭寒冷, 풍열風熱, 또는 음식이 소화되지 않아서
병이 두 곳으로부터 일어난 것이라면 마땅히 알라. 이것은 외부의
원인에서 발병한 것이다. 만약 마음을 쓰는 것이 고르지 못함으로
말미암아 관행觀行이 잘못되어 편벽되게 되거나, 혹은 선정의
법이 일어날 때 취하는 것과 주는 것을 알지 못함으로 인하여
이 두 곳의 병을 생기게 하였다면, 이것은 내부에 원인에 의하여
발병한 것이다.

復次 有三種得病因緣不同 一者 四大五藏增損得病
부 차   유 삼 종 득 병 인 연 부 동   일 자   사 대 오 장 증 손 득 병
如前說 二者 鬼神所作得病 三者 業報得病 如是等病
여 전 설   이 자   귀 신 소 작 득 병   삼 자   업 보 득 병   여 시 등 병
初得即治 甚易得差 若經久則病成 身羸病結 治之難
초 득 즉 치   심 이 득 차   약 경 구 즉 병 성   신 리 병 결   치 지 난
愈
유

또한 다음으로 병을 일으키는 것이 세 가지가 있는데 그 인연[4]은 같지 않다. 첫째, 사대四大와 오장五藏의 증감이 병을 일으키는 것이다. 이것은 앞에 설명한 것과 같다. 둘째, 귀신의 수작으로 병이 일어나는 것이다. 셋째, 업보로 인하여 병을 얻게 되는 것이다. 이와 같은 병들은 처음에 발병했을 때 다스리면 대단히 쉽게 차도를 얻을 수 있다. 만약 오래 경과하게 되면 병이 점점 커지고 몸은 약하게 되며, 병이 고질병이 되어서 치료하여 나아지기가 매우 어렵다.

2. 병을 치료하는 방법을 밝힘(明治病方法)

二 明治病方法者 既深知病源起發 當作方法治之 治
이 명 치 병 방 법 자 기 심 지 병 원 기 발 당 작 방 법 치 지 치

病之法 乃有多途 擧要言之 不出止觀二種方便
병 지 법 내 유 다 도 거 요 언 지 불 출 지 관 이 종 방 편

둘째, 병을 치료하는 방법을 밝힌다. 이미 병의 근원과 그것이 일어난 것을 깊이 알았으면 마땅히 방법을 찾아서 이것을 다스려야

---

4 『마하지관』 제8권(대정장46, p.106c). "병이 일어나는 인연을 밝히면 여섯 가지가 있다. 첫째는 사대가 불순한 까닭이고, 둘째는 음식을 조절하지 않는 까닭이며, 셋째는 좌선이 고르지 않는 까닭이고, 넷째는 귀신이 방편을 얻는 것이고, 다섯째는 마가 하는 일이고, 여섯째는 업이 일으키는 까닭으로 병이 나는 것이다(明病起因緣有六 一四大不順故病 二飮食不節故病 三坐禪不調故病 四鬼神得便五魔所爲 六業起故病)."

한다. 병을 다스리는 법에는 많은 방도가 있으나 요점을 들어서 말한다면 지와 관의 두 가지 방법을 벗어나지 않는다.

1) 지를 사용하여 병을 다스림(用止治病)

云何用止治病相 有師言 但安心止在病處 即能治病
운 하 용 지 치 병 상 유 사 언 단 안 심 지 재 병 처 즉 능 치 병

所以者何 心是一期果報之主 譬如王有所至處 群賊
소 이 자 하 심 시 일 기 과 보 지 주 비 여 왕 유 소 지 처 군 적

迸散次有師言 臍下一寸名憂陀那 此云丹田 若能止
병 산 차 유 사 언 제 하 일 촌 명 우 타 나 차 운 단 전 약 능 지

心守此不散 經久 即多有所治
심 수 차 불 산 경 구 즉 다 유 소 치

무엇을 지를 사용하여 병을 다스리는 모양이라고 하는가. 어떤 스승이 말씀하셨다. "다만 마음을 안정시켜서 병이 생긴 곳에 의식을 머무르고 흩어지지 않게 하면 곧 능히 병을 다스릴 수 있다. 그 까닭은 무엇인가. 마음이란 이번 금생의 과보의 주체이기 때문이다. 비유하자면 마치 전륜왕[5]이 이르는 곳마다 도적떼들이 흩어져 달아나는 것과 같은 것이다." 다음에 또 어떤 스승이 말씀하

---

5 『대반열반경』 제3권 「長壽品」(대정장12 p.622a). "전륜성왕이 세간에 출현하면 복덕의 힘으로 말미암아 도둑떼들은 흩어지고 소떼들은 흩어지지 않았는데, …… 법의 전륜성왕이 세상에 출현할 때에 여러 범부들이 계戒·정定·혜慧를 연설하지 못하고 즉시에 포기하는 것이 마치 도둑떼가 흩어짐과 같으니라(如轉輪王出現於世 福德力故群賊退散牛無損命 … 法輪聖王出現世時 諸凡夫人不能演說戒定慧者 卽便棄捨如賊退散)."

셨다. "배꼽 아래 한 치 되는 곳을 우다나憂陀那[6]라고 하는데 이것을 단전丹田이라고 말한다. 만약 그곳에 마음을 머무르게 하여 흩어지지 않고 오래 경과하면 곧 대부분 치유된다."

有師言 常止心足下 莫問行住寢臥 即能治病 所以者
유사언 상지심족하 막문행주침와 즉능치병 소이자
何 人以四大不調 故多諸疾患 此由心識上緣 故令四
하 인이사대부조 고다제질환 차유심식상연 고령사
大不調 若安心在下 四大自然調適 衆病除矣
대부조 약안심재하 사대자연조적 중병제의

또 어떤 스승이 말씀하셨다. "길을 가거나 머무르거나 눕거나 자거나를 불문하고 항상 마음을 발밑에 머무르게 집중한다면 곧 모든 병을 잘 다스릴 수가 있다." 무슨 까닭인가. 사람의 사대가 고르지 못하면 그로 인하여 여러 가지 질환이 많게 되고, 이것은 심식心識이 어떤 대상을 위쪽으로 반연한 까닭에 사대가 조화를 이루지 못하게 된 것이다. 만약 마음을 안정시켜 발밑에 머물러

---

6 우다나(憂陀那, udāna): 말할 때 목에서 나오는 바람, 기식氣息. 천태의 선문禪門에서는 단전丹田으로 보기도 한다. 「대지도론」 제6권(대정장12, p.622a). "사람이 말을 하고자 할 때 입안의 바람을 우다나憂陀那라 하는데, 들어와서는 배꼽에 이르렀다가 다시 돌아 나오는 소리를 울림이라 한다. 이 울림이 나올 때 일곱 곳에 닿았다가 물러나니 이것을 언어라 한다. …… 배꼽 아래 일 촌 되는 곳을 우다나라 하는데, 단전을 가리키는 말이다(如人欲語時, 口中風名憂陀那, 還入至臍, 觸臍響出, 響出時觸七處 是名語言 … 以臍下一寸稱爲優陀那, 指丹田而言)."

집중시키면 사대는 곧 자연히 조절되어 여러 가지 병이 없어지는 것이다.

有師言 但知諸法空無所有 不取病相 寂然止住 多有
유사언 단지제법공무소유 불취병상 적연지주 다유
所治 所以者何 由心憶想鼓作四大 故有病生 息心和
소치 소이자하 유심억상고작사대 고유병생 식심화
悅 衆病即差
열 중병즉차

또 어떤 스승이 말씀하셨다. "다만 모든 법이 공하여 있는 것이 아님을 알고 병의 모양을 마음에 취하지도 말고, 고요하게 지止에 머무르면 대개 치유된다." 무슨 까닭인가. 마음이 생각(想)을 기억하여 움직이기 때문에 사대四大를 두드리게 되는 것에 의하여 병이 생긴다. 마음을 쉬어서 즐겁고 기쁘게 만들면 여러 가지 병이 곧 치유된다.

故淨名經云 何爲病本 所謂攀緣 云何斷攀緣 謂心無
고정명경운 하위병본 소위반연 운하단반연 위심무
所得 如是種種說 用止治病之相非一 故知善修止法
소득 여시종종설 용지치병지상비일 고지선수지법
能治衆病
능치중병

이런 까닭에 『유마경(淨名經)』[7]에서 말씀하셨다.

---

7 『유마힐소설경維摩詰所說經』 중권 「文殊師利問疾品」(대정장14, p.545a). 한편

"무엇을 병의 근본이라고 하는가?"

"이른바 반연攀緣이다."

"무엇을 반연을 끊는다고 하는가?"

"마음이 얻는 것이 없는 것이다."

이와 같이 여러 가지 설이 있어 지를 사용하여 병을 다스리는 모양이 한 가지가 아니다. 그러므로 알라. 훌륭하게 지를 닦으면 여러 병환을 다스릴 수 있는 것이다.

2) 관을 사용하여 병을 다스림(明觀治病)

次明觀治病者 有師言 但觀心想 用六種氣治病者
차 명 관 치 병 자 유 사 언 단 관 심 상 용 육 종 기 치 병 자

即是觀能治病
즉 시 관 능 치 병

다음에 관으로써 병을 다스리는 것을 밝히겠다. 어떤 스승이 말씀하셨다. "다만 마음의 생각(心想)을 관하고 여섯 가지 호흡(氣)을 사용하여 병을 다스린다. 즉 이 관이 능히 병을 다스리는 것이다."

티벳본 『유마경』은 범어 경전과 매우 유사한데 그 내용을 여기 옮긴다. "무엇이 병의 원인인가? 대상을 좇는 것이다. 무엇이든 대상을 좇는 것이 있는 한 병의 원인은 사라지지 않는다. 무엇을 좇는가? 세상 모두가 대상이다. 병의 원인을 알고 있다면 어떻게 실천해야 되는가? 아무것도 좇지 말고, 아무것도 보지 말아야 한다. '보지 않는다'는 것은 '대상을 좇지 않는다'는 말이고, '내 안의 객관과 주관으로부터 훌쩍 벗어난다'는 말이니 그러기에 '보지 않는다'고 말하는 것이다."

何等六種氣 一吹 二呼 三嘻 四呵 五噓 六呬
하 등 육 종 기 일 취 이 호 삼 희 사 가 오 허 육 희
此六種息 皆於脣口之中 想心方便 轉側而作 綿微而
차 육 종 식 개 어 진 구 지 중 상 심 방 편 전 측 이 작 면 미 이
用 頌曰
용 송 왈

어떤 것이 여섯 가지 호흡인가. 첫째 촛불을 끄듯 내뿜는 숨(취吹), 둘째 사람을 부르듯이 내는 숨(호呼), 셋째 탄식하듯이 내쉬는 숨(희嘻), 넷째 좋아하여 웃는 듯이 내쉬는 숨(가呵), 다섯째 느리게 우는 듯이 내쉬는 숨(허噓), 여섯째 휴식할 때 가늘게 내쉬는 숨(희呬)이다. 이 여섯 가지 숨[8]은 일일이 입술과 입속에서 상상하는 마음의 방편으로 어느 한쪽으로 돌려서 끊어지지 않고 미세하게

---

[8] 『차제선문』 제4권(대정장46, p.506a). "만약 좌선할 때 추우면 마땅히 불을 부는 것처럼 취吹하여야 하며, 더울 때는 마땅히 호呼하여야 한다. 만약 병을 다스리려면 취吹로써 추위를 떠나고 호呼로써 더위를 떠나며, 희嘻로써 아픔을 떠나고 또한 풍風을 다스리며, 가呵로써 번뇌를 떠나고 또한 숨을 낮추며, 허噓로써 가래를 흩트리고, 또한 번거롭고 답답함을 해소시키며, 희呬로써 고달픔을 회복한다. 만약 오장을 다스리려면 호呼와 취吹의 두 가지 호흡으로써 심장을 다스리며, 허噓로써 간을 다스리며, 가呵로써 허파를 다스리고, 희嘻로써 지라를 다스리며, 희呬로써 신장을 다스린다(若於坐時寒時應吹 熱時應呼 若以治病 吹以去寒 呼以去熱 嘻以去痛 及以治風 呵以去煩 又以下氣 噓以散痰 又以消滿 呬以補勞 若治五臟 呼吹二氣 可以治心 噓以治肝 呵以治肺 嘻以治脾 呬以治腎)."
본문의 내용만으로 당시의 호흡법을 정확히 알기 어려우나 '가(呵)'는 웃음소리의 의성어로 사용되며 '하하' 웃는다는 '하'일 가능성이 있다. 현재의 중국 발음도 '허(hē)'와 '커(kē)'의 두 가지가 있다.

하는 것이다. 게송으로 말하겠다.

心配屬呵腎屬吹　　脾呼肺呬聖皆知
심배속가신속취　　비호폐희성개지

肝藏熱來噓字至　　三焦壅處但言嘻
간장열래허자지　　삼초옹처단언희

심장은 가呵에 속하고, 신장은 취吹에 속하고

비장脾臟는 호呼에, 허파는 희呬에 속함을 모두 아나니

심장의 열은 허噓자에 이르고

삼초三焦의 막힌 곳은 다만 희嘻를 말한다.

有師言 若能善用觀想 運作十二種息 能治衆患 一上
유사언 약능선용관상 운작십이종식 능치중환 일상

息 二 下息 三 滿息 四 焦息 五 增長息 六 滅壞息
식 이 하식 삼 만식 사 초식 오 증장식 육 멸괴식

七 煖息 八 冷息 九 衝息 十 持息 十一 和息 十二
칠 난식 팔 냉식 구 충식 십 지식 십일 화식 십이

補息 此十二息 皆從觀想心生
보식 차십이식 개종관상심생

또 다음에 어떤 스승이 말씀하셨다. "만약 관상觀想를 훌륭히 사용하여 열두 가지의 호흡을 운용하면 여러 병환을 다스릴 수 있다." 12가지 호흡이란 ① 상식上息, ② 하식下息, ③ 만식滿息, ④ 초식焦息, ⑤ 증장식增長息, ⑥ 멸괴식滅壞息, ⑦ 난식煖息, ⑧ 냉식冷息, ⑨ 충식衝息, ⑩ 지식持息, ⑪ 화식和息, ⑫ 보식補息이다.

이 12가지 호흡은 관상觀想하는 마음으로부터 생긴다.

今略明十二息對治之相 上息治沈重 下息治虛懸 滿
금 략 명 십 이 식 대 치 지 상 상 식 치 침 중 하 식 치 허 현 만

息治枯瘠 焦息治腫滿 增長息治羸損 減壞息治增盛
식 치 고 척 초 식 치 종 만 증 장 식 치 리 손 멸 괴 식 치 증 성

煖息治冷 冷息治熱 衝息治壅塞不通 持息治戰動 和
난 식 치 랭 냉 식 치 열 충 식 치 옹 색 불 통 지 식 치 전 동 화

息通治四大不和 補息資補四大衰 善用此息 可以遍
식 통 치 사 대 불 화 보 식 자 보 사 대 쇠 선 용 차 식 가 이 편

治衆患 推之可知
치 중 환 추 지 가 지

여기에서 간략하게 12가지 호흡으로 치료의 모양을 밝히면 상식上息은 몸이 무겁게 가라앉는 것을 다스리고, 하식下息은 허하게 매달리는 것을 다스리고, 만식滿息은 마르고 야윈 것을 다스리고, 초식焦息은 부풀은 부스럼을 다스리며, 증장식增長息은 파리하고 약한 것을 다스리고, 멸괴식滅壞息은 몸이 너무 원기가 왕성한 것을 다스리고, 난식煖息은 몸이 찬 것을 다스리고, 냉식冷息은 몸이 더운 것을 다스리고, 충식衝息은 막히고 통하지 않는 것을 다스리고, 지식持息은 몸이 떨리는 것을 다스리고, 화식和息은 통틀어 사대가 고르지 않은 것을 다스리며, 보식補息은 사대가 쇠한 것을 도와서 보충시킨다. 이 호흡을 훌륭히 사용하면 널리 모든 병을 다스릴 수 있는 것은 이로 미루어 알 수 있다.

有師言 善用假想觀 能治衆病 如人患冷 想身中火氣
유 사 언 선 용 가 상 관 능 치 중 병 여 인 환 랭 상 신 중 화 기

起 即能治冷 此如 雜阿含經治病祕法七十二種法中
기 즉 능 치 랭 차 여 잡 아 함 경 치 병 비 법 칠 십 이 종 법 중

廣說
광 설

다음에 어떤 스승이 말씀하셨다. "가상관[9]을 훌륭히 사용하면 능히 모든 병을 다스릴 수가 있다. 사람이 냉병을 앓고 있을 때, 몸속에 불기가 있어서 그것이 일어나고 있다고 상상하면 곧 그 냉병을 다스릴 수가 있는 것과 같다." 이것은 『잡아함경』에 있는 선병을 다스리는 비법[10] 72가지 속에 자세히 설하여져 있는 것과 같다.

---

9 **가상관假想觀**: 위에서 설명한 기식氣息들 가운데에서 겸하여 함께 상념想念을 쓰는 것이다. 여기에서는 오로지 가상假想으로써 다스린다.

10 『치선병비요법경』 상권(대정장15, p.333c~334a). "또 사리불이여, 수행자로서 선정을 행하고자 한다면, 사대의 경계가 때에 따라 늘고 주는 것을 잘 관찰해야 한다. 즉 봄에는 화삼매火三昧에 들어야 한다. 몸을 따뜻하게 하되, 불빛이 너무 사나워 몸이 뜨거우면 그것을 다스려야 한다. 화대火大를 다스리는 법은 다음과 같이 생각하는 것이다. 즉 모든 불빛이 여의주가 되어 털구멍에서 나오는데, 불꽃과 불꽃 사이에 금련화가 생겨나고, 화신불이 그 위에 앉아 세 개의 구슬을 사용하여 병을 다스리는 법을 말씀하신다. 그 세 개의 구슬은 첫째는 월정마니月精摩尼요, 둘째는 성광마니星光摩尼로서 마치 하늘의 별이 빛은 희고 몸은 푸른 것과 같은 것이고, 셋째는 수정마니水精摩尼이다. 또 다음과 같이 생각한다. '이 세 개의 구슬이 하나는 머리 위를 비추고, 하나는 왼쪽 어깨를 비추며, 하나는 오른쪽 어깨를 비춘다.' 그리고 이 세 개의 구슬을 보고는 다시 다음과 같이 생각한다. '몸의 털구멍에서 나오는 이 세 개 구슬의 광명은 극히 맑고 시원하여 몸

有師言 但用止觀檢析身中四大病不可得 心中病不
유 사 언   단 용 지 관 검 석 신 중 사 대 병 불 가 득   심 중 병 불

可得 衆病自差如是等種種說 用觀治病 應用不同 善
가 득   중 병 자 차 여 시 등 종 종 설   용 관 치 병   응 용 부 동   선

得其意 皆能治病
득 기 의   개 능 치 병

또 어떤 스승이 말씀하셨다. "다만 지관을 사용하여 몸 가운데 사대를 샅샅이 찾아도 병이 없고 마음 가운데 찾아도 병이 없음을 살핀다면, 병은 다스리지 않아도 스스로 나아질 것이다." 이와 같은 등의 여러 가지 설이 있다. 관을 사용하여 병을 다스리는 것이, 쓰임이 같지는 않더라도 그 뜻을 잘 취하면 모두가 능히 병을 치유할 수 있는 것이다.

當知 止觀二法 若人善得其意 則無病不治也 但今時
당 지   지 관 이 법   약 인 선 득 기 의   즉 무 병 불 치 야   단 금 시

人根機淺鈍 作此觀想 多不成就 世不流傳 又不得於
인 근 기 천 둔   작 차 관 상   다 불 성 취   세 불 류 전   우 부 득 어

此更學氣術 休糧 恐生異見 金石草木之藥 與病相應
차 경 학 기 술   휴 량   공 생 이 견   금 석 초 목 지 약   여 병 상 응

과 마음이 부드러워지니, 화삼매에 들어가더라도 부서지지 않는다'(復次舍利弗 若行者 欲行禪定 宜當善觀四大境界 隨時增損 春時應入火三昧 以溫身體 火光猛盛 身體蒸熱 宜當治之 想諸火光 作如意珠 從毛孔出 焰焰之間 作金蓮華 化佛坐上 說治病法 以三種珠 一者月精摩尼 二者星光摩尼 猶如天星光白身青 三者水精摩尼 想此三珠 一照頭上 一照左肩 一照右肩 見三珠已 想身毛孔出三珠光 極爲淸涼 身心柔軟 入火三昧 不爲所壞)."

亦可服餌 若是鬼病 當用彊心加呪以助治之 若是業
역 가 복 이   약 시 귀 병   당 용 강 심 가 주 이 조 치 지   약 시 업

報病 要須修福懺悔 患則消滅 此一種治病之法
보 병   요 수 수 복 참 회   환 즉 소 멸   차 일 종 치 병 지 법

지관의 두 가지의 법을 마땅히 알라. 만약 사람이 그 뜻을 잘 취한다면 치유되지 않는 병이 없는 것이다. 다만 요즘 사람들의 근기가 얇고 둔해서 이 관상觀想의 법이 잘 성취되지 않아 세상에 유포되지 않고 전해지지 않을 뿐이다. 또 이 간편한 것(지관)을 얻지 못하여 다시 기氣를 사용함이나 방술方術[11]이나 단식을 배우는 것은 다른 견해가 생길까 두렵다. 광물, 돌, 초목의 약을 병에 따라 상응하여 사용할 수 있고 또 복용할 수 있다.

만약 이것이 귀신의 병이라면 반드시 마음을 굳세게 쓰고 주문을 보태어 이로써 치료를 도와야 한다. 만약 이것이 전생의 업보[12]로

---

11 『마하지관』 제8권(대정장46, p.109a)에 방술方術에 대해 다음과 같이 나온다. "여섯째는 방술로 다스리는 것이다. 방술이라는 것은 모르면 멀고 알면 가까운 것인데 목이 메는 것이나 치아를 치료하는 것과 같으며, 엄지를 비틀어서 간장을 치료하는 것들이다. 이것은 천한 것이며 미혹을 주는 일이 많으니, 출가자는 하지 말아야 하고 배웠다면 빨리 버려야 한다."

12 『마하지관』 제8권(대정장46, p.107c)에 업보의 병에 대해 다음과 같이 나온다. "만약 살생의 죄업이라면 간장병이나 눈병일 것이고, 술 마신 죄업이라면 마음의 병이거나 입의 병이다. 음사婬事의 죄업이라면 신장의 병이거나 귀의 병이다. 망어의 죄업은 비장의 병이거나 혀의 병이다. 훔친 죄업은 폐병이나 콧병이다. 오계를 훼손하면 바로 오장이나 오근의 병을 일으킨다. 만약 금생에 계를 잘 지키더라도 숙세의 업이 동하면 병을 이룬다. …… 병의 근본 원인을 알고 난 연후에 다스릴 수 있다."

인하여 온 병이라면 반드시 복福을 닦고 참회한다면 병은 없어질 것이다. 이것이 한 가지 병을 치료하는 법이다.

若行人善得一意 即可自行兼他 況復具足通達 若都
약 행 인 선 득 일 의   즉 가 자 행 겸 타   황 부 구 족 통 달   약 도
不知 則病生無治 非唯廢修正法 亦恐性命有虞 豈可
부 지   즉 병 생 무 치   비 유 폐 수 정 법   역 공 성 명 유 우   기 가
自行敎人 是故 欲修止觀之者 必須善解內心治病方
자 행 교 인   시 고   욕 수 지 관 지 자   필 수 선 해 내 심 치 병 방
法 其法非一 得意在人 豈可傳於文耳
법   기 법 비 일   득 의 재 인   기 가 전 어 문 이

만약 수행인이 그 중에서 하나의 뜻을 잘 얻어 스스로 행한다면 역시 다른 것도 겸할 수 있는 것이다. 하물며 또한 완전히 모두 갖추어 통달한다면 더 말할 나위도 없다. 만약 전혀 모른다면 병이 생겨도 다스릴 수가 없으니, 정법을 수행하는 것을 폐하게 될 뿐만 아니라 또한 목숨까지도 걱정하게 될 것이니, 어찌 스스로 행하고 남에게 가르칠 수가 있겠는가!

　이런 까닭으로 지관을 닦으려고 한다면 반드시 내심의 병을 다스리는 방법을 잘 알아야 한다. 그 방법은 한 가지가 아니고 뜻을 얻는 사람에게 달려 있으니, 어찌 글로써 다 전할 수가 있겠는가!

3. 마음을 써서 좌선 중에 병을 치료함(用心坐中治病)

復次 用心坐中治病 仍須更兼具十法 無不有益 十法
부차 용심좌중치병 잉수갱겸구십법 무불유익 십법

者 一 信 二 用 三 勤 四 常住緣中 五 別病因法 六
자 일 신 이 용 삼 근 사 상주연중 오 별병인법 육

方便 七 久行 八 知取捨 九 持護 十 識遮障
방편 칠 구행 팔 지취사 구 지호 십 식차장

또 마음을 써서 좌선 중에 병을 다스리는 데 거듭하여 반드시 다음 열 가지 법을 갖추기만 하면 유익하지 않은 일이 없다. 열 가지 법이란 ①믿음(信), ②쓰임(用), ③부지런함(勤), ④항상 연緣 가운데 머묾, ⑤병의 원인(病因)을 판별함, ⑥방편方便, ⑦오랜 수행, ⑧취함과 버림을 앎, ⑨훌륭히 지킴(持護), ⑩장애 障碍를 막을 줄 앎 등이다

云何爲信 謂信此法必能治病 何爲用 謂隨時常用 何
운하위신 위신차법필능치병 하위용 위수시상용 하

爲勤 謂用之專精不息 取得差爲度 何爲住緣中 謂細
위근 위용지전정불식 취득차위도 하위주연중 위세

心念念依法 而不異緣 何爲別病因起 如上所說 何爲
심염념의법 이불이연 하위별병인기 여상소설 하위

方便 謂吐納運心緣想 善巧成就 不失其宜
방편 위토납운심연상 선교성취 불실기의

무엇을 '믿음(信)'이라 하는가. 말하자면 이 법은 반드시 병을 치료한다고 믿는 것이다. 무엇을 '쓰임(用)'이라고 하는가. 때에

따라 항상 쓰는 것을 말한다. 무엇을 '부지런함'이라고 하는가. 이것을 써서 오로지 정진할 뿐 쉬지 않고 차도를 얻을 때까지를 한도로 하는 것을 말한다. 무엇을 '연緣 가운데 머문다'고 하는가. 마음을 세심하게 살펴어 순간순간 법에 의하되 '다른 연緣'에 머물지 않는 것을 말한다. 무엇을 '병의 원인을 판별함'이라고 하는가. 병의 원인이 일어나는 것을 판별하는 것은 구체적으로 위에서 설한 것과 같다. 무엇을 '방편'이라고 하는가. 토납법[13]으로 마음을 운용하고, 가상假想을 연緣하여 교묘하게 잘 성취하여 그 적절함을 잃지 않는 것을 말한다.

何爲久行 謂若用之未卽有益 不計日月 常習不廢 何
하 위 구 행   위 약 용 지 미 즉 유 익   불 계 일 월   상 습 불 폐   하
爲知取捨 謂知益卽勤 有損卽捨之 微細轉心調治 何
위 지 취 사   위 지 익 즉 근   유 손 즉 사 지   미 세 전 심 조 치   하
爲持護 謂善識異緣觸犯 何爲遮障 謂得益不向外說
위 지 호   위 선 식 이 연 촉 범   하 위 차 장   위 득 익 불 향 외 설

---

13 토납법吐納法: 앞의 제4장 3절 '몸을 조절함(調身)' 항목에서 설명된 것이다. 제4장 각주 7 참조. 체내의 더럽고 탁한 기氣를 입으로 토吐해 내고, 밖의 맑은 기운을 코로 받아들이는(納) 호흡법이다. 입술에 의해 토하고 받아들이는 것으로서 어금니와 혀를 낮게 옮겨서 세밀하게 마음을 움직여서 상념想念으로 기氣를 짓는다. 입으로 부는 것은 만일 차가우면 취吹를 쓰되 불을 부는 것처럼 하고, 더우면 호呼를 쓴다. 코로 청량한 것을 받아들이되 세심하게 숨이 드나들게 하고 과도하게 하지 않도록 한다. 『마하지관』 제8권(대정장46, p.108b) 참조.

未損不生疑謗 若依此十法 所治必定有効不虛者也
미 손 불 생 의 방　약 의 차 십 법　소 치 필 정 유 효 불 허 자 야

무엇을 '오랜 수행'이라고 하는가. 만약 이것을 써서 바로 유익함이 없다면 세월을 헤아리지 않고 항상 닦아 익혀 그만두지 않는 것을 말한다. 무엇을 '취함과 버림을 안다'고 하는가. 이익이 됨을 알았으면 더욱 부지런히 하고 손해이면 곧바로 버려, 미세하게 마음을 돌려서 조화롭게 다스리는 것을 말한다. 무엇을 '훌륭히 지킨다'고 하는가. '다른 연緣이 침범하는 것'을 잘 아는 것을 말한다. 무엇을 '장애를 막는다'고 하는가. 이익을 얻었어도 바깥사람에게는 말하지 않으며, 아직 손해가 생기지 않았으면 의심을 내거나 헐뜯어 비방하지 않는 것을 말한다. 만약 이 열 가지 법에 의지하여 병을 다스린다면 병이 치유되며, 반드시 효능이 있어 헛되지 않을 것이다.

제10장 과과를 증득함(證果第十)

1. 종가입공관從假入空觀

若行者如是修止觀時 能了知一切諸法皆由心生 因
약 행 자 여 시 수 지 관 시   능 료 지 일 체 제 법 개 유 심 생   인

緣虛假不實故空 以知空故 即不得一切諸法名字相
연 허 가 부 실 고 공   이 지 공 고   즉 부 득 일 체 제 법 명 자 상

則體眞止也 爾時上不見佛果可求 下不見衆生可度
즉 체 진 지 야   이 시 상 불 견 불 과 가 구   하 불 견 중 생 가 도

是名從假入空觀 亦名二諦觀 亦名慧眼 亦名一切智
시 명 종 가 입 공 관   역 명 이 제 관   역 명 혜 안   역 명 일 체 지

若住此觀 即墮聲聞辟支佛地
약 주 차 관   즉 타 성 문 벽 지 불 지

만약 수행자가 이와 같이 지관을 수행할 때 일체 모든 법이 모두 마음으로 말미암아 생기며, 인연이란 비어 있는 가상假想으로서 실實이 아닌 까닭에 공空이라고 확실히 알 수 있다면, 공한 것임을 안 까닭에 일체 모든 법에서 이름에 의한 모양(名字相)을 얻을 수 없다. 이것이 바로 체진지體眞止[1]인 것이다. 이때 위로는 구할

---

[1] 체진지體眞止:『마하지관』제3권(대정장46, p.24a~b). "체진지의 때에 여기에서 인연은 가명假名이고 공하고 주체가 없음을 통달하면 유동流動의 악은

수 있는 불과佛果를 보지 않고, 아래로 제도할 수 있는 중생을 보지 않는다면, 이것을 종가입공관從假入空觀[2]이라고 하며, 또한 이제관二諦觀[3]이라고도 하고, 또는 혜안慧眼이라고도 하고, 또는 일체지一切智라고 이름한다. 만약 이 관觀에 머무른다면 바로 성문聲聞이나 벽지불의 지위로 떨어진다.

故經云 諸聲聞衆等 自歎言 我等若聞淨佛國土 教化
고 경 운 제 성 문 중 등 자 탄 언 아 등 약 문 정 불 국 토 교 화

그치는 것이니, 이것의 이름이 지식止息의 뜻이다. 마음을 멈추고 이 법에 머물러 법을 통달하면 이것이 직접 인연을 통달하는 것이니, 이것이 정지停 止의 뜻이다. 이때 이 법은 진여에 즉하고 진여는 본원本源에 즉하지만 본원은 지止와 부지不止에 해당하지 않으므로, 이것은 비지非止의 지止이다. 이 세 가지가 체진지의 모양을 이룬다."
체진지는 아래의 방편수연지(각주 8 참조)와 식이변분별지(각주 11 참조)와 더불어 세 가지 지(三止)라 한다.

2 종가입공관從假入空觀: 앞의 제7장 각주 **1** 참조. 가假에서 공으로 들어가는 관. 간단히 공관空觀이라고 한다. 『마하지관』제3권(대정장46, p.25b). "일체 모든 가假가 실로 모두 공空하여 공이 곧 실상인 것을 체득하기에 공관에 들어간다(入空觀)고 이름하며, 이 공을 요달했을 때 보는 것도 중도에 계합하여 능히 세간 생멸의 법상을 알아서 여실하게 봄을 가관에 들어간다(入假觀)고 이름하며, 이러한 공의 지혜가 즉시 중도여서, 둘이 없고 다름이 없음을 중도관中道觀이라 한다."

3 이제관二諦觀: 진제眞諦와 속제俗諦를 동시에 관하는 것. 『마하지관』제3권 (대정장46, p.24b). "주체와 대상(能所)을 합하여 논하는 까닭에 이제관이라고 한다. 공을 획득하였을 때 공空만 보는 것이 아니라 역시 또한 가假를 안다. 진실로 말미암아 가假가 나타나니, 이것은 이제관을 획득한 것이다."

衆生 心不喜樂 所以者何 一切諸法皆悉空寂 無生無
중생 심불희락 소이자하 일체제법개실공적 무생무

滅 無大無小 無漏無爲 如是思惟 不生喜樂
멸 무대무소 무루무위 여시사유 불생희락

그러므로 경⁴에서 이르셨다.

"모든 성문 대중이 스스로 탄식하여 말하기를 '불국토를 청정히 함과 중생들을 교화함을 저희들이 듣더라도 기쁘고 즐거운 마음이 생기지 않았습니다. 그 까닭을 말하자면 이 세간의 온갖 법은 모두가 고요하여 남(生)도 없고 멸滅도 없고, 크거나 작은 것이 없고, 무루無漏며 무위無爲라고 생각하니 기쁘고 즐거운 마음이 생기지 않았습니다'라고 하였다."

當知若見無爲入正位者 其人終不能發三菩提心 此
당지약견무위입정위자 기인종불능발삼보리심 차

即定力多故 不見佛性
즉정력다고 불견불성

마땅히 알라. 만약 무위無爲를 보고 정위正位⁵에 들어간다면 그

---

4 『묘법연화경』「信解品」(대정장9, p.18b).

5 『유마힐소설경』「佛道品」(대정장14, p.549b). "만약 무위법을 보고 정위正位에 들어간 이는 능히 아뇩다라삼먁삼보리의 마음을 다시 내지 못하나니, 마치 높은 육지의 마른 땅에서는 연꽃이 피지 않고, 낮은 곳의 더럽고 습한 진흙탕에서만 연꽃이 피는 것과 같다. 이와 같이 무위법을 알고 정위에 들어간 사람은 마침내 불법에 다시 나지 못하지만 번뇌의 진흙 속에 있는 중생은 불법을 일으키는 것이다. 또 허공에 종자를 심으면 마침내 싹트지 못

사람은 마침내 아뇩다라삼먁삼보리심을 일으킬 수가 없다. 이것은 바로 선정의 힘만 많은 까닭에 불성佛性을 보지 못하는 것이다.

2. 종공입가관從空入假觀

若菩薩 爲一切衆生 成就一切佛法 不應取著無爲而
약 보 살   위일체중생   성취일체불법   불응취저무위이

自寂滅 爾時應修從空入假觀 則當諦觀心性雖空 緣
자적멸 이시응수종공입가관   즉당체관심성수공   연

對之時 亦能出生一切諸法 猶如幻化雖無定實 亦有
대지시 역능출생일체제법   유여환화수무정실 역유

見聞覺知等相差別不同
견 문 각 지 등 상 차 별 부 동

만약 보살이 모든 중생을 제도하고 모든 불법을 성취하고자 한다면 마땅히 무위에 집착하여 스스로 적멸한 곳에 빠져서는 안 된다. 이런 때에는 반드시 '공空으로부터 가假로 들어가는 관(從空入假觀)'[6]을 닦아서 마땅히 마음의 본성을 살펴 관해야 한다. 비록

하는 것이지만, 썩고 거름기 있는 땅에서는 싹이 터 무성해지는 것처럼 무위無爲로 정위에 들어간 이는 불법에 나지 못하거니와, 나라고 하는 소견(我見)을 수미산같이 크게 일으켜도 오히려 아뇩다라삼먁삼보리의 마음을 내어 불법에 날 수 있는 것이다. 이런 까닭으로 일체 번뇌가 여래의 종자인 것을 알아야 한다. 비유하자면 큰 바나 속에 들어가지 않고는 무가無價의 보배 진주를 얻을 수 없는 것처럼, 번뇌의 큰 바다에 들어가지 않고는 일체의 지혜 보배를 얻을 수 없다."

6 종공입가관從空入假觀: 줄여서 가관假觀이라고도 한다. 『마하지관』 제3권(대정

마음의 성품이 공하다고 하더라도 연緣을 대할 때 역시 모든 법을 출생할 수 있으니, 비록 허깨비와 같아서 비록 결정적인 실實이 없다 하더라도 역시 보고 듣고 느껴서 아는 등의 모양들이 차이가 있어 같지 않은 것이다.

行者如是觀時 雖知一切諸法畢竟空寂 能於空中修
행 자 여 시 관 시 수 지 일 체 제 법 필 경 공 적 능 어 공 중 수

種種行 如空中種樹 亦能分別衆生諸根性欲無量故
종 종 행 어 공 중 종 수 역 능 분 별 중 생 제 근 성 욕 무 량 고

則說法無量 若能成就無礙辯才 則能利益六道衆生
즉 설 법 무 량 약 능 성 취 무 애 변 재 즉 능 이 익 육 도 중 생

是名方便隨緣止 乃是從空入假觀 亦名平等觀 亦名
시 명 방 편 수 연 지 내 시 종 공 입 가 관 역 명 평 등 관 역 명

法眼 亦名道種智 住此觀中 智慧力多故 雖見佛性而
법 안 역 명 도 종 지 주 차 관 중 지 혜 력 다 고 수 견 불 성 이

장46, p.24c). "공관으로부터 가관으로 들어가는 것을 평등관平等觀이라고 한다. 만일 이것이 공관으로 들어가면 또한 공이 있을 수가 없으니 어찌 가假에 들어간다는 것인가. 마땅히 알라. 이 관은 중생을 교화하기 위한 것으로서 진실이 진실 아님을 알면서도 방편으로 가假를 나오게 하는 까닭으로 '공으로부터(從空)'라고 말한 것이다. 약과 병을 분별하여서 또한 착오가 없게 하기 위하여 '가假에 들어간다'고 한 것이다. 평등이라 말한 것은 앞의 것을 견주어 바라보고서 평등이라 칭한 것이다. 앞의 관은 가의 병을 깨뜨리고, 가의 법을 쓰지 않고 다만 진실의 법을 쓴 것이다. 하나를 파하고 하나를 파하지 않는다면 아직 평등이라 할 수 없다. 나중의 관은 공의 병을 파하고서 또한 가의 법을 쓴 것인데, 파함의 작용이 이미 균등하니 다른 경우와 서로 견주어본 까닭에 평등이라 말한 것이다."

不明了
불 명 료

수행자가 이와 같이 관할 때 모든 제법이 필경 공적한 것임을 안다 하더라도, 능히 공空 가운데에서 여러 가지 수행을 한다. 마치 허공 가운데 나무를 심는 것[7]과 같고, 또한 능히 중생의 모든 선근을 분별할 수 있으니, 중생의 성품과 욕망이 한량없는 까닭에 설법도 한량이 없다. 만약 능히 걸림이 없는 변설의 재주를 성취한다면 곧 육도 중생을 이익되게 할 수 있다. 이것을 '방편의 연을 따르는 지'[8]라고 한다. 이것이 바로 종공입가관從空入假觀이

---

[7] 『대지도론』 제40권(대정장25, 363a). "찬제(인욕)바라밀과 비리야(정진)바라밀의 모양은 중생 가운데에서 기특한 일을 나타내나니, 이른바 사람이 와서 살을 베고 골수를 내는 것이 마치 나무를 베는 것과 같아도 원수에게 인자한 마음을 지니므로 피가 변하여 젖이 된다. 이 마음이야말로 흡사 부처님의 마음과 같아서 시방의 육도 안에 있는 낱낱의 중생에 대해서도 다 깊은 마음으로 제도하게 된다. 또 모든 법이 필경 공인지 알면서도 대비로써 모든 행을 행하나니 이것을 기특하다고 한다. 마치 사람이 공중에 나무를 심으려 하면 그것은 희유한 일과 같다. 이와 같은 등의 정진바라밀의 세력은 견줄 데 없는(無等) 것과 같으므로 이것을 무등등無等等이라 한다."

[8] 방편수연지方便隨緣止: 교묘한 방편으로 모든 현실의 인연에 따르는 지止 수행법.『마하지관』제3권(대정장46, p.24a). "만일 삼승이 똑같이 무언설의 도로써 번뇌를 끊고 진眞에 들어간다면 진眞이라는 것은 다르지 않으나, 다만 번뇌와 습기는 다하고 다하지 않음이 있다. 만약 이승二乘이 진실을 체득한다면 방편을 써서 지止를 닦지는 않겠지만, 보살은 가관에 들어가서 직접 마땅히 행용行用을 하여야 하는 것으로 공을 공이 아니라고 알기 때문에 방편이라고 말하는 것이며, 약과 병을 분별하는 까닭에 '연을 따른다(隨緣)'고 한다. 마음을 속제에 안주하고 있으니 지止라고 이름한다. 경에 말씀하기를

며 또한 평등관平等觀이라 하고 또 법안法眼이라고 하며 또 도종지 道種智라고 한다. 이 관 가운데 머무르면 지혜의 힘만 많게 되어 비록 불성을 보더라도 명료하지 않다.

3. 중도정관中道正觀

菩薩雖復成就此二種觀 是名方便觀門 非正觀也 故
보 살 수 부 성 취 차 이 종 관 시 명 방 편 관 문 비 정 관 야 고

經云 前二觀爲方便道 因是二空觀 得入中道第一義
경 운 전 이 관 위 방 편 도 인 시 이 공 관 득 입 중 도 제 일 의

觀 雙照二諦 心心寂滅 自然流入薩波若海
관 쌍 조 이 제 심 심 적 멸 자 연 류 입 살 바 야 해

보살이 비록 이와 같은 두 가지 관을 성취한다 하더라도 이것은 아직 방편의 관문觀門이지 정관正觀이 아닌 것이다. 그러므로 경[9]에서 말씀하셨다.

> 움직임과 멈춤의 마음이 항상 하나이며 또 이 뜻을 증득하는 것이다. …… 만약 방편지의 경우 가제假諦를 비추는 것이 자재로워 산란이나 무지를 쉬는 것이다. 이것이 지식止息의 뜻이다. 마음을 가제의 이법에 머무는 것은 유마거사가 정에 들어가 비구 스님의 선근의 성품을 관하는 것처럼, 약과 병을 분별하는 것이 정지停止의 뜻이다. 가제의 이법에서 동하지 않음은 이것이 비지非止의 지止이다. 이와 같은 세 가지 뜻이 방편수연지의 모양인 것이다."

[9] 『보살영락본업경菩薩瓔珞本業經』「賢聖學觀品」(대정장24, p.1014b). "삼관三觀이란, 가명假名에서 공空에 들어가는 것은 이제관二諦觀이며, 공空에서 가명假名에 들어가는 것은 평등관平等觀이다. 이 두 가지 관은 방편도이니, 이

"앞의 두 가지 관을 방편도方便道라고 하고, 이 두 공관에 의하여 중도제일의관中道第一義觀[10]에 들어갈 수가 있다. 이제심二諦心을 함께 비추어 마음을 고요하게 멸하여 일체지一切智의 바다에 자연히 흘러 들어간다."

若菩薩欲於一念中具足一切佛法 應修息二邊分別止
약 보 살 욕 어 일 념 중 구 족 일 체 불 법 응 수 식 이 변 분 별 지

行於中道正觀 云何修正觀 若體知心性非眞非假 息
행 어 중 도 정 관 운 하 수 정 관 약 체 지 심 성 비 진 비 가 식

緣眞假之心 名之爲正 諦觀心性非空非假 而不壞空
연 진 가 지 심 명 지 위 정 체 관 심 성 비 공 비 가 이 불 괴 공

두 가지 공관에 의하여 중도제일의제관中道第一義諦觀에 들어갈 수가 있다. 이제二諦를 함께 비추어 온갖 마음이 적멸하며, 나아가 초지법류初地法流의 물속에 들어감을 마하살성종성摩訶薩聖種性이라 하나니, 무상법無相法 가운데 중도이면서 또한 둘이 아님(不二)을 행하기 때문이다."

10 중도제일의관中道第一義觀:『마하지관』제3권(대정장46, p.24c)에 다음과 같이 나온다. "중도제일의관이라는 것은 앞에서 가假의 공을 관한 것은 이것이 생사는 공한 것이며, 나중에 공空의 공을 관한 것은 이것이 열반이 공한 것이다. 이 두 변을 함께 부정한 것인데, 이 두 공관을 방편도로 하여 중도中道를 얻게 된다. 따라서 마음 마음이 적멸하여 살바야(一切智)의 바다에 흘러 들어갔다고 말한다. 또한 처음의 관은 공관空觀을 썼고, 나중의 관은 가관假觀을 쓴 것인데 이것을 쌍으로 방편관을 있게 한 것이다. 중도관에 들어갔을 때 능히 이제二諦를 함께 비출 수가 있다. 그러므로 경에 말씀하시기를 '마음이 만약 선정에 있으면 능히 세간의 생멸법의 상을 알 수 있는 것이다'라고 하신 것이다. 앞의 두 관을 두 가지의 방편관이라고 한 뜻이 여기에 있다."

假之法
가 지 법

만약 보살이 일념一念 속에 모든 불법을 모두 갖추기를 바란다면 마땅히 '두 변의 분별을 쉬어 그치는 지(息二邊分別止)'[11]를 닦아 중도[12]의 바른 관(中道正觀)을 행하여야 한다.

---

[11] 『마하지관』 제3권(대정장46, p.24a~b)에 나오는 식이변분별지息二邊分別止에 대한 두 가지 설명이다. "첫째, 생사의 유동과 열반의 보증은 모두 다 이것이 한쪽으로 치우친 행行과 용用으로 중도와 부합하지 않는 것이다. 지금 속俗이 속俗이 아님을 알면 속변(俗邊: 俗諦로 치우침)이 적연寂然하여지고, 또 속이 아님(非俗)을 얻을 수 없어 공변空邊도 적연해진다. 이것을 '두 변을 쉬어 그치는 지止'라 한다. 둘째, 두 가지 극단의 분별을 쉬는 경우, 생사와 열반의 두 가지 모양도 함께 쉰다. 이것이 지식止息의 뜻이다. 이법에 들어가는 반야를 이름하여 마음을 연緣하여 중도에 머문다고 한다. 이것이 정지停止의 뜻이다. 이 실상의 이법은 지止도 아니고 부지不止도 아니다. 이것이 부지의 지의 뜻이다. 이와 같은 세 가지 뜻이 함께 식이변분별지息二邊分別止를 이룬다."

[12] 중도中道: madhyamā pratipad, 巴 majjhima paṭipadā. 중도는 부처님의 근본 사상이다. 어느 한 편으로 치우친 상대적인 견해를 말하는 두 변(二邊) 가운데는 선·악, 유·무 등의 여러 가지가 있다. 중도란 이 두 변의 양극단·삿된 집착을 떠나 어느 편에도 치우치지 않는 중정中正의 도를 말한다. 시대의 변천에 따라 다음과 같이 요약할 수 있다. ①아함경의 교설: 부처님 당시에는 고행하는 수행자가 많았으므로 팔성도를 실천하기 위하여 욕망에 탐착하는 것과 고행에 집착하는 것을 떠남을 예로 하였다. ②부파불교의 교설: 아함경 교설을 승계하여 단견과 상견의 두 가지 견해를 떠남을 예로 하였다. ③대승중관파의 주장: 반야경에 의지하여 중론의 팔부중도(生·滅·斷·常·一·異·去·來 등 八種)를 예로 하였다. ④천태종에서는 공가중空假中의 삼제三諦의 설을 주장하였다. ⑤유식종에서는 유有·공空·중中

무엇을 바른 관을 닦는다고 하는가. 만약 마음의 성품은 참도 아니고 거짓(假)도 아니라는 것을 체달하여 알게 되면, 능히 참과 거짓을 연緣하는 마음이 쉬게 되니 이것을 정제관正諦觀이라고 한다. 마음의 성품은 공空한 것도 아니고 가假도 아니지만, 또한 공과 가의 법을 무너뜨리지도 않는다.

若能如是照了 則於心性通達中道 圓照二諦 若能於
약 능 여 시 조 료   즉 어 심 성 통 달 중 도   원 조 이 제   약 능 어
自心見中道二諦 則見一切諸法中道二諦 亦不取中
자 심 견 중 도 이 제   즉 견 일 체 제 법 중 도 이 제   역 불 취 중
道二諦 以決定性不可得故 是名中道正觀
도 이 제   이 결 정 성 불 가 득 고   시 명 중 도 정 관

만약 능히 이와 같이 밝게 비추면, 바로 마음의 성품에서 중도를 통달하여 원만하게 이제二諦를 비춘다. 만약 스스로 마음속에 능히 중도의 이제를 본다면 곧 일체 모든 법에서 중도 이제를

등 삼시교의 교판을 세웠다.『해심밀경解深密經』등에 의지하여 유유·공空 이변二邊(兩極端)을 멀리 여의고, 비유비공非有非空의 중도진리中道眞理의 교敎를 나타내어 중도요의교中道了義敎라 칭하였다.
『잡아함경』제12권 「가전연경迦旃延經」301(대정장2, p.85c). "부처님께서 말씀하셨다. '세간에서는 두 가지 의지가 있으니 혹은 유有, 혹은 무無이다. 잡음(取) 때문에 부딪치고(觸), 잡음 때문에 부딪치는 까닭에 혹은 유에 의지하고 혹은 무에 의지한다. …… 무슨 까닭인가? 세간의 모양을 참되고 바르게 알고 보면 혹은 세간이 없다고 하는 사람도 있을 수 없을 것이요, 혹은 세간이 있다고 하는 사람도 있을 수 없을 것이다. 이것을 두 극단을 떠난 중도中道라고 말한다."

보고, 또한 중도 이제도 취하지 않을 것이니, 결정된 성품을 얻을 수 없기 때문이다. 이것을 중도의 바른 관이라고 한다.

如中論偈中說
여 중 론 게 중 설

『중론』에서 게송으로 설한 것과 같다.

因緣所生法　我說卽是空
인 연 소 생 법　아 설 즉 시 공
亦名爲假名　亦名中道義
역 명 위 가 명　역 명 중 도 의

"인연으로 생겨난 법

나는 이것을 공空이라 한다.

또한 거짓 이름이라고 하며

또한 중도의 뜻이라고 한다."[13]

---

13 『중론中論』「觀四諦品」(대정장30, p.33b). "여러 인연에서 나는 법法, 나는 이것을 그대로가 없음(無: 空)이라 하며, 또한 거짓인 이름(假名)이라 하며, 중도中道의 뜻이라고 한다(衆因緣生法 我說卽是無 亦爲是假名 亦是中道義)." 범본梵本: yaḥ pratītyasamutpādaḥ śūnyatāṁ tāṁ pracakṣmahe sā prajñaptirupādāya pratipatsaiva madhyamā(연緣하여 일어난 것[起], 우리는 그것을 공空: śūnyatā]이라 말한다. 그것은 의존된 가설[假設, 假名]이며, 또 중도中道에 대한 이해이다). [pratītya samutpāda: 緣生法. śūnyatā: 性空, 空, 空性. pracakṣmahe: 말하다. prajñaptiḥ: 假, 假施設. upādāya: 作, 依, 依止. madhyamā pratipat: 中道, 中道行.]
위 게송은 천태종의 중요 교리인 천태삼관을 성립하게 하는 게송으로 공

深尋此偈意　非惟具足分別中觀之相　亦是兼明前二
심 심 차 게 의　비유구족분별중관지상　역시겸명전이
種方便觀門旨趣　當知　中道正觀　則是佛眼　一切種智
종방편관문지취　당지　중도정관　즉시불안　일체종지
若住此觀　則定慧力等　了了見佛性　安住大乘　行步平
약주차관　즉정혜력등　요료견불성　안주대승　행보평
正　其疾如風　自然流入薩波若海
정　기질여풍　자연류입살바야해

이 게송의 뜻을 깊이 참구한다면 다만 중도 정관正觀의 모양을 분별하는 것을 갖췄을 뿐만 아니라, 또한 이에 겸하여 앞에서 말한 두 가지의 방편관문方便觀門의 취지도 밝히고 있다. 마땅히 알라. 중도의 정관은 이것이 부처님의 눈(佛眼)이며, 또한 이것이 일체종지一切種智인 것을. 만약 이 관에 머무른다면 바로 선정과 지혜의 힘이 균등하게 되고, 밝고 확실하게 불성을 보게 되어 대승에 안정하게 머물러, 수행의 걸음은 평탄하고도 바르며 그 빠르기가 바람[14]과 같아서 자연히 살바야[15]의 바다로 흘러 들어가게 된다.

空·가假·중中을 나타내므로 삼제게三諦偈라고 한다.

14 『마하지관』제7권(대정장46, p.100a). "『법화경』'화택의 비유'에서 '기질여풍其疾如風'이라는 표현은 흰 소가 끄는 수레가 빠름을 말한 것이니, 대승보살이 수행하여 득도하는 것을 나타낸다."

15 살바야薩婆若: sarvajna의 음사音寫. 흔히 일체지一切智로 번역. 부처님의 지혜로 일체 계界, 일체 일(事), 일체 품류品類, 일체 시에 있어서 사실대로 알고, 또한 지혜가 걸림과 전도됨이 없기 때문에 일체지라 한다.

行如來行 入如來室 著如來衣 坐如來座 則以如來莊
행 여 래 행 입 여 래 실 착 여 래 의 좌 여 래 좌 즉 이 여 래 장

嚴而自莊嚴 獲得六根淸淨 入佛境界 於一切法無所
엄 이 자 장 엄 획 득 육 근 청 정 입 불 경 계 어 일 체 법 무 소

染著 一切佛法皆現在前 成就念佛三昧 安住首楞嚴
염 착 일 체 불 법 개 현 재 전 성 취 염 불 삼 매 안 주 수 릉 엄

定 則是普現色身三昧 普入十方佛土 敎化衆生 嚴淨
정 즉 시 보 현 색 신 삼 매 보 입 시 방 불 토 교 화 중 생 엄 정

一切佛刹 供養十方諸佛 受持一切諸佛法藏 具足一
일 체 불 찰 공 양 시 방 제 불 수 지 일 체 제 불 법 장 구 족 일

切諸行波羅蜜
체 제 행 바 라 밀

(『법화경』 가운데) 여래의 행을 하고 여래의 방에 들어가서 여래의 옷을 입고 여래의 자리에 앉아,[16] 즉 여래의 장엄[17]으로써 스스로를

---

[16] 『묘법연화경』 제4권 「法師品」(대정장9, p.31c~32a). "선남자 선여인이 여래 멸도 후 사부대중을 위하여 이 법화경을 설하고자 한다면 마땅히 어찌 연설하여야 하는가? 이 선남자 선여인은 여래의 방에 들어가서 여래의 옷을 입고, 여래의 자리에 앉아 내지 사부대중을 위하여 이 경을 설하여야 한다. 여래의 방이라는 것은 일체중생들에게 대자비심을 내는 것이 이것이요, 여래의 옷이라는 것은 성품이 부드러워(柔和) 인욕하는 마음이 이것이요, 여래의 자리라는 것은 일체 모든 법이 공한 것이니, 이 가운데 편안히 머무른 연후에 게으른 마음(懈怠心)을 내지 말고, 모든 보살과 사부대중을 위하여 이 법화경을 널리 설할지니라(善男子善女人 如來滅後 欲爲四衆說是法華經者 云何應說 是善男子善女人 入如來室 著如來衣 坐如來座 爾乃應爲四衆廣說斯經 如來室者 一切衆生中大慈悲心是 如來衣者 柔和忍辱心是 如來座者 一切法空是 安住是中 然後以不懈怠心 爲諸菩薩及四衆廣說是法華經)."

[17] 『묘법연화경』 제4권 「법사품」(대정장9, p.31a). "약왕이여, 반드시 알라. 이

장엄하고 바로 육근의 청정함을 얻어서 부처님의 경지에 들어간다. 일체 법에 대하여 번뇌에 물들고 집착함(染著)이 없어져 일체 모든 불법이 앞에 나타나고, 염불삼매를 성취하게 되어 수능엄삼매[18]에 안주하게 되니, 즉 이것이 보현색신삼매[19]이다. 시방의

 어떤 사람이 법화경을 읽고 외우면, 마땅히 알라. 이 사람은 부처님의 장엄으로 스스로를 장엄함과 같으니, 여래를 어깨에 실은 바가 되어 그가 이르는 곳마다 따라 예배하며 일심으로 합장하고 공경하고 공양하며 존중 찬탄하기를 꽃과 향과 영락이며, 말향·도향·소향이며, 증개·당번·의복·음식과 여러 가지 기악으로 인간 중에 가장 높은 공양을 하며, 마땅히 하늘의 보배를 가져다 흩고 천상의 보배를 받들어 올리느니라. 왜냐하면 이런 사람이 환희하여 설법하면, 잠깐만 이를 들어도 곧 구경의 아뇩다라삼먁삼보리를 얻기 때문이니라(藥王 其有讀誦法華經者 當知是人 以佛莊嚴而自莊嚴 則爲如來肩所荷擔 其所至方 應隨向禮 一心合掌 恭敬供養 尊重讚歎 華 香 瓔珞 末香 塗香 燒香 繪蓋 幢幡 衣服 餚饌 作諸伎樂 人中上供 而供養之 應持天寶而以散之 天上寶聚應以奉獻 所以者何 是人歡喜說法 須臾聞之 卽得究竟阿耨多羅三藐三菩提故)."

18 수능엄삼매首楞嚴三昧: śūraṃgama~samādhi. 견고하여 모든 법을 거두어 지니는 삼매로 108삼매 중의 하나이다. 아래에 수능엄삼매를 언급한 경론 세 가지를 소개한다.

① 『대지도론』 제47권 「석마하연품」(대정장25, p.398c). "수능엄삼매란 중국어로 씩씩한 모습(健相)이라고 한다. 모든 삼매의 행상行相의 많고 적고, 깊고 얕은 것을 분별하여 아는 것이, 마치 큰 장수가 모든 병사의 힘이 많고 적음을 아는 것과 같다. 또 보살이 이 삼매를 얻으면 모든 번뇌의 악마와 악마의 사람으로서 파괴할 이가 없나니, 비유하건대 마치 전륜성왕의 주병보主兵寶 장수가 가는 곳마다 항복하지 않음이 없는 것과 같다(首楞嚴三昧者 秦言健相 分別知諸三昧行相多少深淺 如大將知諸兵力多少 復次 菩薩得是三昧 諸煩惱魔及魔人 無能壞者 譬如轉輪聖王主兵寶將 所往至處無不降伏)."

② 『불설수능엄삼매경佛說首楞嚴三昧經』 상권(대정장15, p.603a~b). "부처님이 견의堅意보살에게 말씀하셨다. '삼매가 있으니 이름이 수능엄首楞嚴三昧이니라. 만일 어떤 보살이 이 삼매를 얻으면 그대의 묻는 바와 같이 모두 능히 열반을 보이나 영원히 멸하지 아니하며, 모든 형색을 보이나 색상을 무너뜨리지 않고, 두루 일체 부처님의 국토에 노닐며 국토에서 분별하는 바가 없이 모두 능히 일체 부처님을 만날 것이요, 평등한 법성을 분별하지 않고 모든 행을 두루 행하는 것을 보이나 모든 행이 청정함을 잘 알아 모든 하늘과 사람 중에 최상이지만 스스로 높다고 교만하지 않으며, …… 항상 선정에 있으면서 중생 교화함을 보이며, 진인盡忍과 무생법인을 행하면서도 모든 법이 생멸하는 상이 있음을 말하며, 홀로 걸으며 두려움이 없는 것이 사자와 같다'(佛告堅意 有三昧名首楞嚴若有菩薩得是三昧 如汝所問 皆能示現於般涅槃而不永滅 示諸形色而不壞色相 遍遊一切諸佛國土 而於國土無所分別 悉能得值一切諸佛 而不分別平等法性 示現遍行一切諸行 而能善知諸行淸淨 於諸天人最尊最上 而不自高憍慢放逸 … 常在禪定而現化衆生 行於盡忍無生法忍 而說諸法有生滅相 獨步無畏猶如師子)."

③ 『대반열반경』 제25권 「사자후보살품」(대정장12, p.769a). "선남자여, 불성은 곧 수능엄삼매이니 성품이 제호醍醐와 같으며, 여러 부처님의 어머니이니 수능엄삼매의 힘으로써 부처님들로 하여금 항상하고, 즐겁고, 나이고, 깨끗하게(常樂我淨) 하느니라. 모든 중생들이 모두 수능엄삼매가 있건마는 닦아 행하지 않으므로 보지 못하며 아뇩다라삼먁삼보리를 이루지 못하느니라. …… '수능首楞'이라 함은 '일체가 필경'이라는 말이요, '엄嚴'이란 '견고하다'는 말이니 '일체가 필경에 견고함'을 얻으므로 '수능엄'이라 하며, 이러므로 수능엄정을 불성이라 이름하느니라(善男子 佛性者卽首楞嚴三昧 性如醍醐 卽是一切諸佛之母 以首楞嚴三昧力故 而令諸佛常樂我淨 一切衆生悉有首楞嚴三昧 以不修行故不得見 是故不能得成阿耨多羅三藐三菩提 … 首楞者名一切畢竟 嚴者名堅 一切畢竟而得堅固 名首楞嚴 以是故言首楞嚴定名爲佛性)."

19 보현색신삼매普現色身三昧: 제불보살이 중생들을 교화하기 위하여 중생의 뜻을 따라서 한량없는 색신을 나타내 보이는 삼매를 말한다. 『법화경』에서

불국토에 널리 들어가서 중생들을 교화하고, 일체의 불국토를 청정하게 장엄하고, 시방 제불을 공양하고, 일체 모든 불법장佛法藏을 받아 지녀, 일체 모든 수행과 바라밀을 갖춘다.

悟入大菩薩位 則與普賢 文殊爲其等侶 常住法性身
오 입 대 보 살 위 즉 여 보 현 문 수 위 기 등 려 상 주 법 성 신
中 則爲諸佛稱歎授記 則是莊嚴兜率陀天 示現降神
중 즉 위 제 불 칭 탄 수 기 즉 시 장 엄 도 솔 타 천 시 현 강 신
母胎 出家詣道場 降魔怨 成正覺 轉法輪 入涅槃 於十
모 태 출 가 예 도 량 항 마 원 성 정 각 전 법 륜 입 열 반 어 시
方國土究竟一切佛事 具足眞應二身 則是初發心菩
방 국 토 구 경 일 체 불 사 구 족 진 응 이 신 즉 시 초 발 심 보
薩也
살 야

깨달아서 대보살 지위에 들면 보현, 문수보살들과도 동등한 반려가 될 것이다. 항상 법성신法性身 가운데 머물게 되니, 바로 모든 부처님이 칭찬하고 수기를 주실 것이며, 도솔타천을 장엄하고, 바로 신神을 모태母胎에 내리고, 출가하여 보리수 아래 도량에 나아가 마군을 항복받고, 정각을 이루어, 법륜을 굴리고, 열반에 들어, 시방 국토에서 마침내 일체의 모든 불사를 이루는 것을 나타낼 것이다. 진신眞身과 응신應身 두 불신을 갖추면 이것이 초발심주[20]의 지위에 들어가는 보살이 되는 것이다.

묘음보살이 제석천, 자재천, 비사문천, 전륜성왕 등으로 나타내는 삼매, 또는 관세음보살이 33응신을 나타냄 등이 이에 해당한다.

華嚴經中 初發心時 便成正覺 了達諸法眞實之性 所
화 엄 경 중 초 발 심 시 변 성 정 각 요 달 제 법 진 실 지 성 소

有慧身不由他悟亦云 初發心菩薩 得如來一身作無
유 혜 신 불 유 타 오 역 운 초 발 심 보 살 득 여 래 일 신 작 무

量身亦云 初發心菩薩卽是佛 涅槃經云 發心畢竟二
량 신 역 운 초 발 심 보 살 즉 시 불 열 반 경 운 발 심 필 경 이

不別 如是二心前心難
불 별 여 시 이 심 전 심 난

『화엄경』[21]에서 말씀하셨다.

"처음으로 발심한 때가 바로 정각을 이룬 때이니, 모든 법의 참된 성품을 요달하여 지혜의 몸을 얻어 남을 의지하지 않고 깨닫는다."

또 말씀하셨다.

"초발심 보살[22]이 여래의 한 몸을 얻어 한량없는 몸을 이룬다."

---

20 초발심주初發心住:『화엄경』에서 보살의 수행 계위로, 십주十住의 첫 번째. 처음 발심하여 삼보를 신봉하고, 항상 반야바라밀에 머물러 널리 듣고 방편을 구하며 옛 부처님의 법을 익힌다. 53선지식 중에 묘봉산의 덕운德雲 비구에 해당된다.

21 『대방광불화엄경』 제8권 「범행품」(대정장9, p.449c). "일체법을 관하되 허깨비와 같고 꿈과 같고 번개와 같고 메아리와 같고 요술로 만든 것과 같이 관하라. 보살마하살이 이 작은 방편으로 일체 모든 부처님의 공덕을 빨리 얻고 항상 둘이 없는 법상을 관찰하기를 즐기며 이렇게 옳게 머무느니라. 처음 발심하였을 때가 바로 정각을 이룬 때이니, 일체법의 진실상을 알고 지혜의 몸을 구족하되, 남을 말미암아 깨닫지 않는다(觀一切法 如幻如夢如電如響如化 菩薩摩訶薩 如是觀者 以少方便 疾得一切諸佛功德 常樂觀察無二法相 斯有是處 初發心時便成正覺 知一切法眞實之性 具足慧身不由他悟)."

또 이르시기를 "초발심 보살이 바로 부처님이다."

또 『열반경』[23]에서 말씀하셨다.

"초발심과 필경(열반)이 다르지 않지만

이와 같이 두 마음 가운데 초발심이야말로 어렵다."

大品經云 須菩提 有菩薩摩訶薩 從初發心 卽坐道場
대품경운 수보리 유보살마하살 종초발심 즉좌도량
轉正法輪 當知則是菩薩爲如佛也
전정법륜 당지즉시보살위여불야

『대품경』[24]에서 이르셨다. "수보리야, 보살마하살이 처음 발심한

---

[22] 『대방광불화엄경』 제9권 「初發心菩薩功德品」(대정장9, p.452c). "(이 보살이) 한량없고 가없는 삼세의 모든 부처님의 평등한 지혜를 얻기 위하여 …… 아뇩다라삼먁삼보리심을 낸다. 무슨 까닭인가? 이 초발심보살이 곧 부처인 까닭이다. 모두 삼세의 모든 여래와 더불어 동등하며, 삼세 부처님의 경계와 더불어 동등하며, 삼세 부처님의 바른 법과 동등하며, 여래의 한 몸으로 한량없는 몸을 얻으며, 삼세의 모든 부처님의 평등한 지혜를 얻으며, 교화한 중생들도 모두 동등하다(欲悉得法界等無量無邊三世諸佛平等智慧故 … 發阿耨多羅三藐三菩提心 何以故 此初發心菩薩卽是佛故 悉與三世諸如來等 亦與三世佛境界等 悉與三世佛正法等 得如來一身無量身 三世諸佛平等智慧所化衆生皆悉同等)."

[23] 『대열반경』 제34권 「가섭보살품」(대정장12, p.838a). "내가 없는 가운데 참 나가 있나니, 그러므로 부처님께 예배합니다. 첫 발심과 필경이 다르지 않지만 이 가운데 첫 발심이 더욱 어려워 자기를 제도하지 못해도 남을 제도하니, 그러므로 처음 마음을 내신 분께 예배합니다(無我法中有眞我 是故敬禮無上尊 發心畢竟二不別 如是二心先心難 自未得度先度他 是故我禮初發心)."

[24] 『마하반야바라밀경』 제6권 「勝出品」(대정장8, p.262a~b). "대승(摩訶衍)은

때로부터 곧 도량에 앉아 법의 바퀴를 굴린다. 마땅히 알라. 이 보살이 부처님과 같이 되는 것이다."

法華經中　龍女所獻珠爲證如是等經　皆明初心具足
법화경중　용녀소헌주위증여시등경　개명초심구족
一切佛法 卽是 大品經中阿字門 卽是 法華經中爲令
일체불법 즉시 대품경중아자문 즉시 법화경중위령
衆生開佛知見 卽是
중생개불지견 즉시

『법화경』[25] 가운데에서 용녀가 보주를 바친 일로써 이것을 증명할

> 일체 세간과 여러 천신, 인간, 아수라에서 훌륭히 벗어난다. 수보리야, 만약 보살마하살이 초발심부터 도의 자리에 이를 때까지 그 중간의 여러 마음에 만약 법이 있는 것이요 법이 없는 것이 아니라면, 이 대승은 일체 세간과 여러 천신, 인간, 아수라에서 벗어나지 못할 것이다. 그러나 이 마음은 법과 법이 아닌 것이 없으니 일체 세간과 여러 천신, 인간, 아수라에서 벗어난다. …… 여러 부처님의 법륜은 법과 법이 아닌 것이 없는 까닭에 여러 부처님은 법륜을 굴린다(摩訶衍 勝出一切世間及諸天人阿修羅 須菩提 若菩薩摩訶薩從初發心乃至道場 於其中間諸心若是有法非無法者 是摩訶衍不能勝出一切世間及諸天人阿修羅 以菩薩從初發心乃至道場 於其中間諸心無法非法 以是故 摩訶衍勝出一切世間及諸天人阿修羅 … 以諸佛法輪無法非法 以是故 諸佛轉法輪)."

25 『묘법연화경』 제4권 「提婆達多品」(대정장9, p.35c). "그때 용녀에게 한 보배 구슬이 있었으니, 값이 삼천대천세계에 상당하였다. 그것을 부처님께 바치니, 부처님이 곧 받으셨다. 용녀가 지적보살과 사리불존자에게 말하였다. '내가 보배 구슬 바치는 것을 세존께서 받으시니, 이 일이 빠르지 않습니까?' 대답하되 '매우 빠르다'고 하였다. 용녀가 말하였다. '당신들의 신통한 힘으로 나의 성불하는 것을 보십시오. 이보다도 더 빠를 것입니다.' 그

수 있다. 이와 같은 등의 경전이 모두 처음 발심의 마음이 일체
불법을 구족하고 있음을 밝히고 있는 것이다. 곧 『마하반야바라밀
경』가운데 아자문阿字門[26]에 해당되는 것이니, 이것이 바로 『법화

> 때 여러 모인 이들이 보니, 용녀가 잠깐 동안에 남자로 변하여서 보살의
> 행을 갖추고, 곧 남방의 무구無垢세계에 가서 보배 연꽃에 앉아 등정각을
> 이루니, 32가지 뛰어난 몸매와 80가지 원만한 모양을 갖추고, 시방의 모든
> 중생을 위하여 미묘한 법을 연설하였다. 이때 사바세계의 보살과 성문과
> 천룡팔부와 사람과 사람 아닌 이들이 용녀가 성불하여 그때 모인 하늘과
> 인간들을 위하여 법을 설하는 것을 멀리서 보고, 마음이 크게 환희하여 멀
> 리 바라보며 예경하였다. 한량없는 중생은 법을 듣고 깨달아 물러나지 않
> 는 자리(不退地)를 얻었고, 한량없는 중생은 도의 수기를 받았으며, 무구세
> 계는 여섯 가지로 진동하고, 사바세계의 3천 중생은 물러나지 않는 지위에
> 머무르고, 3천 중생은 보리심을 일으켜 수기를 받으니, 지적보살과 사리불
> 과 모든 대중들이 잠자코 믿어 마음 깊이 받아들였다(爾時龍女有一寶珠 價
> 直三千大千世界 持以上佛 佛卽受之 龍女謂智積菩薩尊者舍利弗言 我獻寶珠世尊
> 納受 是事疾不 答言甚疾 女言 以汝神力 觀我成佛 復速於此 當時衆會 皆見龍女
> 忽然之間變成男子 具菩薩行 卽往南方無垢世界 坐寶蓮華 成等正覺 三十二相 八
> 十種好 普爲十方一切衆生演說妙法 爾時娑婆世界 菩薩 聲聞 天龍八部 人與非人
> 皆遙見彼龍女成佛 普爲時會人天說法 心大歡喜 悉遙敬禮 無量衆生 聞法解悟 得
> 不退轉 無量衆生 得受道記 無垢世界 六反震動 娑婆世界 三千衆生住不退地 三
> 千衆生發菩提心而得受記 智積菩薩及舍利弗 一切衆會 默然信受)."
> 경전에 여인의 몸은 장애가 있어 제석환인, 범왕, 마왕, 전륜성왕과 부처님
> 이 될 수 없다고 했다. 그래서 용녀는 남자로 변하여 성불한 것이다. 또한
> 보살은 대승 경전을 받아 지니게 되기 때문에 '선남자, 선여인'으로 부르게
> 된다.

[26] 『마하반야바라밀경』 제5권 「광승품」(대정장8, p.256a~b). "또 수보리야, 보
살마하살의 대승이란 이른바 각각의 글자, 언어, 모든 문자에 의해서 나타
내는 수많은 문에 드는 것이니라. 무엇을 각각의 글자, 언어, 모든 문자에

경』[27] 가운데 중생으로 하여금 부처님의 지견을 열게 하기 위한

의해서 들어가는 문이라 하는가? 아阿자문이니, 모든 법은 본래부터 나지 않은 무생(無生, anutpāda)이기 때문이다. 라羅자문이니, 모든 법은 더러움(垢, rajas)을 떠났기 때문이다. 파波자문이니, 모든 법의 제일의(第一義, paramārtha)는 공이기 때문이다. 차遮자문이니, 모든 행(行: caryā)은 끝내 얻을 수 없는 것이기 때문이요, 모든 법은 끝나는 일도 없고 생하는 일도 없기 때문이다. 나那자문이니, 모든 법은 이름(名: nāma)과 성품과 모습을 떠나 있으니 얻음도 잃음도 없는 까닭이다. …… 이렇게 42자의 마지막은 다茶자문이니, 끝나는 일도 없고 생겨나는 일도 없으며, 다(茶: ḍha)자를 지나서는 설할 글자가 없다. 무슨 까닭인가? 모든 글자는 걸림도 없으며 이름도 없고 멸함도 없고 설할 것도 보여줄 것도 없고, 볼 수도 없고 쓸 수도 없기 때문이다. …… 수보리야, 모든 법은 마치 허공과 같은 것이라고 알아야 한다. 수보리야, 이것을 다라니문陀羅尼門이라고 하니, 이른바 아자阿字의 뜻이 그것이다. 만약 보살마하살이 수많은 문자문의 귀결처인 아阿자문의 가르침을 듣고, 받아들이고, 독송하고, 남에게 설한다면 20종의 공덕을 얻는다는 것을 알아야 한다(復次須菩提 菩薩摩訶薩摩訶衍 所謂字等語等諸字入門 何等爲字等語等諸字入門 阿字門 一切法初不生故 羅字門 一切法離垢故 波字門 一切法第一義故 遮字門 一切法終不可得故 諸法不終不生故 那字門 諸法離名性相不得不失故 … 茶字門 入諸法邊竟處故不終不生 過茶無字可說 何以故 更無字故 諸字無礙 無名亦滅 不可說不可示 不可見不可書 … 須菩提 當知一切諸法如虛空 須菩提 是名陀羅尼門 所謂阿字義 若菩薩摩訶薩 是諸字門 印阿字印 若聞若受若誦若讀持若爲他說 如是知當得二十功德)."

[27] 『묘법연화경』 제1권 「방편품」(대정장9, p.7a). "사리불아, 무엇을 모든 부처님 세존께서 일대사인연으로 세상에 출현하신다고 하는가? 중생으로 하여금 부처님의 지견知見을 열고(開) 청정을 얻게 하기 위하여 세간에 출현하시는 것이다. 중생에게 부처님의 지견을 보이시기(示) 위하여 세간에 출현하시는 것이다. 중생으로 하여금 부처님의 지견을 깨닫게(悟) 하기 위하여 세간에 출현하시는 것이다. 중생으로 하여금 부처님의 지견에 들어가

것이다.

涅槃經中　見佛性故住大涅槃　已略說初心菩薩因修
열 반 경 중　견 불 성 고 주 대 열 반　이 략 설 초 심 보 살 인 수
止觀證果之相　次明後心證果之相　後心所證境界　則
지 관 증 과 지 상　차 명 후 심 증 과 지 상　후 심 소 증 경 계　즉
不可知　今推敎所明　終不離止觀二法
불 가 지　금 추 교 소 명　종 불 리 지 관 이 법

「열반경」[28] 가운데에서 "불성을 보는 까닭에 대열반에 머무른다"고

게(入) 하기 위하여 세간에 출현하시는 것이다. 사리불아, 이것을 모든 부처님께서 일대사인연으로 세상에 출현하신다고 하는 것이다(舍利弗 云何名 諸佛世尊 唯以一大事因緣故出現於世 諸佛世尊 欲令衆生開佛知見使得清淨故出現於世 欲示衆生佛之知見故出現於世 欲令衆生悟佛知見故出現於世 欲令衆生入佛知見道故出現於世 舍利弗 是爲諸佛以一大事因緣故出現於世)."

28 『대반열반경』 제18권 「범행품」(대정장12, p.723c~724a). "아사세阿闍世라 함은 번뇌를 구족한 것이다. 또 위한다 함은 부처성품을 보지 못한 중생이다. 만일 부처성품을 보았다면 나는 오래도록 세상에 머물지 아니하리니, 왜냐하면 부처성품을 본 이는 중생이 아니며, 아사세라 함은 일체 아뇩다라삼먁삼보리를 얻지 못한 모든 중생이다. 또 위한다는 것은 아난과 가섭의 두 대중이요, 아사세라 함은 아사세왕의 후궁에 있는 후비들과 왕사성의 모든 여인이다. 또 위한다 함은 이름이 부처성품이요, 아사阿闍는 나지 않음이요, 세世는 원수이니 부처성품이 나지 않았으므로 번뇌인 원수가 생겼고, 번뇌인 원수가 생겼으므로 부처성품을 보지 못하는데, 번뇌가 생기지 아니하면 부처성품을 볼 것이며, 부처성품을 보았으므로 대열반에 편안하게 머물 것이니, 그러므로 나지 않았다 이름하며, 그러므로 아사세라 이름한다(阿闍世者 卽是一切未發阿耨多羅三藐三菩提心者 又復爲者 卽是阿難迦葉二衆 阿闍世者 卽是阿闍世王後宮妃后及王舍城一切婦女 又復爲者名爲佛性 言阿闍者

하셨다. 이상으로 간략하게 초심의 보살이 지관을 수행함을 인하여 성과를 증득하는 모양을 설하였다. 다음에 후심後心의 과를 증득하는 모양을 밝힌다. 후심으로 증득하는 경계는 알 수 없지만 지금 가르침에서 밝히신 것으로 미루어 본다면, 마침내 지관의 두 가지 법을 떠나지 않는 것이다.

所以者何 如法華經云 殷勤稱歎諸佛智慧 智慧則觀
소 이 자 하 여 법 화 경 운 은 근 칭 탄 제 불 지 혜 지 혜 즉 관

義 此卽約觀以明果也 涅槃經廣辯百句解脫以釋大
의 차 즉 약 관 이 명 과 야 열 반 경 광 변 백 구 해 탈 이 석 대

涅槃者 涅槃則止義 是約止以明果也 故云大般涅槃
열 반 자 열 반 즉 지 의 시 약 지 이 명 과 야 고 운 대 반 열 반

名常寂定 定者 卽是止義
명 상 적 정 정 자 즉 시 지 의

무슨 까닭인가. 『법화경』29 가운데 은근히 여러 부처님의 지혜를

名爲不生 世者名怨 以不生佛性故則煩惱怨生 煩惱怨生故不見佛性 以不生煩惱
故 則見佛性 以見佛性故則得安住大般涅槃 是名不生 是故名爲阿闍世)."

29 『묘법연화경』 제1권 「방편품」(대정장9, p.5b~c)에서 부처님을 칭양 찬탄한 부분. "그때 세존께서 조용히 삼매에서 일어나시어 사리불에게 말씀하셨다. '모든 부처님의 지혜는 매우 깊어 한량이 없으며, 그 지혜의 문은 이해하기도 어렵고 또 들어가기도 어려워서 일체 성문이나 벽지불은 알 수 없느니라. 왜냐하면 부처님은 일찍부터 백천만억 무수한 부처님을 친근하여 여러 부처님의 한량없는 도법道法을 행하고, 용맹하게 정진하여 그 이름이 널리 알려졌으며, 매우 깊고 미증유한 법을 성취하여 마땅함을 따라 설했으므로 뜻을 알기 어려운 까닭이니라. 사리불아, 내가 성불한 뒤로 갖가지 인연과 갖가지 비유로 널리 가르침을 폈으며, 무수한 방편으로 중생들을

찬양하신 것과 같은 것이며, 그 지혜가 바로 관觀의 뜻이며, 이것이 즉 관을 잡아서 과果를 밝힌 것이다. 『열반경』[30]에서 자세히 백 가지 글귀로써 대열반을 해석하신 것은 열반이 곧 지止의 뜻인데, 이것은 지에 의거하여(約) 과果를 밝힌 것이다. 그러므로 이르시기

> 인도하여 모든 집착을 여의도록 하였으니, 그것은 여래가 방편과 지견 바라밀을 이미 다 구족한 까닭이니라. 사리불아, 여래께서는 지견이 넓고 크며 깊고 멀어서 사무량四無量·사무애변四無礙辯·십력十力·사무소외四無所畏와 선정과 해탈삼매에 깊이 드시어, 온갖 미증유한 법을 성취하셨느니라. 사리불아, 여래께서는 갖가지로 분별하여 공교롭게도 모든 법을 설하시니, 말씀이 부드러워 여러 사람의 마음을 기쁘게 하시느니라. 사리불아, 중요한 것을 들어 말하면, 한량없고 가없는 미증유한 법을 부처님께서는 모두 성취하셨느니라. 그만두어라. 사리불아, 다시 말할 것이 없느니라. 왜냐하면 부처님께서 성취하신 가장 희유하고 이해하기 어려운 법은 오직 부처님들만이 모든 실상의 법을 다 아시기 때문이니라. 이른바 이와 같은 모양(相), 이와 같은 성품(性), 이와 같은 체體, 이와 같은 힘(力), 이와 같은 작용(作), 이와 같은 원인(因), 이와 같은 연緣, 이와 같은 결과(果), 이와 같은 갚음(報), 이와 같은 근본과 끝과 구경(本末究竟) 등이니라(爾時 世尊從三昧安詳而起 告舍利弗 諸佛智慧甚深無量 其智慧門難解難入 一切聲聞 辟支佛所不能知 所以者何 佛曾親近百千萬億無數諸佛 盡行諸佛無量道法 勇猛精進名稱普聞 成就甚深未曾有法 隨宜所說意趣難解 舍利弗 吾從成佛已來 種種因緣 種種譬喩 廣演言教無數方便 引導衆生令離諸著 所以者何 如來方便知見波羅蜜皆已具足 舍利弗 如來知見 廣大深遠 無量無礙 力 無所畏 禪定 解脫三昧 深入無際 成就一切未曾有法 舍利弗 如來能種種分別 巧說諸法 言辭柔軟 悅可衆心 舍利弗 取要言之 無量無邊未曾有法 佛悉成就. 止 舍利弗 不須復說 所以者何 佛所成就 第一希有難解之法 唯佛與佛乃能究盡諸法實相 所謂諸法如是相 如是性 如是體 如是力 如是作 如是因 如是緣 如是果 如是報 如是本末究竟等)."

30 『대반열반경』의 「고귀덕왕보살품」, 「사자후보살품」에 자세히 설명되어 있다.

를 '대열반[31]은 이름이 항상 고요한 정定이다'라고 하셨으니, 정定이란 바로 지止의 뜻이다.

法華經中 雖約觀明果 則攝於止 故云乃至究竟涅槃
법화경중 수약관명과 즉섭어지 고운내지구경열반

常寂滅相 終歸於空 涅槃中雖約止明果 則攝於觀 故
상적멸상 종귀어공 열반중수약지명과 즉섭어관 고

以三德爲大涅槃 此二大經 雖復文言出沒不同 莫不
이삼덕위대열반 차이대경 수부문언출몰부동 막불

皆約止觀二門辨其究竟 並據定慧兩法以明極果 行
개약지관이문변기구경 병거정혜량법이명극과 행

者當知 初中後果皆不可思議 故新譯 金光明經云 前
자당지 초중후과개불가사의 고신역 금광명경운 전

際如來不可思議 中際如來種種莊嚴 後際如來常無
제여래불가사의 중제여래종종장엄 후제여래상무

破壞
파괴

『법화경』에서는 비록 관觀에 의거하여 과果를 밝혔지만 이것은

---

31 『대반열반경』 제28권 「사자후보살품」(대정장12, p.790b). "선남자야, 쌍으로 선 사라나무에는 꽃과 과일이 항상 무성하여 한량없는 중생들을 이익되게 하나니, 나도 이와 같이 성문과 연각에게 항상 이익되게 하느니라. 꽃(花) 이란 나를 비유한 것이요, 과일(果)이란 낙樂을 비유한 것이다 이러한 뜻에서 나는 이 쌍으로 선 사라나무 사이에서 크게 고요한 정定에 드는 것이니, 크게 고요한 정定이란 대열반이라 이름하느니라(善男子 娑羅雙樹花果常茂 常能利益無量衆生 我亦如是 常能利益聲聞緣覺 花者喩我 果者喩樂 以是義故 我 於此間娑羅雙樹入大寂定 大寂定者名大涅槃)."

지止를 포섭(포함)한 것이다. 그러므로 말씀하셨다.³² "나아가서 구경의 열반은 항상 적멸한 모양으로써 결국에는 공으로 돌아간다."『열반경』에서는 비록 지止에 의거하여 과를 밝혔지만 역시 관觀을 포섭한 것이다. 그런 까닭에 법신法身·반야般若·해탈解脫의 세 가지 덕(三德)을 대열반이라고 한다. 이 두 가지의 큰 경전은 비록 그 문장의 표현이 같지 않다 하더라도, 모두 다 지와 관의 두 문에 의거하지 않은 것이 없다. 그 구경究竟을 판별하는 데 선정과 지혜의 두 가지 법을 함께 근거로 하여 극과極果를 밝히고 있다. 수행자는 마땅히 알라. 처음과 중간과 마지막의 과果는 모두 다 불가사의한 것이다. 따라서 새로 번역한 『금광명경』³³에서

---

32 『묘법연화경』 제3권 「약초유품」(대정장9, p.19c). "중생들이 갖가지 땅에서 머무르고 있으나, 여래께서만이 이것을 여실하게 보시고 분명히 아시어 걸림이 없다. 마치 저 초목과 숲과 모든 약초들이 스스로는 상중하의 성품性品을 알지 못하지만, 여래께서는 일상一相, 일미一味임을 아심과 같다. 이른바 해탈하는 모양, 여의는 모양, 멸하는 모양, 필경에 열반하여 항상 적멸한 모양으로, 마침내는 공空으로 돌아가는 것이다(衆生住於種種之地 唯有如來 如實見之明了無礙 如彼卉木叢林諸藥草等 而不自知上中下性 如來知是一相一味之法 所謂解脫相離相滅相 究竟涅槃常寂滅相 終歸於空)."

33 『합부금광명경合部金光明經』 8권(대정장16 p.362b~c): 새로 번역하였다는 것은 먼저 번역한 『금광명경金光明經』(4권, 北涼 曇無讖 譯)에 대하여 수隋나라 때 보귀寶貴 등이 유편類編한 『합부금광명경合部金光明經』을 말하는 것으로 추정된다.

"모든 여래는 반열반에 들지 않으셨고
모든 부처님은 몸이 없어지지 않나니,
다만 중생들을 성숙시키기 위한 까닭에

말씀하셨다.

"과거의 여래는 불가사의하고

현재의 여래는 여러 가지로 장엄하며

미래의 여래는 항상 파괴됨이 없다."

皆約修止觀二心以辨其果故 般舟三昧經中偈云
개 약 수 지 관 이 심 이 변 기 과 고   반 주 삼 매 경 중 게 운

諸佛從心得解脫　　心者淸淨名無垢
제 불 종 심 득 해 탈　　심 자 청 정 명 무 구

五道鮮潔不受色　　有學此者成大道
오 도 선 결 불 수 색　　유 학 차 자 성 대 도

이와 같이 모두 다 지관의 두 마음을 수행하는 것에 의거하여 그 과를 설하였다. 그러므로 『반주삼매경』[34]에서 말씀하셨다.

"모든 부처님께서는 마음으로부터 해탈을 얻으셨으니

마음이 청정함을 무구無垢라고 이름하고

오도五道는 맑고 깨끗하여 색을 받지 않으니

이것을 배우는 자는 대도를 이룬다."

誓願所行者 須除三障五蓋 如或不除 雖勤用功 終無
서 원 소 행 자 수 제 삼 장 오 개 여 혹 부 제 수 근 용 공 종 무

　　뛰어난 방편의 지혜로 열반을 보이시네."
　　一切如來 不般涅槃 一切諸佛 身無破壞
　　但爲成熟 諸衆生故 方便勝智 示現涅槃

34 『반주삼매경』 중권 「無著品」(대정장13, p.909a)의 '從心得道頌'

所益
소 익

원컨대 수행자는 반드시 세 가지 장애[35]와 다섯 가지 덮개를 없애기를 바라노라. 만약 이것을 제거하지 못하면 비록 부지런히 노력을 하더라도 결국 아무 이익도 없을 것이다.

修習止觀坐禪法要終
수 습 지 관 좌 선 법 요 종

수습지관좌선법요를 마친다.

---

35 『마하지관』 5권(대정장 46, p.50b). "『보현관경』에 이르기를 '염부제의 사람들은 세 가지 장애가 무겁다(閻浮提人 三障重故)'고 하였다. (세 가지 장애란) 5음, 12입이나 병환은 이것이 업의 과보로 받는 장애(報障)이고, 번뇌나 악견이나 만慢은 이것이 번뇌장煩惱障이고, 업이나 마魔나 선정, 이승, 보살은 이것이 업의 장애(業障)이니 지관을 장애하여 밝고도 고요하게 하지 않으며, 보리의 도를 막아 수행인으로 하여금 통달하지 못하게 하니, 오품五品과 육근 청정의 계위에 오르지 못하게 한다. 따라서 이름을 장애라고 하는 것이다."

역주 ● 윤현로 尹賢老

1975년 서울대학교 전자공학과를 졸업하고 현재까지 국방과학 분야에 종사하고 있으며, 1991년에 충남대학교에서 박사학위를 받았다.
2004년에는 연구 개발 업무에 노력한 공로로 보국훈장을 받았으며, 현재 국방과학연구소 책임연구원으로 재직하고 있다.
1991년부터 불교에 심취하여 불교 경전과 원효대사의 저술에 대해 연구, 해설하는 작업을 하고 있다.

천태소지관

초판 1쇄 발행 2011년 3월 17일 | **초판 4쇄 발행** 2025년 6월 30일
지은이 천태 지자대사 | 역주 윤현로 | 펴낸이 김시열
펴낸곳 도서출판 운주사

(02832) 서울시 성북구 동소문로 67-1 성심빌딩 3층
전화 (02) 926-8361 | 팩스 0505-115-8361
ISBN 978-89-5746-265-2　93220　값 17,000원
http://cafe.daum.net/unjubooks 〈다음카페: 도서출판 운주사〉